从零开始学
新媒体营销与维护

罗丹丹 ◎ 编著

清华大学出版社
北京

内容简介

本书是一本关于新媒体营销与维护的书籍,全书共 13 章,内容包括新媒体营销快速入门、用户数据分析、新媒体图文设计、微博营销、微信营销、社群营销、自媒体平台营销、直播视频平台营销以及如何实现粉丝升级、用户转化等。

本书内容丰富全面,深度剖析了主流新媒体平台营销推广的具体方法及实战技巧。为帮助读者快速掌握新媒体运营技巧,书中列举了大量营销推广案例,同时,提供实操演示讲解。本书适合新媒体运营专员、自媒体、网络营销专员、个人创业者以及想要转行新媒体运营领域的从业者阅读。

本书封面贴有清华大学出版社防伪标签,无标签者不得销售。
版权所有,侵权必究。举报:010-62782989,beiqinquan@tup.tsinghua.edu.cn。

图书在版编目 (CIP) 数据

从零开始学新媒体营销与维护 / 罗丹丹编著. —北京:清华大学出版社,2021.3
ISBN 978-7-302-57225-1

Ⅰ. ①从… Ⅱ. ①罗… Ⅲ. ①网络营销 Ⅳ. ① F713.365.2

中国版本图书馆 CIP 数据核字 (2020) 第 260215 号

责任编辑:李玉萍
封面设计:李　坤
责任校对:张彦彬
责任印制:沈　露

出版发行:清华大学出版社
  网　　址:http://www.tup.com.cn,http://www.wqbook.com
  地　　址:北京清华大学学研大厦 A 座　　　　邮　编:100084
  社 总 机:010-62770175　　　　　　　　　　邮　购:010-62786544
  投稿与读者服务:010-62776969,c-service@tup.tsinghua.edu.cn
  质 量 反 馈:010-62772015,zhiliang@tup.tsinghua.edu.cn
印 装 者:大厂回族自治县彩虹印刷有限公司
经　　销:全国新华书店
开　　本:170mm×240mm　　　　　印　张:21.5　　　　字　数:344 千字
版　　次:2021 年 4 月第 1 版　　　　印　次:2021 年 4 月第 1 次印刷
定　　价:59.00 元

产品编号:086316-01

前言

▶ **编写目的**

从创作者到网红达人,从企业到网红品牌,从普通商品到爆款商品,新媒体平台不仅带火了品牌及创作者,还引爆了大量的商品。新媒体的影响力和传播力无疑为企业及创作者进行营销推广提供了"肥沃的土壤"。随着新媒体用户的稳步增长及各大新媒体平台的发展,再加上大数据的加持和人工智能的助力,使得新媒体平台拥有了更加巨大的营销价值。

图文、视频、音频及直播是新媒体营销广告的主要表现形式,多样且具有趣味的广告表现形式,使得用户对新媒体营销广告的接受度普遍较高。另外,个性化推荐机制、粉丝精准曝光,也大大加深了新媒体营销的效果。

新媒体营销具有获客成本低、营销精准、带动口碑效应、碎片化营销和互动性强等优势,这些优势让新媒体营销可以在短时间内提高品牌声誉,带动产品销量的增长。如今,新媒体营销的重要性日益凸显,新媒体平台已成为企业、商家及自媒体进行营销推广的必争之地。

开展新媒体营销,需要依托新媒体平台,不同的新媒体平台由于内容表现形式及运营策略不同,其营销推广方法也有很大不同。为了帮助想要开展新媒体营销的企业及自媒体快速入门,我们策划了本书。本书由浅入深地讲解了新媒体营销与维护的方法和技巧,具有以下特点。

特 点	说 明
内容全面 实用性强	本书内容全面完善,详细讲解了主流新媒体平台的营销推广方法及技巧,包括微信、微博、抖音、快手、今日头条、百度知道及直播平台等
通俗易懂 案例解析	全书内容通俗易懂,以"理论知识+案例解析+操作演示"的方式进行讲解,旨在帮助读者快速上手实操
栏目提示 学以致用	书中提供了"小贴士"版块来做补充说明,以帮助读者掌握更多营销技巧,避免陷入新媒体营销推广的误区

▶ 本书结构

本书共 13 章,包括新媒体营销入门及内容运营、社交媒体平台营销、自媒体平台及论坛营销、视频及音频平台营销、吸粉引流及粉丝维护 5 个部分,具体内容如下。

内容介绍	主要内容
新媒体入门及内容运营	该部分为本书的第 1~3 章,主要介绍了新媒体营销的发展前景、新媒体营销的流程和策略、如何做好新媒体用户和内容定位以及新媒体文章标题、正文的写作方法和图文排版技巧等内容
社交媒体平台营销	该部分为本书的第 4~6 章,主要介绍了社交媒体平台的营销推广方法,包括微博营销前的准备工作、微博营销的推广策略、微信个人号营销技巧、微信公众平台营销技巧、快速了解新媒体社群、策划并开展社群活动、抓住新时代的社群营销等内容
自媒体平台及论坛营销	该部分为本书的第 7~8 章,主要介绍了自媒体平台和论坛社区的营销推广方法,包括今日头条平台营销、一点资讯平台营销、搜狐平台营销、文章推送的忌讳、百度贴吧营销、豆瓣平台营销、知乎平台营销、百度知道平台营销、编写高阅读量的回答等内容
视频及音频平台营销	该部分为本书的第 9~10 章,主要介绍了短视频、直播、音频 APP 及垂直 APP 的营销推广方法,包括直播营销的基础概念、直播活动的实施与执行、短视频基础知识、抖音平台营销、快手平台营销、互联网音频平台的营销方式以及垂直行业 APP 营销等内容
吸粉引流及粉丝维护	该部分为本书的第 11~13 章,主要介绍了如何利用新媒体平台吸粉引流并进行粉丝维护,包括新媒体营销的粉丝经济、用心赢得粉丝口碑、营销必备的引流方法、提高对粉丝的关注度等内容

▶ 本书读者

本书特别适合刚进入新媒体行业的运营者、网络营销推广专员阅读,同时也适合自媒体、网店商家、个人创业者、企业管理者以及想要从事或转行新媒体岗位工作的毕业生、在职人士学习。

由于编者经验有限,加之时间仓促,书中难免会有疏漏和不足之处,恳请专家和读者不吝赐教。

编　者

2021 年 01 月

目 录

第 1 章 从零开始，新媒体营销快速入门

1.1 揭秘新媒体营销的秘密 2
1.1.1 新媒体与新媒体营销的认识 2
1.1.2 新媒体营销的优势 5
1.1.3 新媒体营销的模式 7
1.1.4 与传统媒体营销的区别 13

1.2 新媒体营销的发展前景 14
1.2.1 新媒体营销的发展历程 14
1.2.2 为传统媒体带来的影响 16
1.2.3 新媒体营销的发展趋势 19

1.3 玩转新媒体营销的基础 20
1.3.1 新媒体营销的常用思维 21
1.3.2 新媒体营销的实用工具 23
1.3.3 新媒体营销的常见误区 29

1.4 新媒体营销的策略 31
1.4.1 新媒体营销团队的构成 31
1.4.2 新媒体线上与线下的配合流程 32

第 2 章 数据分析，充分挖掘潜在用户

2.1 新媒体营销的用户定位 36
2.1.1 进行用户定位 36
2.1.2 构建用户画像 37

2.1.3 确定用户的营销平台 ... 40
2.1.4 提供用户服务 ... 45

2.2 新媒体营销的内容定位 ... 47
2.2.1 内容营销的概念 ... 47
2.2.2 内容的定位 ... 50
2.2.3 内容的素材 ... 51
2.2.4 内容写作的误区 ... 54

2.3 分析用户数据与内容数据 ... 56
2.3.1 数据分析的意义 ... 56
2.3.2 数据的类别与来源 ... 57
2.3.3 新媒体数据挖掘 ... 60
2.3.4 新媒体数据整理 ... 61
2.3.5 新媒体数据分析的方法 ... 64

2.4 通过数据获取热点内容 ... 67
2.4.1 通过百度指数分析近期趋势 ... 67
2.4.2 通过微博热门话题寻找热点 ... 68
2.4.3 通过京东排行榜寻找热门产品 ... 69

第3章 图文设计，营销者必备文案技能

3.1 新媒体人员的基本素质 ... 72
3.2 标题的表达技巧 ... 74
3.2.1 优质标题的取名方式 ... 74
3.2.2 好标题要满足用户需求 ... 77
3.2.3 实用的标题拟写技巧 ... 78
3.2.4 标题拟写的注意事项 ... 82

3.3 正文的写作技巧 ... 84
3.3.1 优质内容的六大特征 ... 84
3.3.2 优质爆文的表达形式 ... 86
3.3.3 文章正文的写作类型 ... 87
3.3.4 正文的创作技巧 ... 89

3.4 图文的设计技巧 ... 90

- 3.4.1 内容图片的组成部分 91
- 3.4.2 常见的文章配图样式 93
- 3.4.3 图片具有的四大功能 95

第 4 章 微博营销，有效扩大影响力

4.1 从零开始学微博营销 98
- 4.1.1 微博的起源 98
- 4.1.2 微博账号的五大类型 100
- 4.1.3 微博的企业营销价值 103

4.2 微博营销前的准备工作 105
- 4.2.1 注册微博账号 105
- 4.2.2 设置微博基本资料 107

4.3 微博营销的推广策略 112
- 4.3.1 增加微博的粉丝量 112
- 4.3.2 提升微博的活跃度 114
- 4.3.3 短微博发布 116
- 4.3.4 长微博设计 118
- 4.3.5 发布微博 119

4.4 掌握微博营销技巧 121
- 4.4.1 利用热门话题制造热度 121
- 4.4.2 借势提升内容扩散速度 121
- 4.4.3 使用 140 字打造精华 122
- 4.4.4 巧用 @ 功能增加转发量 124
- 4.4.5 避开微博营销误区 125

第 5 章 微信营销，精准抓住用户痛点

5.1 了解微信营销 128
- 5.1.1 微信营销的特点 128
- 5.1.2 微信营销的作用 130

5.2 微信个人号营销技巧 132

从零开始学新媒体营销与维护

  5.2.1 微信个人号设置 132
  5.2.2 添加微信好友 137
  5.2.3 管理微信好友 141
  5.2.4 在朋友圈中发内容 142
 5.3 微信公众平台营销技巧 **144**
  5.3.1 微信公众号的申请 145
  5.3.2 微信公众号的设置 147
  5.3.3 微信公众号推送文章 151
 5.4 精通微信公众号后台操作 **153**
  5.4.1 巧用自动回复 153
  5.4.2 自定义菜单 156
  5.4.3 微信营销的常见误区 157

第6章 社群营销，打造高黏性的粉丝

 6.1 快速了解新媒体社群 **160**
  6.1.1 什么是社群与社群营销 160
  6.1.2 社群营销的特点 160
  6.1.3 社群营销的优势 161
  6.1.4 社群营销的条件 163
 6.2 开始创建社群 **164**
  6.2.1 设置社群名称 164
  6.2.2 确定社群简介和口号 166
  6.2.3 设计社群视觉 167
  6.2.4 制定社群规则 169
 6.3 策划并开展社群活动 **170**
  6.3.1 社群分享 170
  6.3.2 社群福利 172
  6.3.3 社群打卡 174
 6.4 抓住新时代的社群营销 **177**
  6.4.1 如何实现社群裂变 177
  6.4.2 设计社群裂变海报 179

6.4.3 社群裂变常用工具 180
6.4.4 社群营销变现 181

第 7 章　自媒体平台营销，高效转化潜在客户

7.1 今日头条平台营销 186
7.1.1 入驻前的准备工作 186
7.1.2 避免头条账号申请被驳回 187
7.1.3 成为头条号优质创作者 189

7.2 一点资讯平台营销 190
7.2.1 申请入驻一点号 190
7.2.2 营销文章的发布 192
7.2.3 开通点金计划 192

7.3 搜狐平台营销 193
7.3.1 搜狐号账号入驻 193
7.3.2 自媒体文章的发布 195
7.3.3 文章数据的分析 197
7.3.4 申请专属认证和勋章 198
7.3.5 创建热门活动内容 200

7.4 文章推送的忌讳 201
7.4.1 文章的过审准则 201
7.4.2 遵从机器推荐系统 202
7.4.3 广告引语要隐蔽 204

第 8 章　论坛与问答平台营销，小成本获大效果

8.1 了解论坛社区营销 208
8.1.1 论坛社区营销的特性 208
8.1.2 论坛社区营销的要素 209
8.1.3 论坛社区营销操作 210

8.2 百度贴吧营销 211
8.2.1 贴吧发帖实战 211

8.2.2 有吸引力的标题 213
8.2.3 百度贴吧顶帖操作 215

8.3 豆瓣平台营销 217
8.3.1 豆瓣的设置 217
8.3.2 豆瓣日记 218
8.3.3 豆瓣小组 220

8.4 知乎平台营销 222
8.4.1 问答推广的方法 222
8.4.2 推文实战步骤 223

8.5 百度知道平台 224
8.5.1 知道推广实战步骤 225
8.5.2 获取数据分析工具 226

8.6 编写高阅读量的回答 227
8.6.1 选择问题的关键要素 227
8.6.2 5个要求让回答更精彩 229
8.6.3 策划自问自答营销 231

第9章 直播视频平台营销，打造爆款仪式感

9.1 直播营销的基础概念 234
9.1.1 直播营销的四大优势 234
9.1.2 直播风险防范五要素 236
9.1.3 直播营销的整体思路 237

9.2 直播活动的实施与执行 239
9.2.1 直播的营销方式 239
9.2.2 主流直播平台的介绍 241
9.2.3 直播重点与注意事项 242

9.3 短视频基础知识 245
9.3.1 短视频内容生态 245
9.3.2 短视频平台特点 247

9.4 抖音平台营销 248

9.4.1 了解抖音短视频平台 ... 248
9.4.2 常见的抖音视频拍摄方式 ... 250
9.4.3 轻松获取内容素材途径 ... 252
9.4.4 把握成为爆款视频的关键 ... 254
9.4.5 积极参与创意挑战赛 ... 256

9.5 快手平台营销 ... 258
9.5.1 快手短视频的产品特点 ... 258
9.5.2 开通快手小店推广商品 ... 259
9.5.3 视频数据分析和推广 ... 261

第 10 章 音频与垂直 APP 营销，直接促进话题传播

10.1 互联网音频平台的营销方式 ... 264
10.1.1 了解音频营销 ... 264
10.1.2 各类音频平台的介绍 ... 265
10.1.3 音频内容中植入广告 ... 268
10.1.4 搭建音频自媒体 ... 270

10.2 垂直行业 APP 营销 ... 273
10.2.1 什么是垂直行业 APP ... 273
10.2.2 常见垂直行业 APP 简介 ... 275
10.2.3 垂直行业 APP 营销的注意事项 ... 277

第 11 章 强化口碑，快速进行粉丝升级

11.1 新媒体营销的粉丝经济 ... 280
11.1.1 粉丝在新媒体时代的表现 ... 280
11.1.2 将粉丝转化成经济 ... 281

11.2 用心赢得粉丝口碑 ... 283
11.2.1 把控质量收获好评 ... 283
11.2.2 把握内容差异化和精准化 ... 285
11.2.3 有针对性地解决用户问题 ... 286
11.2.4 "签到 + 积分 + 任务"模式 ... 288
11.2.5 用内容形成品牌增强黏性 ... 290

11.2.6 及时沟通处理中差评留言 292

11.3 留住粉丝的常见方法 294

11.3.1 策划活动提高积极性 294

11.3.2 及时展开互动 296

第 12 章 吸粉引流，快速解决用户转化难题

12.1 营销必备的引流方法 300

12.1.1 结尾放置介绍法 300

12.1.2 图文内容求关注引流法 300

12.1.3 互推引流合作法 302

12.1.4 策划免费福利赠送活动 304

12.1.5 通过朋友圈积攒人气 306

12.2 通过新媒体营销平台引流 308

12.2.1 设置被关注自动回复 308

12.2.2 设置关键词自动回复 311

12.2.3 公众号绑定微信圈子引流 313

12.3 将粉丝变成忠实用户 315

12.3.1 做极致产品让粉丝尖叫 315

12.3.2 提高用户转化率的方法 316

第 13 章 维护粉丝，提升营销活跃度

13.1 提高对粉丝的关注度 320

13.1.1 关注粉丝动态 320

13.1.2 与粉丝维持朋友关系 322

13.2 通过客服人员提升满意度 323

13.2.1 好服务造就好口碑 324

13.2.2 通过售前客服提高成交率 325

13.2.3 让客户满意的售后处理 327

13.2.4 为客服设置不同的权限 329

从零开始，新媒体营销快速入门

第1章

随着新媒体的快速发展，新媒体应用已经渗透到社会的各行各业中，直接改变了人们的工作模式和生活方式。因此，从多个角度抓住新媒体的价值，理解新媒体营销的基础知识，是成为一名合格的新媒体营销人员的前提。

- ▶ 新媒体与新媒体营销的认识
- ▶ 新媒体营销的优势
- ▶ 新媒体营销的模式
- ▶ 与传统媒体营销的区别
- ▶ 新媒体营销的发展历程
- ▶ 为传统媒体带来的影响
- ▶ 新媒体营销的发展趋势
- ▶ 新媒体营销的常用思维
- ▶ 新媒体营销的实用工具
- ▶ 新媒体营销的常见误区
- ▶ 新媒体营销团队的构成
- ▶ 新媒体线上与线下的配合流程

1.1 揭秘新媒体营销的秘密

传统的营销方式已经不太适用于当今互联网发展的时代，一种新型的营销方式应运而生，即新媒体营销。新媒体营销给传统营销带来了较大冲击，也为许多企业的发展提供了新的营销平台，带来了新的生机。

1.1.1 新媒体与新媒体营销的认识

与传统媒体相比较，新媒体已经成为许多企业重要的营销渠道，承担着企业推广与宣传的重要"职责"，而新媒体营销也备受企业重视。

（一）新媒体的概念

最近几年，新媒体全面影响着人们的生活，不过新媒体的概念早在1967年就已被美国哥伦比亚广播电视网技术研究所所长戈尔德马克率先提出。新媒体的概念与传统媒体相对应，自从被提出就一直在不断地发展变化，有狭义与广义之分。

- ◆ **狭义上的概念**：是指继报纸、广播、电台和楼宇广告等传统媒体之后，随着媒体的发展与变化而生成的一种新的媒体形态，主要包括网络媒体、手机媒体以及数字电视等，是相对于传统媒体而言的。
- ◆ **广义上的概念**：是指在数字技术、计算机网络、无线通信网以及卫星等支持下，通过电脑、手机以及数字电视机等终端，向用户提供信息和服务的传播形态，表现的是一种媒体形式的数字化。

其实，新媒体可以被视为新技术的产物，而数字化、多媒体以及网络等新技术都是新媒体出现的必备条件。若传统媒体开始利用这些新技术改造自身运营模式，那么这些传统媒体也可以变成新媒体。

新媒体最大的特点是打破了媒介之间的阻碍，打通了媒体介质之间，地域、行政之间，以及传播者与接受者之间的边界。同时，新媒体还表现出以下四个常见的特征。

◆ 媒体个性化更突出

因技术原因，传统媒体几乎是大众化的，而新媒体却可以对受众进行细分，直接面向个人，个人可以通过新媒体定制个性化的新闻。简单而言，每个新媒体受众手中最终获取的信息内容组合在一起可以一样，也可以差别很大，这与传统媒体受众只能被动地接受毫无差别的内容有很大的不同。

◆ 表现形式更多样

新媒体形式多种多样，传播过程也更丰富，可以将音视频、文字以及图像融为一体，使信息更新及时，内容更灵活。理论上而言，只要满足网络及设备条件，一个新媒体即可满足所有人的信息存储需要。此外，新媒体还具有易于检索的特点，用户可以随时随地地存储信息，查找以前的内容和指定相关内容。

◆ 受众选择更自由

从技术的角度而言，通过新媒体人人都能接收到信息，人人都可以成为信息的发布者。例如，人们可以一边看电视，一边参与对节目的投票，还可以对节目信息进行查看。这就打破了传统媒体只有新闻机构才能发布信息的局限性，充分满足了受众对信息的细分需求，受众也有了更多的选择，阅读也更加自由。

◆ 信息发布更及时

与广播、电视等传统媒体比较，新媒体具备无时间限制、随时可加工发布的特征。因为新媒体使用强大的软件和网页呈现内容，可以实现24小时在线。

小贴士

新媒体的类型主要分为4种，即手机媒体、数字电视、互联网新媒体和户外新媒体。其中，手机媒体是借助手机进行信息传播的工具；数字电视是指从演播室到发射、传输和接收的，所有环节都是使用数字电视信号或该系统所有的信号传播，都是通过由0和1数字串所构成的数字流来传播的电视类型；互联网新媒体包括网络电视、博客、播客、视频以及电子杂志等；户外新媒体有别于传统的户外媒体形式（如广告牌、灯箱以及车体等），主要以液晶电视为载体，如楼宇电视、公交电视、地铁电视、列车电视以及大型LED屏等。

（二）新媒体营销的概念

新媒体营销是指利用新媒体平台，如门户网站、微博、知乎、博客以及手机 APP 等基于特定产品的概念诉求与问题分析，对受众进行针对性心理引导的一种营销模式。从本质上而言，新媒体营销是以新媒体平台为传播和购买渠道，把相关产品的功能、价值等信息传送到目标群体，从而实现品牌宣传、产品销售目的的营销活动。

随着时代不断更新和发展，新媒体营销已经成为非常受欢迎的方式，不管是企业还是员工，都能够清楚开展或推广一个活动，需要借助一定的媒介才能提升宣传效果，这才是最重要的。新媒体营销手段是一种兴起的有效传播方式，传播广、效果明显，还具有如表 1-1 所示的特点。

表 1-1　新媒体的常见特点

名　称	内　容
增加受众黏度	与传统媒体比较，新媒体可以利用现在的网络方式进行传播互动，能够实现随时随地传播，从而提高传播效率。同时，产品投放市场的不确定性也降到最低
精准定位	新媒体包含丰富的内容，而且平台较多，能够准确地进行定位，且设计范围很广泛，在对平台数据进行统计时，可以利用统计的信息有针对性地挖掘客户，为后期发展做准备
口碑建设	新媒体的传播速度非常快，能够让企业不断推广并树立口碑，在互联网占据一定的地位与市场
成本低廉	一是经济成本低廉，即减少资金投入；二是技术成本低廉，新媒体营销是科学技术发展到一定程度的产物，具有较高的技术含量；三是时间成本低廉，营销信息的传播不仅不需要经过相关行政部门的审批，还能够获得"一传十，十传百"的效果
传播速度快	不同于传统媒体，互联网技术使信息的非对称性大大降低，消费者可以更快了解产品的相关知识，减少选择时间。而对于企业而言，可以更迅速地知道消费者的需求，从而迅速做出回应
相同竞争性	在新媒体营销策略中，所有企业都在同一起点上，所以具有相应的公平性竞争

由此可知，新媒体营销在整个产品营销活动中可以让消费者更真实地参与进去，并建立有效的反馈机制，使企业可以快速掌握消费者对产品的反馈内容，以随时与消费者产生互动，从而提高其品牌宣传力度。

1.1.2 新媒体营销的优势

随着网络技术的发展，微信、微博等平台被多数企业当作营销的利器，新媒体营销的职位也成为招聘市场的"宠儿"。于是很多企业都开始做新媒体营销，那么新媒体运营有哪些优势呢？

（一）消费者自主选择

传统的媒体营销方式是硬性推广，而新媒体营销使得企业与消费者的互动性增强，从而取得更好的传播效果。此时，企业需要让目标消费者参与进来，让品牌融入与消费者的互动交流中，从而形成新的传播源，并不断扩散传播。

在网络时代，信息的泛滥使消费者的决策成本不断提高，只是传播非常简单的信息，已经无法满足企业的营销策略。因此，让消费者成为企业营销计划中的一部分，就可以完成企业的营销策略。通过新媒体营销，企业可以与消费者实现更多的互动，也可以收集更多的反馈信息。

在这个追求体验、注重参与和个性化的时代，新媒体营销让消费者占据了主导地位，消费者可以根据需求进行个性化的选择。

在秦国时期，卫鞅想要实施变法图强政策，又害怕天下人对自己产生非议。法令已经准备好，但是没有公布，因为卫鞅担心百姓不信任他，于是在国都市场的南门立下一根三丈长的木杆，并告知百姓：若有人能够将三丈之木从南门扛到北门，就赏给他十镒黄金。

百姓对此感到惊讶，没有人敢去搬木杆。于是，卫鞅就又宣布命令说：有人能够搬过去，就赏给他五十镒黄金。此时，一个年轻人将三丈之木从南门扛到北门后，就立即获得了五十镒黄金，以表明没有欺诈。

虽然2000多年已经过去了，但是"徙木立信"的典故流传至今，该典故则成为秦国法令赏罚分明最好的营销案例。也就是说，与当年的秦国让百姓参与到新法的"营销"中一样，如今的企业也应该掌握消费者的消费主动权，让消费者主动来营销企业的产品。

（二）有效降低营销成本

新媒体不仅可以使企业的宣传方式变得多元化，还能更好地降低营销成本。例如，企业以前喜欢采用的推广方式是建立一个企业网站，定期或不定期地发布企业信息与产品信息，然后不停地进行宣传，但效果并不理想；新媒体则为企业提供了更多免费的开放平台，还可以实现资源共享。例如，使用微信APP开通微信公众号、使用新浪微博建立企业官方微博等。

新媒体不仅为企业提供了低成本的平台，还提供了低成本的传播渠道。在传统媒体时代，许多品牌需要花费巨资去做推广，而利用新媒体，则只需要文案有创意，消费者就会觉得有趣或者有价值，更愿意免费帮助企业去传播，从而形成一种传播效应。

（三）提升了创意空间

新媒体的不断发展，使各种新的推广形式和营销方法不断出现，如病毒营销、互动体验以及事件营销等。在社会化营销中，创意才是根本，这样才能使新媒体营销发挥出强大力量。创意不是随时都有的，一旦拥有了创意，并通过消费者的参与，整个营销效果会得到极大的提升。

新媒体不断拓展的营销传播方式和手段，恰好弥补了传统媒体创意枯竭的尴尬。通过新媒体将更多创造性的元素融合到营销传播中，这对企业战略转型和营销传播与发展具有关键意义。另外，创意经济自身蕴含着较大能量，创意元素也是当今企业和产品竞争中的重要一环。

（四）巨大的数据库信息

使用新媒体营销，可以轻而易举地获取大量的用户信息，而这些用户就是精准的潜在消费者。目前，大数据可以根据消费者的基础信息和实时交流内容，推算出消费者在哪些方面具有需求或者有消费潜力。

（五）消费者可以帮忙创造产品

让消费者创造产品或内容，企业提供销售平台，与消费者共同分享利润，在确保产品多元化和创造力的同时，还能拥有忠实可靠的宣传者。这些宣传者热情且希望得到亲朋好友的认可，更希望自己的作品能够向社会公开，于是能够展示他们作品的平台就备受推崇，企业也成了最大的受益者。

新媒体可以让消费者在参与过程中，将常规的产品信息打上自己的印记，再次传递，从而达到最好的传播效果。简单而言，如果企业在信息传递过程中，因为消费者的参与而获得利益，并与参与的消费者来分享利益，则这种共赢的模式将会进一步提高营销的效果。

（六）更精准化的客户定位

相对于传统媒体而言，新媒体营销更具有针对性。例如，消费者在淘宝网上浏览了笔记本电脑的相关产品，系统就会认定消费者具有购买笔记本电脑的需求，一段时间过后，不管消费者是否真的想要购买笔记本电脑，系统都有可能为消费者推荐联想、戴尔以及惠普等电脑品牌。这个营销链都是基于消费者、账户以及关系网的相互关联，所以一切的潜在消费欲望都可以被记录与统计。

目前，消费越来越强调个性化，消费者会主动选择自己喜欢的方式，在相应的时间与地点获取需要的服务或产品，而网络时代的各种工具则可以让企业更加清楚地知道消费者的需求。

1.1.3 新媒体营销的模式

目前，许多企业开始依赖新媒体营销进行品牌推广，但对于传统的企业来说，对新媒体营销的认识还比较陌生。其实，新媒体营销比传统营销具有更新颖快捷的宣传渠道，也更容易被年轻人所接受，新媒体营销有多种营销模式，其具体介绍如下。

（一）病毒营销

病毒营销又称为病毒式营销，是新媒体营销中最常见的营销方式，它利用公众的积极性和人际网络，让信息像病毒一样进行传播和扩散，信息被快速复制传向数以万计的受众。其中，病毒营销是在确定品牌特性的基础上，利用脍炙人口的广告文案，加上互联网传播渠道进行宣传推广的，常用于品牌推广、微信推广等。例如，支付宝"锦鲤"就是典型的病毒营销案例。

2018年9月29日，支付宝官方微博发布了一条抽奖微博，从转发的用户中抽取一名中国锦鲤，只要"十一"期间在境外使用支付宝支付指定产品，就能统统免单。在支付宝公布活动玩法不到6个小时，就已经有100万网友参与转发，第二天直接破200万，成为微博史上转发量最快破百万的企业微博。在10月7日抽奖当天，已经有400万转评赞，2亿曝光量，如图1-1所示。

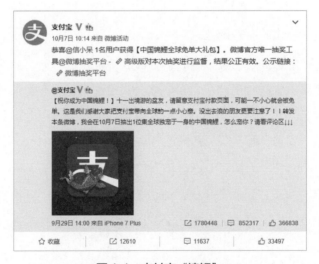

图1-1　支付宝"锦鲤"

在公布中奖结果后，支付宝该条活动迅速占据微博热搜第一位和第五位。而中奖用户"信小呆"的微博，一夜间暴涨到80万粉丝。之后，在"双十一"即将到来之际，支付宝故技重演，从活动转发中抽取一名用户帮还一年花呗，该条微博的转发量也相当惊人。

支付宝"锦鲤"病毒营销的关键主要有两点：第一，"锦鲤"流行背后的狂欢精神，微博抽奖具有公平参与性和低门槛参与性，狂欢中所有的用户都是积极的参与者；第二，福利刺激下的传播裂变，因为微博抽奖联动了线上推广和线下营销，通过诱惑力极强的奖品在短时间内实现了转发量、评论量和热度暴增，从而创造了传播新方式。

（二）事件营销

事件营销是指企业通过策划、组织和利用具有新闻价值、社会影响及名人效应的人物或者事件，来吸引社会团体、各界媒体和消费者的兴趣与关注，使企业或产品的知名度、美誉度得到提高，从而树立良好的品牌形象，并促成产品或服务的销售手段和方式。虽然事件营销没有病毒营销带来的效果好，但却能建立起良好的形象。例如，华帝"退全款"就是典型的事件营销案例。

在2018年世界杯开赛前，厨电企业华帝发起了"法国队夺冠，华帝退全款"的劲爆促销活动，微博各"大V"账号纷纷转发引起第一波宣传热潮。在当月的宣传期间，不仅仅是线上传播，线下40个城市也在非常积极地配合宣传。

"法国队夺冠，华帝退全款"被广大受众所熟知，并引起大家的热议。该活动不仅使华帝在比赛期间吸引了不少眼球，比赛后法国队获得冠军，华帝所受到的关注更是立时爆至空前的顶峰。而各种猜测遍传围观群众，连平时不怎么关心足球的人群，也被这场精彩的营销豪赌所吸引。

2018年7月6日凌晨，法国队以4∶2战胜克罗地亚登顶夺冠后，法国队的赞助商华帝立刻宣布"法国队夺冠退全款"的活动正式开始，公告称只要是6月1日0时至7月3日22时购买华帝"夺冠套餐"的消费者都可以退还全款，而且还公示了退款的整个流程。

在本次营销活动中，华帝官方微博主持的两个话题"#法国队夺冠华帝退全款#"和"#华帝退全款启动#"，总共超过了1亿的阅读量，有10万多人参与讨论。而在7月16日，"华帝启动退全款"的标题占据了百度搜索热点的榜首，"华帝"的百度搜索指数也在半个月内居高不下。简单而言，华帝在本次活动中，得到了广泛的话题传播，无形中减少了营销成本，转化而来的经济收益、广告效益非常可观，远超过其他营销模式带来的传播效果。

（三）口碑营销

口碑营销是指企业努力使消费者通过其与亲朋好友之间的交流将自己的产品信息、品牌传播开来，使他们主动去传播产品和服务并给予良好的评价和认可，该营销模式具有成功率高、可信度强的特点。在口碑营销的过程中，可以让人们通过口碑了解产品，树立品牌形象，从而达到销售产品和服务的目的。例如，康师傅冰红茶"HAPPINESS ANYWHERE 快乐不下线"就是口碑营销案例中的典型。

康师傅品牌旗下有一个非常经典的产品，即康师傅冰红茶，该产品也因跟不上市场的发展趋势，而处于落后阶段。此时，为了挽回市场，康师傅冰红茶找到了奥美世纪。2008年夏季，奥美世纪为康师傅冰红茶量身打造了一个"HAPPINESS ANYWHERE 快乐不下线"主题推广活动。

康师傅冰红茶的目标消费群是青春、活力的一代，热衷网络，喜爱讨论与社交，对音乐、体育、影像、聊天、交友以及游戏等多个领域都充满兴趣。于是，奥美将该活动主题在各大年轻人聚集的网络社区进行推广和传播，并选择与猫扑、校内、腾讯、淘宝以及重要视频网站展开深度合作，结合各网站特点及消费者使用习惯，量身定制活动。

比如，在猫扑网中推出"漫画真人秀"活动，鼓励网友创作相关的图片、故事，或是给剧本配上旁白，充分给予年轻网友施展个性、发挥想象力和创造力的空间，网站两个月内收到作品1.5万件；与腾讯合作，推出了冰红茶和QQ企鹅形象相结合的"魔法表情主题包"，有高达360万次的下载量，同时有大量用户主动转发，让康师傅冰红茶的形象更加深入人心。

通过"HAPPINESS ANYWHERE 快乐不下线"主题活动的开展，让大家注意到了康师傅冰红茶开始迎合年轻消费者的需求和喜好，而康师傅冰红茶也成功实现了品牌年轻化的转变，在消费者心中成功塑造出了年轻活力的品牌形象，让"快乐不下线"的理念在大众心里扎根。

（四）饥饿营销

饥饿营销是新媒体营销中的新兴营销方式，是指企业有意调低产量，以期望调控供求关系，制造供不应求的"假象"，达到维持产品较高的利润率和品牌价值的目的。简单而言，就是企业采取大量广告促销，吸引消费者的购买欲望，然后采取饥饿营销的手段，让消费者苦苦等待，促使消费者的购买欲望达到顶峰。饥饿营销可以提高企业的产品销量，为未来大量的销售奠定消费者基础，从而树立起品牌高价值的形象。

例如，新楼盘在开盘前后，开发商会先进行大量的广告宣传，吸引消费者看楼，然后建议看楼的消费者登记信息、交诚意金以及升级VIP客户等，甚至张榜公布销售情况（而实际销售情况并没有这么火爆），从而形成临时性缺货或只剩少数存量的假象，造成楼少的恐慌，出现购房者饥饿的现象。

（五）其他营销模式

除了前面常见的4种新媒体营销模式外，还有一些新媒体营销模式也比较受企业的欢迎，如情感营销、互动营销以及借势营销等，其具体介绍如下。

◆ 情感营销

情感营销是从消费者的情感差异和需求出发，唤醒和激起消费者的情感需求，诱导其心灵上的共鸣，寓情感于营销之中，让有情的营销赢得无情的竞争。在如今这个情感消费时代，消费者购买产品所看重的已不是产品数量的多少、质量的好坏以及价钱的高低等因素，而是一种感情上的满足、心理上的认同。

也就是说，情感营销是把消费者个人的情感差异和需求作为企业营销推广的战略设计，通过借助情感包装、情感广告、情感促销、情感口碑以及情感设计等策略来实现企业的营销目标，从而为企业建立更加立体化的形象。

◆ 互动营销

互动营销是指企业在营销过程中充分利用消费者的意见和建议，用于产品或服务的规划和设计，为企业的市场运作服务。在消费者与企业的互动中，让消费者参与到产品以及品牌活动中，充分考虑消费者的实际需求，拉近与企业之间的联系，在不知不觉中接受来自企业的营销宣传。

在互动营销中，互动的双方是消费者与企业，只有抓住共同利益点，找到巧妙的沟通时机和方法才能将它们紧密地结合起来。其中，互动营销可以给企业带来多个好处，如促进消费者的重复购买、建立长期的消费者忠诚度以及实现消费者利益的最大化等。不仅如此，互动营销还能够促进相互学习、相互启发以及彼此改进，特别是通过"换位思考"带来全新的观察视角。

◆ 借势营销

借势营销是一种比较常见的新媒体营销模式，通过借助消费者喜闻乐见的环境，将销售的目的隐藏于营销活动之中，使消费者在特定环境中了解产品并接受产品的营销手段。具体表现为通过媒体争夺消费者眼球、借助消费者自身的传播力、依靠轻松娱乐的方式等潜移默化地引导市场消费。

换言之，借势营销就是通过顺势、造势以及借势等方式，提高企业或产品的知名度，树立良好的品牌形象，并促成企业产品或服务销售的营销策略。

◆ IP营销

IP营销中的"IP"原为知识产权（Intellectual Property）之意，随着IP内容的丰富以及可观的商业价值，IP的含义已超越了知识产权的范畴，正朝着现象级的营销概念发展。

IP营销的本质是把IP注入品牌或产品中去，赋予产品温度和人情味，建立品牌与消费者之间的沟通桥梁，通过该沟通桥梁可以大大降低人与企业之间、人与人之间的沟通门槛。

◆ 社群营销

社群营销是在网络社区营销及社会化媒体营销的基础上，发展起来的用户连接及交流更为紧密的网络营销方式。也就是把一群具有共同爱好的人会聚在一起，通过产品或服务满足群体需求而产生的商业形态。其中，社群营销的方式主要通过连接、沟通等方式实现用户价值，不仅受消费者欢迎，消费者还可能成为继续传播者。

1.1.4 与传统媒体营销的区别

新媒体的快速发展,直接对传统媒体的市场产生了冲击,企业纷纷入驻新媒体。在新媒体时代,内容与传播的技巧要比传统媒体更加成熟,因为在新媒体中人人都是媒体主,人人都有自己的传播渠道与社交圈子。那么,新媒体营销与传统媒体营销具体有哪些区别呢?

（一）传播的媒介不同

不管是新媒体营销,还是传统媒体营销,在进行营销活动的过程中都必须依托于媒介。简单而言,没有传播媒介,信息也就无法形成传播,更无法拥有受众。新媒体营销主要以网络为传播渠道,如微博、微信、今日头条以及抖音等社交媒体平台,新媒体营销的传播媒介可以重构人与企业、人与人之间的沟通方式,从而实现信息的全网覆盖。

传统媒体营销由特定渠道面向特定的用户传播,主要以广播、电视、杂志以及户外大屏等展示性较强的媒体平台为主,不过这些传播媒介之间的沟通比较单一,传播范围也存在地域性。

也就是说,新媒体营销的传播是让用户主动接收、主动点击,并主动分享与转发。而传统媒体营销的传播则由媒体平台本身触发,受众则是被动接收。

 小贴士

新媒体营销并不是完全抗拒传统媒体营销,而是可以将其整合利用,作为企业与营销人员,没必要把新媒体营销与传统媒体营销划得过分清楚,只要能达到较好的营销目的,而且成本合理,则都可以考虑使用或配合使用。

（二）传播的方式不同

新媒体营销的传播方式具有双向性、互动性以及多样化的特点,每个用户都可以对新媒体的传播信息进行点赞、评论与转发等操作,企业通过新媒体平台可以及时、高效地与用户进行沟通交流。另外,企业与用户的互动有利于企业及时了解市场动向与用户需求,从而及时作出调整。

传统媒体营销的传播方式具有内容形式多样化的特点,但是传播比较单一。通过传统媒体传播的信息,用户不能对信息进行点赞、评论与转发。同时,企业也不能与用户进行及时、有效的沟通交流,虽然传统媒体营销不利于企业与用户之间的互动,但是它们以特定的方式在特定的场所、特定的时间进行特定的群体曝光,比较适合曝光企业与产品。

(三)内容的出发点不同

以前,即使一本厚厚的书也会有人抽出时间沉浸其中慢慢阅读,用心体会书里面的内容,而现在通过网络来阅读比较长的文章时,用户的注意力很容易被其他广告或者弹窗分散,因此有参与度的内容才会让用户有耐心读下去。

其中,新媒体营销以用户为中心,根据特定的用户群,制作有利于用户阅读传播的内容;而传统媒体营销则以企业为中心,制作特定的内容,重点关注企业和产品的优势,然后对用户进行一次次传播。

1.2 新媒体营销的发展前景

在这个互联网时代,各大行业都会选择利用互联网来进行发展,新媒体营销对新一代用户群体的影响力也在不断上升。新媒体是继传统媒体之后,在互联网背景下出现的媒体形态,用户从过去被动接收的角色转变为可自主创作的作者与读者身份,新媒体营销未来的发展也必然会进行变革。

1.2.1 新媒体营销的发展历程

随着互联网的发展,媒体的形式也从最初的广播、电视等传统媒体向新媒体的行业发展,那么,新媒体营销的发展都经历了哪些阶段呢?

（一）新浪微博

微博是基于用户关系的社交媒体平台，用户能以文字、图片或视频等多媒体形式实现信息的即时分享与传播互动。微博提供简单的方式使用户能够公开实时发表内容，通过裂变式传播让用户与他人互动，并与世界紧密相连。作为继门户、搜索之后的互联网新入口，微博实现了信息的即时分享。

自 2009 年 8 月上线以来，新浪微博的用户就一直保持着爆发式增长。刚开始时通过邀请明星和名人加入，与用户进行内容分享与互动，吸引了一大批新用户加入新浪微博。此时，多家企业从中发现了商机，开始使用微博获取用户、树立品牌形象，如魅族科技、哔哩哔哩弹幕网等企业。

截至 2019 年 3 月底，微博月活跃用户量达 4.65 亿，已是全球用户规模最大的独立社交媒体平台。由于微博汇集了当下最热门的话题与行业资讯，所以是企业宣传品牌形象与产品的一个非常好的平台，也是企业新媒体营销中不可或缺的一部分。

（二）腾讯微信

微信是腾讯公司于 2011 年 1 月 21 日推出的一款跨平台的网络通信工具，支持单人以及多人参与。其中，微信凭借腾讯的庞大用户群体与良好的用户体验，完成了大量的用户积累，开启了飞跃式发展。

微信提供公众平台、朋友圈以及消息推送等功能，用户还可以通过多种方式添加好友和关注公众平台，同时微信能将内容分享给好友或将用户看到的精彩内容分享到微信朋友圈。

2014～2015 年，大批内容创作者与企业开始进行微信营销，自媒体用户也因此获得了丰厚的回报，企业也开始由以往的微博营销转变为微博、微信双微营销。截至 2019 年 9 月，微信月活跃账户量高达 11.5 亿，成为企业新媒体营销必不可少的平台。

（三）今日头条

今日头条是一款基于数据挖掘的推荐引擎产品，为用户推荐信息、提供链接入与信息的服务的产品,于2012年8月正式上线。其中,今日头条凭借个性化推荐引擎,成为了移动资讯客户端的佼佼者,推荐内容主要包括新闻、音乐、电影、游戏以及购物等资讯。

2013年,今日头条推出了头条号。头条号是今日头条针对媒体、国家机构、企业以及自媒体推出的专业信息发布平台,致力于帮助内容生产者在移动互联网上高效率地获得更多的曝光和关注,在移动互联网时代持续扩大影响力。同时,今日头条推广以传播者、影响者以及经营者等多重身份,实现品牌传播和内容变现,可以帮助企业品牌实现长效营销。

(四)其他平台

2015~2016年,互联网市场掀起了个性化资讯客户端的浪潮,各大互联网企业纷纷加入其中,如百度推出了百家号、网易推出了网易号、腾讯推出了企鹅号以及搜狐推出了搜狐号等。各大平台为了吸引更多的原创作者,获得更好的原创内容,投入大量资金对内容原创作者进行补贴。

由于移动互联网的高速发展,市场出现了用户分散、流量入口分散的局面,企业想要在这个竞争激烈的市场中获取更多用户,就需要将营销模式转换为全渠道、全平台的新媒体营销。

1.2.2 为传统媒体带来的影响

近年来,新媒体的出现让更多的人参与到信息的传播中来,传统媒体也因此受到了相应的冲击,发展形势不太乐观。不过,随着新媒体的不断发展,传统媒体也迎来了新的变革,工作方式、交流方式和传播方式也都发生了改变。那么,新媒体会为传统媒体带来哪些影响呢?

(一)新媒体对传统媒体的冲击

新媒体的发展对传统媒体而言,肯定会产生相应的冲击,其冲击主要体现在三个方面,分别是纸质媒体的缩减、传统广播媒体受众分化和传统媒体广告跳水,其具体介绍如图1-2所示。

纸质媒体的缩减

以前人们获取的信息基本上来自纸质媒体，但在新媒体出现后，纸质信息的传播速度远远滞后于新媒体，所以纸质媒体的关注度逐渐下降，其发行量也随之降低。另外，纸质媒体传递信息是单方面的，受众只能阅读不能表达，而新媒体则可以让受众参与互动交流。

传统广播媒体受众分化

在新媒体的发展过程中，广播媒体也受到了相应的影响。目前，传统媒体的受众面不断缩小，分化趋势也越来越严重。广播媒体形式比较受中老年人欢迎，然而年轻用户流失现象却比较严重。

传统媒体广告跳水

以前，不管是哪个年龄段的人群，获取信息的主要途径就是报纸。在新媒体出现后，纸质媒体的受众逐渐减少，受众的年龄层次也比较明显，主要以中老年人为主，这使得传统媒体的广告经营受到不小影响。而新媒体的受众面比较广，人群基数也较大，广告形式也比较多元化，更具有吸引力，从而大部分企业将广告投放到了新媒体平台。

图 1-2　新媒体对传统媒体的冲击

（二）新媒体给传统媒体带来的改变

新媒体的发展具有非常积极的作用，但并不能说它是最完美的营销方式。由于互联网覆盖面积广，具有明显的开放性，就会存在一些不良信息在不受约束的情况下快速传播。

另外，互联网的参与群体较大，信息产出量可以在短时间内迅速增加，而这些信息的真实性也无法得到肯定，一旦出现不良信息，媒体的形象与信息的可信度就会受到消极影响。目前，新媒体仍然需要依赖传统媒体进行发展，也可以说二者的冲击性与依赖性并存。将新媒体与传统媒体高效衔接在一起，能够促使二者互补，实现共同发展。

◆ 打破传统媒体的传播方式

新媒体时代，传统媒体已经不能够完全满足人们对信息的需求，而新媒体能够提供给人们的信息量远远大于传统媒体。新媒体的传播速度是传统媒体无法比较的，不管是突发性事件、社会热点事件，还是吸引用户眼球的娱乐消息，大家往往不是通过传统媒体获悉，而是通过新媒体实时获悉的。

传统媒体属于被动式的传播，信息传播会受到时间、地点及固定媒介的限制，人们无法自主选择接收信息的时间与内容。新媒体的传播则不受任何时间、地点的限制，人们可以随时随地获取信息、传播信息。另外，新媒体的传播具有互动性和双向性，人们可以利用新媒体平台发布信息内容，然后让其他人参与到内容的互动中来。

◆ 给传统媒体带来发展动力

由于新媒体传播的内容比传统媒体丰富，传播的速度也更快，所以新媒体传播的内容更加吸引受众，这也就使得传统媒体"一家独大""垄断信息传播"的局面被打破。

新媒体的出现，给传统媒体提供了新的服务方式，让受众有了更多选择，开拓了许多新的领域，使得传统媒体有了更大的压力，从而就需要不断地进步。因为新媒体让传统媒体有了危机感，传统媒体需要将危机感转化为发展的动力，然后不断地完善自己并创新，进而提高服务品质。

◆ 给传统媒体带来好的服务模式

目前，新闻媒体已经进入融合求发展的新阶段，资源重新整合是该阶段的主要特征，也是传统媒体进行变革的有效途径。对于传统媒体而言，最大的竞争对手是新媒体，为了保持较好的市场份额与社会影响力，传统媒体必须拥抱新技术与新媒体，实现新的转型和发展。

利用新媒体，传统媒体可以将传播的信息细化与分条，让受众可以选择自己需要的内容。例如，传统媒体的官方网站可以将每天的新闻逐条列出，然后让用户选择自己需要了解的内容。

其实，近几年传统媒体与新媒体的融合场景越来越多，如电视节目中主持人现场与观众进行互动，或者春晚节目中的抽奖活动。由此可知，以往传统媒体只能让受众被动接收信息的状态得到了改变，传统媒体的服务质量也得到了提高，受众也就会更加满意。

◆ 对传统媒体的即时性补充

新媒体依托互联网优势，不仅占有非常大的信息量，还能够在非常短的时间内完成信息传递。在主流媒体市场中，时间就好比金钱，提前发布信息，就能抢占市场先机。因此，新媒体的优势不仅体现在高效率上，在数量上更占据主导地位，这也为传统媒体的信息带来了更为及时的信息源，但却无法判断信息的真实性。

而传统媒体拥有比较稳定的资源，可以利用新闻技能对信息的真实性进行判断，传统媒体的该项优势恰好能够弥补新媒体的短板，使二者得到互补，实现合作共赢的良好局面。

1.2.3 新媒体营销的发展趋势

新媒体是继传统媒体之后，在互联网背景下出现的媒体形态，用户从被动接收的角色转变为可自主创作的作者。而新媒体营销已经逐渐成为企业营销模式中重要部分，通过新媒体平台工具向用户广泛、精准推送消息，提高参与度与知名度，从而利用粉丝经济达到营销目的。新媒体营销主要有三个方面的发展趋势。

（一）制作用户为主导的内容

在传统媒体中，信息的创作权由少数的专业人士决定（如新闻记者、出版社编辑等），他们在较大程度上决定着用户可以看到的信息；在新媒体中，信息的创作权主体发生了很大的改变，每个人都是内容的创作者与传播者。专业内容也许从专业角度看拥有很高价值，但简单、有趣的内容更容易受到大众的欢迎，并通过他们的传播可以收获可观的流量。

新媒体时代，对于比较优质的营销内容，用户可能没有较多精力去慢慢品读，他们更关注与自己有关联、能参与的内容。因此，新媒体营销中制作以用户为主导的内容更受用户欢迎。

（二）传播引导用户表达的内容

在传统媒体中，营销者对信息传播媒介的掌控力非常强，用户通常扮演接收信息的角色，信息以单向传播模式为主；在新媒体中，每个人都自带传播媒介，信息以复杂的多向传播模式为主。

在新媒体的传播媒介中，用户自我表达的欲望也越来越强烈，他们的兴趣与爱好是新媒体营销是否获得成功的关键。另外，在当前这个人人都想创作的时代，用户需要的不是被动接收信息，而是主动进行表达。因此，新媒体营销者不仅需要考虑制作精良的内容，还需要考虑如何为用户提供一个展示自己的舞台。

（三）宣传集中用户注意力的产品

互联网时代的飞速发展，给各行各业带来了效率的提升和生活的便利，但我们在尽情享受互联网便利的过程中，正在渐渐丧失深度阅读和深度思考的能力。因为对网络的使用，导致我们在大脑记忆中保存信息的难度加大，被迫依赖互联网上容量巨大、易于检索的人工记忆。

在这样的环境下，我们的大脑对记忆行为本身不再产生依赖。在面对信息认知负荷时，我们不会努力去记忆那些认为重要的信息，反而会去屏蔽、遗忘那些认为不重要的信息。因此，新媒体营销必须降低用户记忆信息的成本，才有机会在用户的心中留下深刻印象。

互联网时代催生了新型的营销方式，所以企业更应该掌握新媒体营销的趋势，这样才能创造出更好的内容，吸引更多的用户。

1.3 玩转新媒体营销的基础

互联网时代，想要实现新媒体营销，就需要创作出有价值的信息，这样媒体平台才能得到更好的运营。不过，在创作内容之前，还需要了解一些新媒体营销的基础知识。

1.3.1 新媒体营销的常用思维

在新媒体日新月异的当下,门槛低、上限高的新媒体营销成为许多企业追逐的目标,而新媒体思维的运用是新媒体营销最重要的因素。其中,新媒体的常用思维主要包括粉丝思维、营销思维和平台思维,其具体介绍如下。

(一)粉丝思维

粉丝时代,创造的是一个社交和圈子文化的时代。粉丝和用户不是一个概念,企业拥有很多的用户,却不代表他们都是企业的粉丝。粉丝是对某种事物的疯狂喜好者,如明星、漫画、运动或产品等。

而粉丝思维主要体现在新媒体平台与粉丝之间的互动方面,移动互联网时代的互动是指网络信息的双向互通。每个人都是互动的主体,也有属于自己的不同观点和意见,通过信息互动,企业可以及时了解用户的想法,这些互动也为新媒体营销带来了全新的面貌,如图1-3所示为微信粉丝互动活动。

图1-3 微信粉丝互动活动

对于企业而言,粉丝最大的特点是对产品的盲目喜爱,他们可以不停地购买同一家企业的产品,还会不断地主动推荐给他人。简单而言,传统意义上的粉丝并不在意产品质量,而是更注重自己参与的感觉。

2011年9月5日,小米手机正式开放网络预订,34个小时就预订了30万部;2012年10月30日,小米M2手机开放网络发售,首轮5万台在2分51

秒内被一抢而空；2013年4月9日，小米连续发布了4款新品手机，当晚8点有20万台小米2S开放购买，2分钟内一售而空。

"米粉"是小米获得成功的主要原因，品牌需要会员，更需要粉丝。粉丝不是一般的爱好者，是优质的目标消费者，所以没有粉丝的品牌都容易走向消亡。想要吸引粉丝关注、留住忠诚的粉丝，就需要与粉丝互动，小米获得营销的成功主要来自于和用户进行有效的互动。小米维护了一个用户参与度极高的论坛，论坛上的爱好者不断对小米的产品提出各种意见。而小米的高层会花时间来与用户进行互动，了解用户的需求，用户也感觉更有亲近感。

对于企业而言，想要产品拥有广大的"粉丝市场"，就必须理解产品所面对的消费群体，并与这个群体建立长久有效的关系。

（二）营销思维

移动互联网时代，消费者都更喜欢具有娱乐性质的事物，所以新媒体的营销思维很大程度上体现在内容的娱乐性上。娱乐化的新媒体营销方式也是一种比较好的传播手段，即企业在利用移动互联网进行新媒体营销时，要通过各种娱乐化元素吸引用户的注意力，达到信息广泛传播的目的，如图1-4所示。

图1-4 娱乐性活动

其中，娱乐化的新媒体营销策略主要体现在两个方面，分别是娱乐精神和制造好玩的事件，其具体介绍如图1-5所示。

娱乐精神

企业在新媒体营销的过程中,需要充分发挥娱乐精神,使用创意的思维为用户制造轻松愉悦的环境,并策划出具有娱乐精神的营销活动。

制造好玩的事件

企业在制作营销内容时,能够让用户觉得放松、好玩,让全民狂欢起来,不能制作严肃、乏味的说教形式的内容来营销,只有这样才能得到关注。

图 1-5 娱乐化的新媒体营销策略的体现

(三)平台思维

平台是指连接两个以上的特定群体,为他们提供互动交流机制并满足其需求,从中赢利的商业模式。平台思维则是通过优质的、有价值的内容吸引用户并留住用户,而打造一个好的平台,不仅需要在内容上下功夫,还需要从文字、图片以及排版等细节上入手,通过有内涵的文字与舒适的版面来吸引用户。

同时,平台内的资源利用也是平台思维的关键点。资源利用就是当平台的粉丝量达到相应程度时,就可以将这些粉丝当作一种资源,与平台的利益共存。此时,不仅可以留住粉丝,还能实现平台和粉丝的利益最大化。

1.3.2 新媒体营销的实用工具

俗话说,工欲善其事,必先利其器。想要做好新媒体营销,除了掌握营销的相关知识外,还需要掌握一些新媒体营销的实用工具。善于使用这些工具,可以大大提升营销效率,节省时间。

(一)图文排版编辑器

很多人在进行图文排版时容易忽略一个细节,特别是刚入门的营销者需要特别注意,那就是图文排版的核心就是"审美"。主要是为了让用户阅读舒服,重点一目了然,不会看不懂企业或产品想要表达的内容。其中,常见的图文排版编辑器如表 1-2 所示。

表1-2 常见的图文排版编辑器

名称	网址	内容
秀米	https://xiumi.us	秀米编辑器是为微信公众号文章提供文本内容美化的图文编辑工具，具有图文排版和秀制作的功能，偏向移动端内容的制作。简单易操作，模板素材较多，也可上传模板，具有较大发挥空间
135编辑器	http://www.135editor.com/	135编辑器用于微信排版、图文内容排版以及邮件排版等场景，还有一些表单制作、提议征集、报名等运营模块。适合新手使用，很多功能只对会员开放，可使用资源有限
i 排版	http://ipaiban.com	i排版是一款高效、简洁、美观的微信图文编辑器，帮助用户3分钟完成排版。图文排版基本功能齐全，内容标签的样式较少，但会随时间、热点更新不同样式
新榜编辑器	https://edit.newrank.cn/	新榜编辑器是一款专门制作微信文章的编辑工具，可以让用户编辑出与主题相符的精彩文章来供其他微信用户阅读
易点编辑器	http://www.wxeditor.com/	易点编辑器是一款简单易用、功能强大的微信公众号内容排版编辑工具，用户可使用系统提供的素材、样式以及模板等元素，快速制作出内容丰富、版式精美的文案作品，让创作变得更加简单和富有乐趣，适合完全没有专业排版技术知识的普通用户使用

（二）H5制作工具

H5这个词源于"HTML 5"，是指"HTML"的第5个版本，而"HTML"，则是描述网页的标准语言。因此，H5是第5个版本的"描述网页的标准语言"。H5制作工具为下一代互联网提供了全新的框架和平台，具有音视频、图像动画、本体存储以及更多酷炫而且重要的功能，一般用于宣传推广、发布新品、品牌营销以及求职招聘等场景，是一种很好的营销工具，专业的营销者都必须学会应用H5，常见的H5制作工具如表1-3所示。

表 1-3　常见的 H5 制作工具

名称	网址	内容
iH5	https://www.ih5.cn/	iH5 原为 VXPLO 互动大师，是一款专业级 H5 制作工具，允许在线编辑网页交互内容。支持各种移动端设备和主流浏览器，能够设计制作出 PPT、应用原型、数字贺卡、相册、简历、邀请函、广告视频等多种类型的交互内容。用户可以编写代码，但是学习成本较高，不适合不懂代码的初学者
易企秀	http://www.eqxiu.com/	易企秀是目前市场上占有量最大的 H5 制作工具，出现时间早，适用范围广。缺点是过于正规，更适合企业使用；模板不多，不太适合轻松愉悦的氛围
MAKA	http://maka.im/	MAKA 是一款 H5 在线创作及创意工具，为企业提供包括企业形象宣传、活动邀请、产品展示、数据可视化展示、活动报名等应用场景需求的服务。其中，付费模板特别好用，制作出来的 H5 高端大气上档次，就是价格有些偏贵
爆米兔	http://www.baomitu.com/	爆米兔是一个小而美的 H5 创意平台，通过简单可视化操作即可进行 HTML5 宣传页面制作，通过创意商店的模板，轻松制作场景应用，开启营销之门
Html5 Tricks	https://www.html5tricks.com/	与其他工具不同，HTML5 Tricks 是一个收藏 HTML5 资源教学的学习站点，主要为广大 HTML5 开发者提供免费的 HTML5 开发教程、HTML5 资源、HTML5 应用、HTML5 开发工具、HTML5 游戏、HTML5 网站等资源

（三）二维码制作工具

二维码又称二维条码，是移动互联网中非常流行的一种编码方式，用某种特定的几何图形按一定规律在平面分布成黑白相间的图形记录数据符号信息，比起传统的条形码能储存更多的信息，也能表示更多的数据类型。随着互联网的发展，二维码已经遍布各种营销场所。常见的二维码制作工具如表 1-4 所示。

表 1-4 常见的二维码制作工具

名 称	网 址	内 容
草料二维码	https://cli.im/	草料二维码是国内专业免费的二维码生成网站，提供二维码生成、美化、印制、管理和统计等服务，帮助企业通过二维码展示信息并采集线下数据，提升营销和管理效率
联图网	https://www.liantu.com/	联图二维码生成器是在线微信二维码生成工具，可以把电子名片、文本、Wi-Fi 网络、电子邮件、短信、电话号码以及网址等信息生成对应的二维码图片
二维工场	http://www.2weima.com	二维工场是国内知名的二维码应用平台，在行业内享有不小的知名度，是国内极少数能提供个性化二维码规模化生成服务的厂商之一，并拥有广泛的用户群体，是中小企业二维码营销首选，提供二维码生成、二维码营销和二维码签到服务
wwei 创意二维码	http://www.wwei.cn/	wwei 创意二维码可定制颜色、Logo、背景图和前景图，还有多种模板可供用户选择，提供录音语音、图文排版、趣味卡通、微博、微信等彩色二维码制作，制作创意二维码无须学会 Photoshop 技术，轻松在线生成，十分适合企业使用

（四）图片视频素材库

对于新媒体营销者而言，只从百度或者其他浏览器中搜索图片、视频素材往往是不够的，此时还需要一些专业素材库来为创作提供原料，常见的图片视频素材库如表 1-5 所示。

表 1-5 常见的图片视频素材库

名 称	网 址	内 容
千图网	https://www.58pic.com/	千图网是中国素材最多的网站之一，素材内容十分丰富，各种主题和形式的图片、视频素材都可以在网站内找到。定位独特，运营模式新颖，是企业寻找素材的首选

续表

名称	网址	内容
包图网	https://ibaotu.com/	包图网汇集了各类流行趋势的原创图片设计、电商淘宝以及企业办公等模板素材，符合各种行业的需求，独具特色。不过，包图网中的素材每天只能免费下载一次，如需经常使用下载功能，可以购买终身 VIP
花瓣	https://huaban.com/	花瓣网是一个开放的图片交流平台，宗旨是希望为用户提供更多的灵感来源，以帮助大家相互学习交流。花瓣网主要是预览相关作品，寻找灵感，用户可以采集、收藏他人作品和图片，但是未经允许禁止用于商业用途
VIDEVO	https://www.videvo.net/	VIDEVO 是一个提供各种高清视频素材的网站，用户可以在其中寻找到大量的视频素材与动画素材，分类齐全、种类多，并能免费下载
Pexels	https://www.pexels.com/	Pexels 是一个比较全面的网站，集合了其他许多站点的资源，有很多优质的图片和高清视频，不需要注册就能直接下载

（五）图片视频处理工具

不是所有的图片与视频素材都可以直接使用，大部分的图片与视频都需要经过营销者的手动处理，此时就需要使用一些工具。为了能提高工作效率，新媒体营销者需简单掌握一些图片视频处理工具，以方便处理基础图片，常见的图片视频处理工具如表 1-6 所示。

表 1-6 常见的图片视频处理工具

名称	网址	内容
Photoshop	https://www.adobe.com/	Photoshop 是目前功能最强大的图像处理工具，可以进行图像编辑、图像合成、校色调色等操作，学好 Photoshop 不仅对新媒体营销有帮助，在各行各业都可以用到。只要掌握相应的基础知识，就能对图像进行简单处理，但对于新手而言掌握起来比较困难

续表

名称	网址	内容
美图秀秀	http://xiuxiu.web.meitu.com/	美图秀秀具有图片特效、美颜、拼图、边框以及装饰等功能，每日更新精品素材，分分钟让用户制作出影楼级的图片。相对于 Photoshop 而言，美图秀秀操作简单，比较适合新手
暴走漫画制作器	http://baozoumanhua.com	暴走漫画制作器是一款制作暴走漫画的专业制作软件，使用比较简便，约有 700 个表情供用户免费使用
创客贴	https://www.chuangkit.com/	创客贴是一款多平台极简图形编辑和平面设计工具，为用户提供图片素材和设计模板，通过简单的拖曳操作就可以设计出海报、PPT、名片、邀请函等各类设计图
Canva	https://www.canva.com/	Canva 是一款多平台的在线平面设计软件，支持团队协作，为用户提供图片素材和设计模板。通过简单的拖曳操作，即可设计出海报、Banner、名片以及邀请函等各类设计图

（六）各类数据平台

新媒体营销的日常工作离不开数据支持，大到行业的数据分析，小到某个产品的竞品分析，都需要大量的数据分析来支撑最终的结论，常见的数据平台如表 1-7 所示。

表 1-7　常见的数据平台

名称	网址	内容
清博大数据	http://www.gsdata.cn/	清博大数据是全域覆盖的新媒体大数据平台，拥有清博指数、舆情及管家等多个核心产品，提供微信、微博及头条号等新媒体排行榜，还有广告交易、舆情报告及数据咨询等服务
搜狗微信搜索	https://weixin.sogou.com/	搜狗微信搜索是一款针对微信公众平台而设立的热点数据分析工具，支持搜索微信公众号和微信文章，可以通过关键词搜索相关的微信公众号，或是微信公众号推送的文章

续表

名 称	网 址	内 容
爱微帮	http://www.aiweibang.com/	爱微帮是一个专注新媒体服务和智能传播的平台，从高效的新媒体管理工具、开放的传播渠道，到丰富的变现形式，为新媒体营销者提供了从内容产生、传播到变现的一整套完整的解决方案。同时，为营销者提供媒体人的微站、开发模式等免费服务，让历史文章更方便地进一步传播以及为粉丝互动提供富有成效的方式和途径
新浪微博微指数	https://data.weibo.com/index	微指数是通过关键词的热议度、行业或类别的平均影响力，来反映微博舆情或账号的发展走势。微指数分为热词指数和影响力指数，热词指数可以查看关键词在微博的热议度，了解热议人群的地区分布情况；而影响力指数包括政务指数、媒体指数、网站指数与名人指数四大模块
西瓜数据	http://data.xiguaji.com/	西瓜数据是专业的新媒体数据服务提供商，可以通过官方网站获得大数据查询及分析，系统收录并监测超过 300 万个公众号，每日更新 500 万篇微信文章及数据
数说风云	http://f.datastory.com.cn/（微博版） http://social.datastory.com.cn/（微信版）	数说风云是领先的社交媒体和数字营销内容与招聘平台，分享营销动态、创意案例、营销趋势和实践经验，为用户提供交流和学习平台

1.3.3 新媒体营销的常见误区

对于新媒体营销而言，不管是刚入门的从业者还是企业管理者，在日常工作中，往往容易陷入一些误区。其中，新媒体营销的常见误区如下。

- ◆ **新媒体营销就是微信公众号和微博**：真正的新媒体营销包含多个营销平台，微信公众号和微博只是其中比较重要的两个营销平台，只有同时运营多个平台才能获得"爆炸性"的效果。

- **新媒体营销只发布企业或产品的信息**：不管使用哪种营销平台，发布企业和产品的信息是肯定的。不过任何人都会考虑自身利益，一定要站在粉丝的角度去揣摩他们的需求。如果只是一味地发布自己觉得正确的东西，而不对内容进行加工并融入创意，对粉丝群体而言就是"自说自话"。

- **新媒体赢得成功就是涨粉**：目前，粉丝获取越来越难，如果能涨粉确实是一件很好的事情。不过，营销者需要考虑新增的粉丝是否是精准粉丝，因为100个精准粉丝比几千个非精准粉丝都要有价值。如果企业的粉丝不精准，那么推文的阅读量、转发量和互动都将会受到影响。另外，非精准粉丝也很难获得转化，这也就无法实现企业进行营销的初衷。

- **新媒体营销深信付费涨粉**：目前，付费涨粉的方式也有很多种。例如，选择微博大号来投放自己的文章内容，以期待达到涨粉或转化的目的。这种方式本身没有问题，但是在投放之前需要鉴别出营销号与真正的大号，否则只是白浪费资金而已。简单而言，营销号的粉丝大部分都是假的，也就是所谓的"死粉"或"僵尸粉"。想要辨别出来很简单，查看它的内容、粉丝数与阅读量，如果粉丝数上百万，阅读量才几十，那么该号就值得怀疑了。

- **新媒体营销不需要花钱**：不管是日常的互动活动，还是找渠道投放广告，都需要花钱。如果精准粉丝不是特别多，那就需要脚踏实地，策划好内容，花钱做推广，只有这样才有可能把新媒体运营的工作做得更好，千万不要想着"空手套白狼"。

以上介绍的内容就是营销者对新媒体运营的认识误区，许多企业与营销者对新媒体营销都有这样的误解。要知道新媒体营销作为一种新型而复杂的营销方式，对专业人才具有较高的要求。

1.4 新媒体营销的策略

在互联网环境下,企业在营销产品时,营销的方式和渠道与传统媒体营销有所不同,这也是新媒体营销备受企业青睐的原因。不过,企业在进行新媒体营销前需要做好相应的准备,了解新媒体营销的流程与策略,这样才能更好地进行营销。

1.4.1 新媒体营销团队的构成

企业在进行新媒体营销之前,需要先了解新媒体营销团队的构成。通常情况下,企业在开展新媒体营销业务之前,会组织人员成立相应的新媒体部门,而我们可以将该部门看作一个团队,因为该部门由为数不多的几个人组成,但每个人的分工要非常明确。如图1-6所示为新媒体营销团队的简单构成。

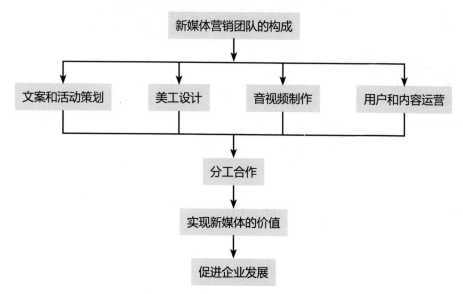

图1-6 新媒体营销团队的简单构成

图1-6表现的并不是所有企业新媒体营销的团队配置,根据企业实际情况不同,岗位分配自然有所差异。对于较大规模的企业而言,不仅有新媒体营

销部门，还有网络部门；对于较小规模的企业而言，也许只有网络部门，而部门中的员工可以胜任新媒体营销的工作。其中，新媒体营销团队的岗位介绍如图 1-7 所示。

文案和活动策划

文案和活动策划岗位是每家企业都需要的，应该是新媒体营销主管的角色，主要负责公司新媒体营销的构架和各类活动的策划。内容是否好，取决于新媒体文案人员，合格的文案人员需要具备最基本的文字功底和写作能力。

美工设计

好的文案和活动策划离不开优秀的美工设计。好的美工设计不仅要具备图像处理能力，还要有设计审美能力，因为美图和活动海报都需要设计师来完成。此外，该岗位还需要具备基本的拍摄能力，主要为产品和活动场景进行拍摄，从而为新媒体传播积累素材。

音视频制作

音视频是一种非常好的内容展示形式，不过想要把企业或产品通过有趣、好玩的音视频表现出来，需要有专门的团队来运作。例如，视频的拍摄、剪辑以及合成等。

用户和内容运营

前面的岗位主要是内容的编辑和展现，属于营销范畴。不过，企业的最终目的是实现产品或服务的销售，因此用户和内容的运营就显得尤为重要。

图 1-7　新媒体营销团队的岗位介绍

1.4.2　新媒体线上与线下的配合流程

通常情况下，新媒体营销是通过线上与线下配合来完成的。线上营销者主要负责内容的制作、引流、互动以及推广等，而线下销售人员主要负责推广活动，如线下推广、商业活动以及海报宣传等。

从新媒体营销的配合流程来看，其主要体现线上与线下配合的密切度，但线上与线下工作的优先级是根据具体情况而定的。线上推广需要线下销售配合

第 1 章 从零开始，新媒体营销快速入门

才能实现，而线下营销推广也需要利用新媒体平台预先发布信息，让用户提前知道相关情况。

2016年4月13日晚上9点半，宝马中国通过官方微信号发布了一条消息，消息的标题为《该新闻已被BMW快速删除》，如图1-8所示。从信息标题开始就透露着一种不合常理的感觉，为什么快速删除了呢？

图1-8 宝马营销广告

在好奇心的驱使下，每一个用户都去点击了"阅读原文"超链接。这时才发现是宝马为了新车BMW M2在上市前做的一次市场预热，预热的形式是一个炫酷的H5。而那些自发转发的用户，正是宝马想筛选出的目标消费群：酷炫、速度、时尚与激情、个性叛逆、特立独行。

宝马H5幕后策划人这样描述此次营销："我们需要找到能够引发他们传播的共性元素，这样才能透过不同圈层辐射到他们，他们都是很懂车很有激情的人，打动他们，也就打动了他们的朋友圈。"

从这个营销广告中可以看出，用户明知道是广告，还愿意对其进行分享，因为朋友圈的人都被这种创意所打动了。

该H5在朋友圈中受到疯传的原因主要有两点：第一，宝马汽车本身的性能亮点突出，加上用户熟悉的新闻页面，让用户觉得比较有意思，关键是新奇；第二，"该新闻已被BMW快速删除"的文案加上"叹号"图片营造出悬念感，立马让那些见过删除文章的用户产生熟悉感，直接会点击"阅读原文"超链接查看文章。

抓住了大家的好奇心理，才能有点击率，营销需要具有吸引力。吸引用户之前，一定要从视觉引诱，达到情绪上的跳动。宝马是一个有着近百年历史的汽车品牌，在微信上能做到精准投放，这是"沟通"的基础，也是获得关注、分享与评论的前提。同时，内容要走心，更要有意思。通过线上与线下配合，利用合理的舆论导向，以传达有助于品牌影响力塑造的话题讨论。

数据分析，充分挖掘潜在用户

第2章

新媒体营销与传统媒体营销存在一个很大的区别，即新媒体营销是一种更为主动的营销方式，需要以发展的方式来看待用户，主动分析用户数据与内容数据，从而寻找用户关注的热点内容。因此，作为新媒体营销人员必须学会数据分析，并从分析结果中得出结论，通过结论制定出正确的营销策略。

- ▶ 进行用户定位
- ▶ 构建用户画像
- ▶ 确定用户的营销平台
- ▶ 提供用户服务
- ▶ 内容营销的概念
- ▶ 内容的定位
- ▶ 内容的素材
- ▶ 通过微博话题寻找热点
- ▶ 内容写作的误区
- ▶ 数据分析的意义
- ▶ 数据的类别与来源
- ▶ 新媒体数据挖掘
- ▶ 新媒体数据整理
- ▶ 新媒体数据分析的方法
- ▶ 通过百度指数分析近期趋势
- ▶ 通过京东排行榜寻找热门产品

2.1 新媒体营销的用户定位

在移动互联网时代,新媒体营销能为企业带来巨大利益。而在进行新媒体营销之前,企业需要先对营销的用户群体进行定位,用户定位是新媒体营销前必不可少的环节,只有了解自己的目标用户,知道用户到底喜欢什么样的内容,才能更好地制作与实施营销计划,使营销达到最佳效果。

2.1.1 进行用户定位

定位是指确定某事物在相应环境中的位置,也指确定方位、场所和界限。而用户定位则是定位环节中最重要的内容之一,直接决定着后面的营销能否成功。只有先了解目标用户群体,才能为他们提供想要的信息,并获得粉丝的信任。此时,营销者需要清楚自己的目标用户以及该类用户的特点,从而为营销工作打下坚实的基础。

由于新媒体营销初期并没有多少用户,所以对目标用户并不是很了解,定位也可能不太清晰。一个优秀的新媒体营销者,首先需要对目标用户群体的特征进行分析,通常可以从属性和行为两个方面入手。

(一)用户属性

用户属性是指用户的自身分类属性,主要包括姓名、性别、年龄、身高、职业以及住址等基本信息。因此,营销者在制作营销计划前需要对这些属性进行分析,找到符合自己品牌和产品定位的用户群体。其中,定位到与企业理念相符的用户群体可以从以下两个方面考虑。

- ◆ 通过大规模消费人群的年龄、收入、地理位置、消费水平以及消费行为等信息进行分析,筛选出具有相似消费行为的用户群体,然后将其与企业的产品进行匹配,从而得到最终的目标用户群体。
- ◆ 通过调查问卷、实地探察以及有奖问答等方式进行研究分析,从而了解用户的具体想法,根据用户的行为有针对性地对产品进行定位。

（二）用户行为

用户行为主要受用户意向影响，用户意向是用户选择某种产品的内心倾向，是一种潜在的心理表现。其中，分析用户行为可以从以下几个方面进行。

- **用户需求**：通常情况下，用户行为的背后肯定有相应的动机，这都是因为他们自己切身的需求刺激而产生的。
- **用户年龄**：不同年龄段的用户有着不同的需求，也有着不同的行为习惯和消费方式。要想更好地分析用户行为，可以从用户群体的年龄展开分析与调研。
- **用户性别**：通常情况下，男性与女性的消费行为存在很大差异，根据产品的功能与特点、用户的性别占比进行分析，可以得到很好的结论。
- **用户地域**：如果企业的产品不受地域限制与地理位置限制，则可以从用户所在地域来进行分析，如分析目标地区用户的活跃度。
- **用户消费情况**：用户的消费额也是关键数据，从消费额分析用户的喜好与需求，从而统计出用户的消费习惯。
- **用户时间**：用户行为分析中还包含时间因素，如节假日消费比较多还是平时消费比较多等，而具体的时间点也很重要。

2.1.2 构建用户画像

用户画像是通过收集与分析用户的属性、生活习惯以及消费行为等信息数据，抽象得出的标签化的用户画像模型。简单而言，用户画像能够将用户的各种数据信息以图形化的直观形式展示出来，帮助企业更好地进行用户定位，如图2-1所示。

作为一名企业营销者，总是希望企业的产品能够满足用户的需求。不过，每个人都受限于自己对于事物的认知，从而对用户的理解产生偏差，每个人都说是为了用户体验着想，但这样定义出来的用户显然不是产品真实的用户。因此，就出现了用户画像这一工具，它可以真实地构建出用户的原型，从而帮助企业有针对性地设计产品功能、服务策略以及营销策略。从根本上而言，用户画像可以帮助产品经理更加了解用户。

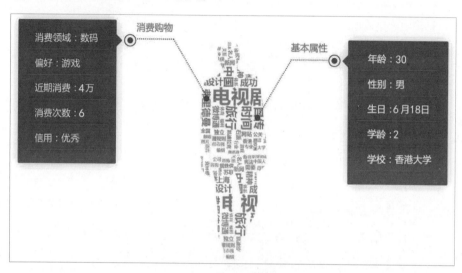

图 2-1　用户画像

其中，构建用户画像的主要原因有两个，如图 2-2 所示。

使产品为用户而设计
构建具体的用户模型，有利于使产品设计脱离设计者自身偏好，并使团队在设计方向上实现统一，使产品聚集目标用户群体。

提供精准化产品
获取精准的用户群体以及用户需求，通过分析用户大数据实现精准营销服务，从而提升用户体验并提高产品营销效果。

图 2-2　构建用户画像的原因

用户画像的主要目的是用户信息标签化，标签是精准的用户属性标识，如年龄、性别、生日、消费领域以及偏好等，通过综合用户的所有标签信息构建出用户画像。用户标签向营销者展示了一种朴素、简洁的方法用于描述用户信息，这就使得用户画像模型具备实际意义，能够较好地满足营销需求。其中，企业可以通过如图 2-3 所示的 4 个步骤构建用户画像。

第一步：明确构建的目的

通过不同的用户画像可以实现不同的目的，如实现精准营销、获取粉丝等。因此，需要先明确构建用户画像的目的、建设目标以及预期效果，从而有针对性地制作计划。

第二步：数据挖掘及收集

根据构建用户画像的目的，对用户数据进行挖掘及收集。首先，通过列举法列举构建用户画像所需要的数据资料；然后，有针对性地进行数据收集。

第三步：数据分析与建模

数据收集完成后，对数据资料进行统计与分析，总结出关键要素，构建可视化模型产出标签与权重，然后通过定性与定量相结合的方式进行数据建模。其中，定性表现为对产品、行为以及用户的特征进行概括，从而形成对应的产品标签、行为标签以及用户标签；定量是在定性的基础上给每个标签加上特定的权重，最后通过计算得出总标签权重，从而形成完整的用户模型。

第四步：数据维度分解

筛选和构建用户画像相关的数据维度，避免产生过多的无用数据。对数据维度进行分解，形成字段集，并将它们标签化及进行用户分群，构建基本用户画像。

图 2-3 构建用户画像的步骤

从上面的内容中可以看出，通过对用户属性与用户行为进行分析，可以构建出基本的用户画像模型，将收集和分析的数据按照类似原则进行整理，提炼出用户的重要特征形成用户框架，然后按照重要程度进行排序，最后将信息进行补充与完善，即可完成用户画像的构建。

小贴士

用户数据维度包括用户的基本特征、兴趣特征、社会特征和消费特征。基本特征主要是指用户的年龄、性别、出生日期、地域、教育水平以及职业等；兴趣特征是指用户的兴趣爱好、品牌偏好、常用 APP 与网站以及互动内容等；社会特征是指用户的婚姻状况、家庭情况以及社交情况等；消费特征是指用户的收入状况、购买力水平、购买渠道、已购商品以及购买频次等。

2.1.3 确定用户的营销平台

不管是传统营销,还是现在的新媒体营销,都要求以内容为主。新媒体作为一种新的传播方式,对内容的定位要求特别严格,不仅要求内容丰富,还要能通过多种信息载体和多种媒体形式来传播信息。在互联网中,企业展示内容的方式有很多,如文本、图片以及视频等。不过,很多企业不清楚如何对内容进行定位,也不知道如何展示内容才能吸引人。

企业要想做好新媒体营销的内容定位,首先需要选择内容的表现形式,单单用文本、图片以及视频等方式展示内容是不够的,想要通过更特别的方式去展示内容,就需要对内容展示平台有所了解。其中,常见的新媒体平台有如下几个。

(一)微博

微博随着国外媒体平台"推特"的发展而兴起,是一种基于用户关系信息分享、传播以及获取的通过关注机制分享简短实时信息的广播式的社交网络平台。其中,互联网中的很多最新动态几乎是通过微博分享出来的,如图2-4所示。

图2-4 微博用户首页

(二)微信

微信是一款为智能终端提供即时通信服务的免费应用程序,通过网络可以快速发送免费语音短信、视频、图片和文字。微信营销建立在微信大量活跃用

第 2 章　数据分析，充分挖掘潜在用户

户的基础上，微信点对点的营销模式、灵活多样的营销形式和较强的用户联系性，为微信营销提供了更多可能，如图 2-5 所示。

图 2-5　微信个人营销与微信企业营销

（三）自媒体平台

自媒体是指用户通过互联网向外发布自身的事实和新闻的传播方式，人人都是私人化、平民化、普泛化和自主化的传播者，这种媒介基础凭借其交互性、自主性的特征，使得新闻自由度显著提高，传统媒体生态发生了前所未有的转变，其区别于传统媒体的是信息传播渠道、受众以及反馈渠道等方面。其中，常见的自媒体平台如表 2-1 所示。

表 2-1　常见的自媒体平台

名　称	网　址	内　容
头条号	https://mp.toutiao.com/	头条号是今日头条旗下的媒体平台，致力于帮助企业、机构、媒体和自媒体人在移动端获得更多曝光和关注，在移动互联网时代持续扩大影响力，同时实现品牌传播和内容变现。此外，头条号还致力于为今日头条平台输出更优质的内容，创造更好的用户体验

续表

名　称	网　址	内　容
企鹅号	https://om.qq.com/	企鹅号是一站式内容创作运营平台，也是腾讯"大内容"生态的重要入口，可以帮助企业持续扩大品牌影响力和商业变现能力，扶植优质内容生产者做大做强，建立合理、健康、安全的内容生态体系
搜狐号	https://mp.sohu.com/	搜狐号是搜狐全新打造的分类内容的入驻、发布和分发全平台，集中搜狐网、手机搜狐网和搜狐新闻客户端的资源大力推广媒体和自媒体优质内容。各行业可利用搜狐三端平台强大的媒体影响力，入驻用户可获取可观的阅读量，提升自己的行业影响力
网易号	http://mp.163.com/	网易号的前身为网易订阅，是网易传媒全新打造的自媒体内容分发与品牌助推平台，集高效分发、原创保护、现金补贴及品牌助推于一体的依托于网易传媒的自媒体发展服务解决平台
大鱼号	https://mp.dayu.com/	大鱼号是为内容创作者提供通行阿里文娱平台的账号，为内容生产者提供"一点接入，多点分发，多重收益"的整合服务。内容创作者只需接入大鱼号，即可畅享阿里文娱生态的多点分发渠道，包括 UC、土豆以及优酷等平台，同时也在创作收益、原创保护和内容服务等方面为创作者给予了充分的支持
百家号	https://baijiahao.baidu.com/	百家号是百度为内容创作者提供的内容发布、内容变现和粉丝管理平台，支持内容创作者轻松发布文章、图片以及视频作品，后期还将支持 H5、VR、直播以及动图等更多内容形态。内容一经提交，将通过手机百度、百度搜索以及百度浏览器等多种渠道进行分发

（四）问答平台

问答平台营销属于新型互动营销方式，基于第三方口碑而创建的网络营销方式之一，以内容质量获取粉丝，具有较为精准的营销效果。其中，常见的问答平台如表2-2所示。

表2-2 常见的问答平台

名 称	网 址	内 容
百度知道	https://zhidao.baidu.com/	百度知道是一个基于搜索的互动式知识问答分享平台,其搜索模式是用户有针对性地提出问题,通过积分奖励机制发动其他用户来回答该问题。同时,这些问题的答案又会进一步作为搜索结果,提供给其他有类似疑问的用户,从而达到分享知识的效果
知乎	https://www.zhihu.com/	知乎是连接各行各业用户的网络问答社区,用户分享着彼此的知识、经验和见解,为互联网提供多种多样的信息。网络百科中几乎涵盖了用户所有的疑问,但是对于发散思维的整合,却是知乎的特色
悟空问答	https://www.wukong.com/	悟空问答是一个为所有人服务的问答社区,用户通过它可以从数亿互联网用户中找到那个能为自己提供答案的人。作为一种获取信息和激发讨论的全新方式,悟空问答的核心是增长人类世界的知识总量、消除信息不平等以及促进人与人的相互理解
搜狗问问	https://wenwen.sogou.com/	搜狗问问是为广大用户提供的问答互动平台,用户可以提出问题、解决问题或者搜索其他用户沉淀的精彩内容,认识更多有共同爱好的朋友,并与其分享知识、探讨知识等
爱问知识人	https://iask.sina.com.cn/	爱问知识人是新浪旗下的问答平台,为用户提供发表提问、解答问题、搜索答案、资料下载以及词条分享等知识共享服务。另外,爱问知识人具有目前唯一的中文自然语言搜索技术
天涯问答	http://wenda.tianya.cn/	天涯问答是一个社交问答平台,用户可以在平台中查找各类知识信息,并与有共同兴趣爱好的人交流,无论用户在何时何地上线都可以免费访问

(五)社区论坛

社区论坛是一个网络板块,多个用户围绕同一主题引发讨论。其中,社区论坛中聚集了大量的潜在用户,营销者可以在其中进行营销引流,聚集人气,从而进行活动或品牌推广,常见的社区论坛平台如表2-3所示。

表 2-3 常见的社区论坛平台

名称	网址	内容
百度贴吧	https://tieba.baidu.com/	百度贴吧为全球最大的中文社区，是结合搜索引擎建立的一个在线交流平台，将那些对同一个话题感兴趣的用户聚集在一起，方便地展开交流和互相帮助。百度贴吧是基于关键词的主题交流社区，与搜索紧密结合，能准确把握用户需求，为兴趣而生
豆瓣	https://www.douban.com/	豆瓣是一个社区网站，为用户提供关于书籍、电影、音乐等作品的信息，无论描述还是评论都由用户提供。另外，豆瓣还提供书影音推荐、线下同城活动以及小组话题交流等多种服务功能，它更像一个集品位系统、表达系统和交流系统于一体的创新网络服务，帮助用户发现生活中有用的事物
天涯论坛	https://bbs.tianya.cn/	天涯论坛是一个在全球具有影响力的综合型虚拟社区和大型网络社交平台，其开放、包容和充满人文关怀的特色受到全球华人网民的推崇，以论坛、博客和微博为基础交流方式，综合提供个人空间、相册、音乐盒子、分类信息、站内消息、虚拟商店、问答以及企业品牌家园等功能服务
猫扑	https://www.mop.com/	猫扑是中国知名的中文网络社区之一，目前已经发展成为集猫扑大杂烩、猫扑贴贴论坛、猫扑小说、猫扑乐加、猫扑游戏以及猫扑地方站等产品为一体的富媒体娱乐互动平台。猫扑发明了许多网络词汇，是热门网络词汇的发源地之一

（六）视频平台

视频平台是指在完善的技术平台支持下，让互联网用户在线流畅发布、浏览和分享视频作品的网络媒体。目前，视频平台可以进行内容的融合，更直观地传达品牌或产品信息给用户，其中的弹幕还可以与用户进行互动，并获得用户的反馈信息，常见的视频平台如表 2-4 所示。

表2-4 常见的视频平台

名称	网址	内容
腾讯视频	https://v.qq.com/	腾讯视频是一款在线视频平台,拥有流行内容和专业的媒体运营能力,聚合了热播影视、综艺娱乐、体育赛事以及新闻资讯等综合视频内容,并通过PC端、移动端及客厅产品等多种形态为用户提供高清流畅的视频娱乐体验
优酷视频	https://www.youku.com/	优酷视频是中国领先的视频分享网站,是中国网络视频行业的第一品牌,兼具版权、合制、自制、自频道、直播以及VR等多种内容形态,从内容生产、宣发、营销、衍生商业到粉丝经济,贯通文化娱乐全链路。以"快者为王"为产品理念,注重用户体验,充分满足用户日益增长的多元化互动需求,使之成为中国视频网站领域的领军势力
哔哩哔哩	https://www.bilibili.com/	哔哩哔哩为中国年轻世代高度聚集的文化社区和视频平台,围绕用户、创作者和内容构建了一个源源不断产生优质内容的生态系统,是已经涵盖7000多个兴趣圈层的多元文化社区,被粉丝们亲切地称为"B站"
抖音	https://www.douyin.com/	抖音是一款可以拍摄短视频的音乐创意短视频社交软件,是一个专注年轻人音乐短视频社区平台。用户可以通过软件选择歌曲,拍摄音乐短视频,最后发布形成自己的作品
快手	https://www.kuaishou.com/	快手从纯粹的工具应用转型为短视频社区,是用于用户记录和分享生产、生活的平台。通过快手平台,用户可以看到真实有趣的世界,找到自己感兴趣的人,也可以让世界发现真实有趣的自己

2.1.4 提供用户服务

在不同行业,不同产品的营销方式存在很大差别,所以新媒体营销并不适合所有行业的所有产品,关键在于做好产品服务的定位。

要想进行新媒体营销，首先需要充分了解自己所在行业的情况，了解自身产品特点，然后根据这些内容有针对性地进行产品服务定位，将服务定位在目标用户群体的偏好上，让他们觉得自己的需求与产品是一致的，从而提高用户的认同感和忠诚度。例如，服装商需要根据服装的特色，锁定不同性别及不同年龄层次的用户，进行精准化营销与推广。

其次，除了从企业的角度出发外，还需要从目标用户群体需求的角度来提供其喜爱的差异化服务，差异化的产品和服务定位需要先了解竞争对手，分析自己与竞争对手之间存在的差异和优劣势，总结出自己的特色服务，从而在用户心中形成特殊印象。当然，若企业的差异化服务不是用户群体的需求，那么企业推出的相关服务就没有任何实际意义。

江小白是重庆的一个小酒品牌，但在西南市场却非常火爆，它重新定义了时尚小酒，也开创了白酒的一系列时尚喝法。因为江小白开辟了文艺青年这个"山头"，也就成为情感类白酒第一品牌。

与其他酒类品牌的"广撒网"方针不同，江小白巧妙地避开了竞争劣势，精准地定位了自己的客户群——将目标瞄准到年轻一族的身上，18～30岁的"屌丝"以及文艺青年，把握住他们的心理特征，然后打造出属于自己的产品服务特色。因此，江小白是年轻人爱喝的一款时尚小酒。

江小白在重庆开了一家具有时尚感的酒吧，发明出了108种喝法。此外，江小白发明了许多语录，"愿十年后，我还给你倒酒，我们还是老友""走过一些弯路，也好过原地踏步""我把所有的人都喝趴下，就是为了和你说句悄悄话"……这些语录都很年轻化，也很符合年轻人的心理。

迎合年轻人的情感诉求，从而创造出年轻人的消费场景，因此江小白在低迷的市场上异军突起，这也归功于它对目标人群的差异化定位。

当然，重新进行服务定位不是重新进行产品定价，从一个简单的角度而言就是重新选择目标人群，即企业的产品和服务所对应的精准客户群。

2.2 新媒体营销的内容定位

做新媒体营销最重要的就是不断有优质的内容更新，这样才能受到更多人的关注，自己才能坚持下去。因为平台内容的好坏、有价值与否，都关系着平台的粉丝数量，进而影响企业的营销效果与盈利，所以每个营销者都必须重视平台内容。那么，如何才能让自己有内容可写呢？这就需要企业做好内容定位。

2.2.1 内容营销的概念

内容营销是指以图片、文字、视频以及直播等介质传达有价值的内容给目标用户，促进销售，从而实现网络营销的目的。

单纯的工具平台会受到流量的影响，如果消费者只是在平台中进行消费，那么消费者规模、停留时间以及消费频率都会受到限制。可是如果平台中有了较为丰富的内容，就可以吸引更多消费者主动访问，停留的时间也会大大增加。

因此，内容营销是没有瓶颈的流量入口。不管是没钱买流量的初创企业，还是流量增长到瓶颈的大中型企业，只要能输出优质的内容，就可以打破流量"天花板"。

（一）内容营销的特征

简单而言，内容营销是一种营销策略，通过其定义可以知道内容营销主要包含三大要素，如图2-6所示。

> 对于内容营销而言，几乎适用于所有的媒介渠道和平台。

> 内容营销要转化成为为用户提供一种有价值的服务；能吸引用户、打动用户，并影响用户与品牌、产品之间的正面关系。

> 内容营销需要形成可以衡量的成果，最终能产生盈利行为。

图2-6　内容营销的三大要素

（二）内容营销的表现形式

既然是给用户看的内容，那必然会涉及内容的表现形式。通常情况下，内容主要以下面几种主要形式进行呈现。

◆ **文字**：是指用文章、文案、报告以及白皮书等文字内容进行营销。例如，新榜类新媒体内容产业服务平台，就会常常推送一些与新媒体相关的干货文章，以吸引用户，如图2-7所示。

图2-7　以文字形式展示内容

◆ **图片**：使用图片形式进行内容营销，是比较常用的一种方式。例如，宝马MINI联合GQ出品《那一夜，他伤害了他》，既有声色光影，又暧昧撩人，分明是喊大家来吃瓜，从而引爆广告圈，如图2-8所示。

图2-8　宝马MINI长图营销广告

◆ **信息图**：是指数据、信息或知识的可视化表现形式，透过图形的力量让复杂生硬的数据变得简单有趣，也能加深用户的印象，如图2-9所示。

图2-9 信息图

◆ **音频**：企业使用音频进行营销，用户只需要听即可，从而做到"一心二用"。例如，蜻蜓FM中的36氪推出了"8点1氪"新闻资讯节目，以互联网人为核心受众，推送科技、创投领域的早报，如图2-10所示。

图2-10 《36氪·8点1氪》音频节目

◆ **视频**：企业使用视频进行营销，主要通过电视广告、网络视频、宣传片、微电影以及UGC等方式。例如，西瓜短视频平台，通过人工智能帮助用户发现自己喜欢的视频，并可以向全世界分享自己的视频作品，从而实现变现，如图2-11所示。

图 2-11　西瓜视频

2.2.2 内容的定位

所谓内容，就是企业最开始想要向用户传递的信息，例如，针对企业的某个新产品，内容就是关于该产品的介绍与竞争对比分析信息，同时还要抓住用户兴趣的关键点。

新媒体营销者在进行营销时，首先需要对自己的营销内容进行定位，这样才能进行内容营销。只有做好内容定位，才会更加清楚营销的方向，从而坚定地朝着这个方向走下去。其中，营销者在进行内容定位时，需要确定两个要素，如图 2-12 所示。

内容的方向

是指营销者需要先明确写作的领域，如搞笑、文娱、教育以及科技等，也可以是经历分享、技艺传授、干货分享以及科普等，这样才能确保平台内容在相应领域内传播。

原创或非原创

营销者还需要确定自己在平台上的文章内容属于原创、非原创或者两者兼具，因为这决定了在平台需要开通的功能。

图 2-12　内容定位需要确定的要素

企业需要将内容打上某种风格化的标签，让用户看到或接触到类似信息时就能联想到自己的内容与产品，这就是定位和调性。通常情况下，企业定位不会突然发生改变，只会根据核心进行发散。

例如，小红书是一个分享生活方式的社区型平台，用户通过文字、图片、视频笔记的分享，记录了这个时代年轻人的正能量和美好生活。小红书最开始为"小红书社区"，目标人群都是年轻人，内容大多为分享出国旅行经验和美妆购物，后来增添了更多的内容方向，如运动、酒店、餐厅以及旅游等。2014年底，小红书转型为电商类APP，即由"小红书社区"转变为"小红书商城"，目标人群也由热爱购物的年轻人开始不断地扩大。

2.2.3 内容的素材

对于新媒体营销而言，不可能每篇文章都是原创的，因为总会遇到"江郎才尽"的时候，所以营销者想要获得更多的素材，就必须了解素材的来源以及归纳整理素材的方法。

（一）新媒体选题素材的来源

现如今，企业都想利用新媒体进行营销，然而最大的问题就是写作。此时，营销者可以通过多媒体内容来弥补文章中的不足。其实写作并没有那么难，只要能够找到合适的素材，就能创作出合适的内容。

素材是指营销者从现实生活中收集到、未经整理加工且分散的原始材料，这些材料并不直接用于文章，而是经过提炼、加工和改造后，再融入文章中。其中，对于选题素材的来源主要分为内部渠道和外部渠道两种方式，其具体介绍如下。

◆ 内部渠道

内部渠道是指自身拥有的、别人无法轻易获取的素材，通常包括个人经历、个人作品和个人想法，如表2-5所示。

表 2-5 内部渠道收集素材的方式

名　称	内　容
个人经历	每个人的经历都不同，而这个过程就是很好的素材。不管营销者从事哪个行业，接触的东西越多，素材就会越丰富。例如，林肯在 1832 年失业后就下定决心要当政治家，可是他竞选失败了。接着，林肯着手自己开办企业，可不到一年企业又倒闭。在以后的 17 年间，他不得不为偿还债务而到处奔波，但他并没有放弃，在 1846 年又一次参加竞选国会议员，最后成功当选。这就是个人经历，是自己独有的，别人拿不走的
个人作品	个人作品可以是微信朋友圈中的一句话，也可以是自己拍摄的具有版权的一段视频。只要作者原创，并不一定要拥有很多粉丝，获得多少荣誉，都可以作为素材。为什么要说作品而不是物品呢？因为作品中往往融入了创作者的情感和思想，可以给自己带来更多的灵感和创意
个人想法	所谓的个人想法并不是传统意义上的思维，而是一些天马行空的幻想，不需要具有系统性与逻辑性，反而更在意它的随意性。例如，看完某部电影后，会对影片中的人物产生思考，表现真情实感

◆ 外部渠道

通过内部渠道获得的素材会受到个人情况的限制，存在狭隘性，此时就需要通过外部渠道收集素材。通常情况下，外部渠道主要分为 4 种类型，即社交类、社群类、信息类和线下类，其具体介绍如表 2-6 所示。

表 2-6 外部渠道收集素材的方式

名　称	内　容
社交类	在日常生活与工作中，接触最多的外部渠道就是社交类，如微博、微信等。在社交类渠道中，最近流行产品、热点新闻以及民生问题等内容都可以及时发现，这也是常用的素材来源。例如，因为疫情原因，大家不得不待在家里，此时就开始在家研究各种美食，并分享到各个社交平台，而美食则是一个很好的话题素材
社群类	社群类是指一些个性较强、标签明显的素材渠道，如小红书、唯品会、果壳网等。在社群类平台中，营销者可以根据自己所需直接搜索目标内容，也可以通过热点帖子寻找灵感。当然，如果自己有想法，知道要写什么，也可以去看看社群中其他人针对这个话题有什么想法。不论是他人的观点也好，群体讨论的话题也好，只要认为是亮点，都可以及时记录下来总结成自己的素材

续表

名　称	内　容
信息类	信息类主要以获取信息为主，如新闻类网站、网络贸易平台等。在信息类渠道中不仅可以找到形形色色的内容，从标题到内容再到底部的互动留言都是获取信息的渠道。当然，在该渠道中或许不容易获取灵感，因为别人已经将信息发布出来了，但是可以获得有用的素材，因为每个人看待事物的角度都不同
线下类	线下类也是收集素材的好渠道，通常为书籍和头脑风暴。例如，看到某本不错的书籍时，可以写出一篇较好的读书笔记。这主要是因为线上类渠道获取消息和素材太容易，大家都能很轻易地看到，而线下渠道则是拉开彼此思想距离的方式

（二）归纳整理素材的方法

新媒体营销是大部分企业不得不进行的一项业务，企业借助新媒体营销可以走得更好、更远。此时，有效地准备营销内容，有序地整理归纳新媒体营销的素材就显得十分重要，其具体操作方法如下。

- 首先，需要明白素材的重要性，不能在需要的时候再去想办法收集，通常好的内容都是对素材经过大量加工总结而来的。其次，素材不仅是对内容提供依据，还能起到备份的作用，素材类似于好的创意，多备份一些创意方便以后直接使用。
- 营销者需要养成随时记录的习惯，通常素材都源于生活与工作，不经意的一个想法就是一个特别好的"点子"。如果没有及时记录下来，下次想要通过记忆想起来，就会比较困难。因此，营销者需要坚持做记录的习惯，从而积累更多有用的素材。
- 随着互联网的发展，用户的要求也越来越高，所以营销者积累的素材要广泛。营销者不仅需要积累好的文字，还需要积累高质量的图片、音乐以及视频等。
- 掌握素材的分类方法，尽可能地细分到种类，这样可以在后期使用素材时节省更多的寻找时间，从而提高工作效率。当然，分类方法需经过一定时间积累才能学会。
- ◆ 营销者需要不定期地对自己的素材库进行整理，因为素材也需要更新，有些用不着的素材要定期从素材库中剔除，精简出对自己有用的素材，从而避免空间浪费。

2.2.4 内容写作的误区

这几年，新媒体营销成为越来越热门的话题，很多人凭借新媒体内容写作实现了财务自由。越来越多的人开始尝试写作，这也就导致新媒体营销内容泛滥，太多没有价值的信息混杂进来，占据大众的视线与时间。关于新媒体内容写作，很多人在认知上存在误区，想要自己的内容吸引大众的眼球，就必须避开这些写作误区。

（一）写作要抒发自己的情感

进行内容写作时，营销者可以抒发自己的情感，但要特别注重"用户思维"。对于绝大多数营销者而言，过于自我表达是进行新媒体内容写作时非常容易犯的错误。简单而言，就是营销者写的内容太自我化，如"我想""我认为"等表达方式，这样会导致用户阅读困难或感觉枯燥乏味。用户阅读营销者的文章，肯定是希望看到自己想看的内容，而不是看到营销者在"自嗨"。

因此，营销者可以从4个方面来分析自己的文章是否符合用户思维，分别为是否对别人有益处、是否对别人有价值、是否是大众关注的内容以及是否能调动别人的情绪。

（二）多写、多练就能写好

虽然阅读积累、多加练习对内容写作有好处，但如果不注意方法，只是埋头苦读、闭门造车，那么写出来的文字不一定适应市场需求。例如，目前比较流行的一万小时定律，所谓的"一万小时定律"，最早出现于作家格拉德威尔《异类》一书。"一万小时定律"指出要成为某个领域的专家，需要经过一万小时的"锤炼",如果按比例计算就是:如果每天工作8个小时,一周工作5天,那么成为一个领域的专家至少需要5年。然而事实并非如此,学习了5年英语的学生并没有成为翻译家,踢了5年足球的爱好者并没有成为顶尖的足球运动员。

因此,盲目苦干并不能取得成效,内容写作也需要掌握方法。在进行内容写作之前可以尝试拆解其他营销者的爆款文字,看看他们的逻辑思维,总结出写作规律,然后形成自己的写作格式与风格,最后进行刻意练习。

(三)字数够多就是好文章

许多营销者喜欢模仿字数较多的文字,明明一句简单的言语就能表达,非要将其拆解成一段话。在新媒体时代,大家都喜欢把复杂的东西简单化,所以很少有人会将一篇文字较多的文章一字不差地看完。如果营销者的文章内容不够精练,反而会引起用户的反感,直接放弃阅读。

(四)写作需要天赋和灵感

看到新媒体营销平台上各路"大咖"写的文章,很多人都会觉得这个"大咖"特别有文采,从而认为写出一篇好文章必须具有天赋与灵感。其实,新媒体内容写作不是文学创作,最重要的是用户视角,是它的产品能力,并不需要营销者上知天文下知地理,虽然好的文采与灵感可以帮助营销者写出一篇更好的文章,但这并不是必须具备的条件。

对于营销者而言,内容写作格式与风格才是最重要的,如场景化写作引出痛点话题、通过痛点话题提出特别观点。因此,只要营销者表达无障碍,并具有良好的用户思维,写作就会变得更容易。

 小贴士

对人有益处:站在用户的角度思考问题,如果营销者自己阅读这篇文章,想要看到什么内容? 对人有价值:用户给营销者的时间很短,如果营销者只会自说自话,那么对用户而言就没有价值,用户就会直接弃文; 大众关注:写大部分人关注的话题,而科研取得进步、卫星发射成功等话题就不适合写,普通营销者也不会写; 调动情绪:没有达到共鸣的文章是无法得到传播的,所以调动用户情绪非常重要。

2.3 分析用户数据与内容数据

当一篇内容发布后,营销者可以通过内容的数据表现看出很多东西,如通过内容的推荐量、阅读量、点赞量以及转发量等判断其受欢迎程度。对于新媒体营销者而言,需要掌握用户行为与热点话题来制定有针对性的营销策略,而用户行为与热点话题都是通过数据分析获得的,这些数据也将为企业创造价值。因此,想要提高新媒体平台的营销效果,数据分析必不可少。

2.3.1 数据分析的意义

随着科学技术的飞速发展,各种新的数据分析工具层出不穷,人们处理数据、获取信息的能力也快速提高。对于刚入门的营销者而言,非常有必要先了解新媒体数据分析的意义。其中,新媒体数据分析的意义主要包括 4 个方面,即了解运营质量、预测运营方向、控制运营成本以及评估营销方案。

(一)了解运营质量

对于新媒体营销者而言,他们的日常工作主要包含平台内容更新、微信公众号推广、微博发布、直播分享、今日头条推送、粉丝维护、社群运营以及线上线下活动策划等。对于新媒体营销的质量数据,不同的平台有着不同的关注点。目前,大部分企业比较关注的数据主要是网站的流量数据、微信公众号的粉丝数据、微博的阅读数量以及今日头条的内容数据,还有相关的点赞、评论以及转发等数据。

营销者所做的工作是否有价值、是否能够达到企业要求的运营目标,都是需要通过这些数据来了解和判断的。因此,了解营销质量是营销者必须要学会数据分析的原因之一。

(二)预测运营方向

预测运营方向需要营销者借助互联网查看相关大数据,以此分析和判断出新媒体内容、活动以及推广是否要和网络热点相结合，从而进行相应的文案编辑。常见的行业相关大数据主要包括百度指数、新浪微博指数、微信指数以及头条指数等，学会借用工具也是新媒体营销者必备的营销能力。

（三）控制运营成本

对于企业而言，成本是其非常在意的问题。企业在进行新媒体营销时，一方面需要关注品牌价值的提升以及销售额度的增长；另一方面则需要控制营销成本，尤其是广告的投放成本。

因此，企业新媒体营销的广告投放必须要精准，一旦投放不精准就可能导致成本浪费。此时，新媒体营销团队需要分析用户的分布地域、阅读时间、常用APP以及手机系统等数据，从而借助数据来分析在哪里、什么时间段、投放什么样的广告，以控制营销成本。

（四）评估营销方案

通常情况下，营销方案是根据以往经验总结而成的工作规划。在方案制定一定时间后，需要根据新的数据对其进行评估。这主要包括两个方面，分别是分析最终完成数据和分析过程数据。分析最终完成数据，可以反向推导方案中目标的可行性；分析过程数据，可以及时发现方案中存在的问题，为下次制定营销方案奠定参考基础。

简单而言，营销方案只能参考不能完全借鉴，因为数据随时在发生变动，所以需要定期对数据进行重新评估。对于营销方案的评估，常用的参考数据有目标达成率、最终销售额、过程异常数据以及失误率等。

2.3.2 数据的类别与来源

在新媒体营销的过程中，每个平台都会产生大量的数据，由于平台的区别，数据展示的方法不同，数据的分析方法也就存在差异。想要快速了解新媒体数据的分析方法，就需要先了解新媒体数据的类别与来源，这样才能有针对性地对数据进行分析。

通常情况下，新媒体数据分为两种类型，即数值型和图文型。

- **数值型数据**：数值型数据主要由数字组成，通过对大量数字的统计与分析，可以很好地总结并评估营销成果。常见的数值型数据包括阅读数据、粉丝数据、销售数据以及活动参与数据等。
- **图文型数据**：图文型数据不由数字构成，而是由文字和图片组合而成，该类数据主要通过问卷调查、结构化比较以及分析汇总等方式获取，研究这类数据并不是拟定查核指标的量化成果，而是为了找到正确的营销方向。常见的图文型数据通常是指网站栏目分类、消费者反馈、账号粉丝分类以及各种平台矩阵分布等。因此，图文型数据也是非常重要的数据类别之一。

目前，新媒体营销的平台有很多，如微博、微信、今日头条以及其他自媒体平台等。在进行新媒体数据分析时，使用较多的数据来自微博、微信朋友圈以及微信公众号。

（一）新浪微博数据来源

不管是个人还是企业，都可以在微博后台查看详细的微博数据，营销者可以在登录微博账户后了解微博数据，其具体操作：登录微博账户，进入个人微博主页中，点击"管理中心"链接，在"数据助手"菜单的数据即可查看到相关数据，如图2-13所示。其中，常用的微博数据包括净增粉丝数、阅读数、转评赞数、发博数、文章阅读数以及视频播放量等。

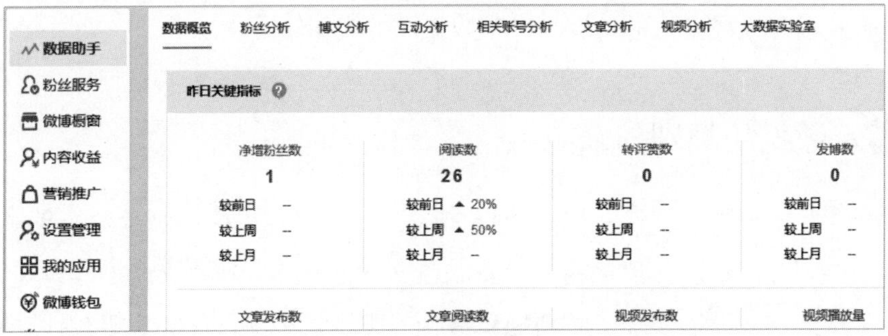

图 2-13 微博数据

（二）微信朋友圈数据来源

通常情况下，微信朋友圈的数据基本上是通过个人统计出来的，以微信个人账号作为营销平台的企业，常常以"朋友圈营销＋社群营销"的模式进行产品推广。

营销者每次发布朋友圈后，都可以在后台查看到评论及点赞数据，其具体操作：进入自己的朋友圈中，点击页面右上角的按钮，进入"消息"页面中，即可查看相应数据，如图2-14所示。因此，微信朋友圈的数据主要包括好友增长数、朋友圈点赞数、评论数以及朋友圈销售数等。

图2-14　朋友圈数据

（三）微信公众号数据来源

微信公众号的数据对新媒体营销具有非常重要的意义，而微信公众号本身具有数据统计功能，营销者可以很直观地了解当日的营销情况，如新关注人数、取消关注人数、单篇文章阅读量以及全部图文阅读量等，甚至还可以选择时间阶段进行统计。

其具体操作：登录网页微信公众号，在左侧导航栏中点击"统计"链接，即可查看各类数据，如图2-15所示。另外，通过分析后台粉丝数量的增减，可以分析出营销效果。

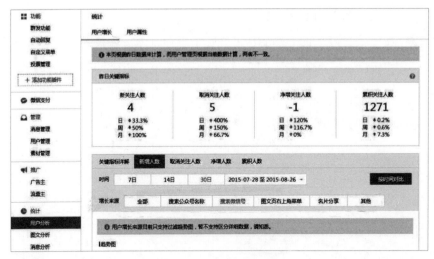

图 2-15 微信公众号数据

> **小贴士**
>
> 今日头条作为新兴的内容平台，后台具有强大的数据统计功能，新媒体营销者可以利用今日头条数据进行营销分析，如内容点击率、阅读量、平均阅读进度、跳出率以及平均阅读速度等。

2.3.3 新媒体数据挖掘

平台是主要的数据来源，在平台上收集到的数据都具有较大的参考价值。为了让新媒体数据分析更准确和有效，收集到的数据还需要经过科学手段进行挖掘，营销者需要通过不同的分析目的来选择不同数据，如表 2-7 所示为常见的新媒体数据来源设计对应信息。

表 2-7 常见的新媒体数据来源设计对应信息

分析的目的	相对应的数据
寻找合适的网络推广渠道	产品销售页面中的日均浏览量、不同渠道流量以及渠道转化率等数据

续表

分析的目的	相对应的数据
查找网页转化率存在的问题	用户浏览的时间、网页跳出率以及跳出位置等数据
选择最适合网上销售的产品	产品页面的浏览量、产品的销量以及产品的评价点赞等数据
找到平台推广中的失误环节	粉丝增加、粉丝来源以及粉丝取消关注等数据

在数据来源设计完成后，营销人员就可以对新媒体数据进行挖掘。通常情况下，挖掘数据主要有三种方式，分别是平台后台获取数据、第三方获取数据和手动收集统计获取数据。

- **平台后台获取数据**：现在每个新媒体平台后台都非常强大，有自己的统计工具，用户想要的数据可以通过该后台进行复制粘贴，或者直接导出下载信息即可，无须花费大量时间再去进行整理和统计工作。
- **第三方获取数据**：在平台的后台无法对某项数据进行获取时，可以借助第三方工具下载相应数据。目前，可以通过第三方获取的数据有网站点击数据、网站跳出数据以及用户属性数据等。
- **手动收集统计获取数据**：如果平台后台与第三方都无法获取数据，则可以通过人工来进行手动收集统计，以便后期对数据进行分析。

2.3.4 新媒体数据整理

要整理数据，就需要先把后台的数据导出来，再进行一些加工与处理。整理数据的方法主要有三种，分别是数据合并、数据修正和公式计算，营销者可以选择一种比较适合自己的方式对数据进行整理。

（一）数据合并

职场人士对 Excel 都不会陌生，对表头也会有些了解。Excel 表头是指表格的列标题（即字段名），用于规范下方的数据，如图 2-16 所示。

由于数据的来源不同，通过各个渠道挖掘出的数据，在导出为 Excel 后常常会出现不同的表头。因此，营销者在进行数据整理前，需要先将表头合并，这样统计出来的数据更加直观、有针对性。否则，将不同的数据混合在一起会显得杂乱无章，用户也不能看懂数据，无法得到有效的数据结果。

2020年微博销售统计表							
推荐量	阅读量	播放量	评论量	转发量	点赞量	收藏量	销售量(元)
3644	4807	1536	1113	3883	1677	3067	83460.00
7541	6943	1945	1783	2805	4660	1347	81443.00
5580	9455	1229	1392	2460	2363	1564	89824.00
8810	5357	1761	952	1654	3583	3511	27212.00
6547	4203	2088	1237	2314	3123	1081	10186.00
7751	5350	1087	1852	3964	4624	1792	51520.00
3260	4035	1300	1547	2716	2919	3698	30706.00
5486	5983	1501	1037	1742	3826	3544	67351.00
2741	4754	2835	1400	3670	2022	3555	26415.00
5415	8720	2004	916	2072	4085	1735	23451.00
4442	9207	1514	1250	3972	3493	3235	34006.00
5412	7969	1836	1601	2569	2131	3445	74131.00
5487	6648	1144	1959	1336	3946	1545	87394.00
3640	7022	2848	1432	1497	1277	2325	48309.00
1895	9891	2850	1882	3336	2369	1179	52984.00
2240	5257	2390	1162	3240	1788	3862	90082.00
4512	7662	2977	1788	1925	3805	1839	45465.00
6421	9474	1845	1092	2796	3932	1936	95302.00

图 2-16　数据合并

（二）数据修正

不管是以哪种方式获取的数据，都不可避免地含有不确定的随机误差，从而导致数据分析出现偏差。此时，需要对获取的数据进行观察和对比，从而对存在误差的数据进行修正。通常情况下，数据修正包含两部分，分别是删除异常数据和缺失增补。

◆ **删除异常数据**：该操作主要是针对明显的错误数据，营销者可以将该类数据删除，防止其对正常数据产生干扰，影响分析结果。

◆ **缺失增补**：在整体数据完整的基础上，可能会出现部分数据缺失或者遗漏，此情况在手动获取数据时比较容易出现。如果出现遗漏数据，则需要重新导出数据或对数据进行统计。若这样操作后还是无法获得遗漏的数据，则需要将此条数据完整删除，避免影响正常数据。

（三）公式计算

通常情况下，原始数据只代表一种属性，如用户名称、访问时间、阅读量以及转发量等，这类数据比较"独立"，显示出的意义也比较表面，很难直接看出其具有的规律。因此，营销者需要借助公式对数据进行计算，从而使数据更有规律，降低分析难度。

Excel 公式是 Excel 工作表中进行数值计算的等式，公式输入是以"="开始的，后面紧跟数据和运算符，并得到返回值，如"=A1+B1"。在对新媒体数据进行分析时，需要掌握 5 个常用的公式，分别是计算总数、计算平均数、计算比例数、计算稳定性和条件计算，这 5 个公式也是我们日常统计工作中比较常用的。

◆ 计算总数

在新媒体数据分析中，计算总数主要用于对销售数据进行的处理。各个平台得出的数据，通常需要每天进行统计，如统计当日的销售总额。另外，每年、每月和每周也需要对数据进行求和，从而得到相应期限内的销售数据，以便对产品的销售情况进行分析。其中，常常会使用 SUM 函数来对数据进行求和，如"=SUM(A1:A23)"。

 小贴士

SUM 函数是一个数学和三角函数，可将值相加，用户使用该函数可以将单个值、单元格引用或是区域相加，或者将三者的组合相加。例如，"=SUM(A3:A20)"将单元格 A3:A20 中的值相加；"=SUM(A3:A20, C3:C20)"将单元格 A3:A20 以及单元格 C3:C20 中的值相加。

◆ 计算平均数

通常情况下，计算平均数主要用于对内容数据的处理。在对内容平台的质量进行评测时，需要定期统计相关的平均数。其中，常常会使用 AVERAGE 函数来求取数据的平均数，如"=AVERAGE(B3:C3)"。

小贴士

AVERAGE 函数返回参数的平均值（算术平均值），如 "=AVERAGE(A2: A30)" 将返回单元格区域 A2:A30 的平均值。

◆ 计算比例数

新媒体数据分析时，计算某些数据的比例可以对营销效果进行评判。通常情况下，营销者可以利用 Excel 比例公式计算转化率、点赞率、支付比例以及跳出率等数据。例如，使用公式 "=B20/C20" 计算粉丝转化率，简单的访问量和购买率无法分析出销售情况的好坏，而使用购买总量 "B20" 除以访问总量 "C20"，则可以分析出当前用户的购买情况，从而对平台的用户定位与内容定位起到指导作用。

◆ 计算稳定性

在 Excel 中，计算稳定性的公式主要为标准差公式，计算结果的值越小，则说明该新媒体数据的波动越小。通常情况下，在平台的测试分析中会对稳定性进行计算。由于新媒体营销的平台越来越多，营销者也有了更多的选择。在正式确定营销平台前，营销者需要对多个平台的数据进行对比，确定其数据的稳定性，从而择优选取。

◆ 条件计算

企业进行新媒体营销时，还需要对用户行为进行评估，此时需要使用到条件计算，如访问数量、评论数量以及购买数量等，从而在大量数据中找到并统计出实际做出响应的用户。其中，常常会使用 COUNTIF 函数来进行条件计算，如 "=COUNTIF(A2:A5," 评论 ")"。

2.3.5 新媒体数据分析的方法

新媒体数据经过整理后，具有了可分析性。营销者通过数据分析可以持续了解用户的真实需求，基于分析结果不断优化营销内容。其中，常见的数据分析方法有 4 种，具体介绍如下。

（一）直接评判法

直接评判法是指根据经验直接判断数据的好坏并给予评判，常常用于评估企业内部过往的营销状况，如评估近期阅读量、销售量以及文章推送量等数据是否正常。

营销者要想通过直接评判法来进行数据分析，需要满足两个条件：第一，营销者需要有丰富的新媒体营销经验，能正确评估阅读量、评论量等信息；第二，经过整理后的数据要足够直观，可以直接代表数值的好坏。如果无法满足这两个条件，营销者就无法使用直接评判法，因为直接评判法需要营销者与数据都比较优质才能使用。

（二）对比分析法

对比分析法是将两组或两组以上的数据进行对比，分析两组数据的差异进而深度了解这些数据所代表的规律。

其中，对比分析法分为纵向分析法和横向分析法，横向是指同一时间不同指标的对比，而纵向是指不同时间同一指标的对比。企业通过对比分析法可以直接掌握营销质量与营销水平的情况，总结分析出营销的优缺点，所以对比分析法比较适合对营销质量进行考核。

（三）分组分析法

分组分析法是统计分析的基本方法之一，即根据目标数据的性质、特征，按照一定指标将数据总体划分成几个部分，然后分析其内部结构和相互关系，从而深入了解事物的发展规律。分组分析法需要遵循相互独立且完全不同的原则，即分组之间不能有交叉、组别之间具有明显差异化，每个数据只能归为一类，且分组中不能遗漏数据，要确保数据完整性，每个组别能容纳所有的数据。

根据指标的性质，分组分析法分为属性指标分组和数量指标分组。属性指标代表的数据不能进行计算，只是说明事物的性质、特征，如员工姓名、性别、文化程度以及部门等指标；数量指标代表的数据能够进行计算，说明事物的数量特征，如员工年龄、薪资以及工龄等指标。

（四）结构分析法

结构分析法，又称比重分析法，是在统计分组的基础上，计算总体内各组成部分占总体的比例，进而分析总体数据的内部特征，属于相对指标，其计算公式如下：

$$结构指标（\%）=（总体中的某部分 / 总量）\times 100\%$$

例如，某新媒体营销企业共有 200 名员工，按照学历进行分组。其中，博士 16 人，硕士 44 人，本科 84 人，大专 50 人，高中及以下 6 人。计算硕士以上学历的员工占比为（16＋44）/ 200＝30%，如图 2-17 所示。运用对比分析法与前期指标进行对比，如去年硕士以上学历的员工比重为 27%，那么说明同比提高了 3 个百分点，从而分析出企业员工的学历变化。

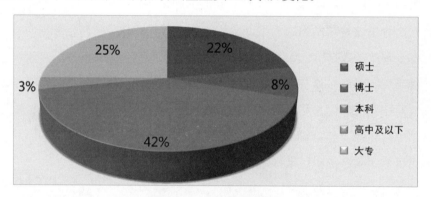

图 2-17　员工学历结构

> **小贴士**
>
> 平均分析法也是一种比较常用的数据分析方法，通过平均数来衡量总体在规定时间和地点下某类数据的一般水平。平均数据相对于其他数据而言，更具有客观性，可以帮助营销者预测营销趋势和规律。其中，平均数据包括算数平均值、几何平均值以及对数平均值等，算数平均值是最常用的，其公式：算数平均值＝总体各数据总和 / 数据个数。

数据分析完成后，就需要得出结论，结论通常用来解释这种数据情况产生的原因，营销者需要把控全局，才能挖掘出数据中最深层次的原因。例如，某企业通过微博平台营销，发现某个省的用户数量较大，比其他省市高出很多，平台营销者就需要分析为什么会出现这样的情况。

此时，营销者需要从多个角度提出设想，进行对比分析后找出原因，原来是在该省的优惠活动做得比较多，从而吸引了大量用户。由此可以得出结论，消费者更加倾向于"小恩小惠"，企业随后在其他省市也推出了一些优惠活动，以帮助提高微博平台的粉丝量。

2.4 通过数据获取热点内容

企业想要做好新媒体营销，就需要了解寻找热点、通往营销道路的方式，只有平台本身聚焦的热点话题，才能更吸引用户关注。那么，只有了解热点话题的来源方式，才能更好地获得这些热点内容。

2.4.1 通过百度指数分析近期趋势

作为企业新媒体的营销者，可以通过百度指数分析近期的趋势。百度指数是以百度海量网民行为数据为基础的数据分析平台，是当前互联网时代最重要的数据分享平台之一，自发布之日便成为众多企业营销决策的重要依据。

通过百度指数，营销者可以了解到某个话题的火热程度，它能将竞争产品、受众指向以及传播效果数据和信息等，以科学合理的方式呈现出来。简单而言，通过百度指数可以知道网民分布情况、网民搜索内容、关键词的搜索规模以及话题涨跌态势等。

如果营销者想要知道某个话题的火热程度，那么在百度指数查询栏中输入热点关键字即可。如图2-18所示为热门韩国电影《寄生虫》的指数趋势。

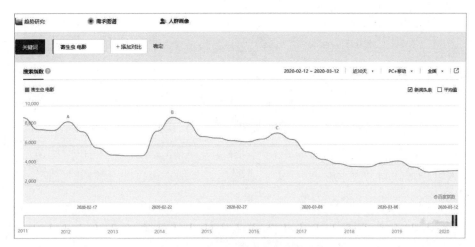

图 2-18 《寄生虫》电影的指数趋势

如果营销者遇到几个同类的热点，不确定哪一个更受用户欢迎，此时可以在热点关键词后添加对比词，从查询结果中可以选择关注指数更好的关键词。此外，营销者通过百度指数还可以了解到下面的信息。

- ◆ 确定产品销售的淡季与旺季。
- ◆ 确定产品的地区消费需求。
- ◆ 确定消费人群，知道相应的事态趋向。
- ◆ 选择长尾关键词，如最近搜索某相关长尾关键词大幅攀升，可以帮助营销者解决用户需求，更容易写出热点原创文章。

2.4.2 通过微博热门话题寻找热点

新浪微博话题是基于社会热点、个人兴趣等内容形成的相关专题页，主要展示24小时内关注度比较高的热门事件，页面将自动收录以"# 话题词 #"形式发布的相关微博。因此，企业可以借助热门话题自造话题进行炒作，也可以借助热点事件结合自身产品，达到品牌宣传目的。

登录微博账号，单击主页面顶部的"发现"按钮，进入热门微博推荐页面。此时，在页面左侧可以看到相关热门栏目，在页面中间也能看到相关的热门话

第 2 章 数据分析，充分挖掘潜在用户

题，如图 2-19 所示。

图 2-19 微博热门话题

营销者可以根据企业产品的推广方向，找到相关领域的热门话题，然后将这个热门话题嵌入自己推送的微博中，从而提高用户关注度与阅读率。

2.4.3 通过京东排行榜寻找热门产品

对于新媒体营销企业而言，需要时时关注市场行情，了解当前市场中哪种产品比较好卖。此时，可以通过京东排行榜来查看，了解京东市场上搜索上升、搜索热门的关键词。

其中，京东排行榜由京东平台提供数据支持，可以帮助营销者查看到当前最热销商品、最优惠活动、最高人气店铺以及最大力度折扣的实时排行，所以京东排行榜提供的信息对新媒体营销企业都有很大的参考价值。

对于消费者而言，通常喜欢根据自己的需求搜索商品，有时也会通过查看京东排行榜来寻找自己心仪的商品，所以营销者也要学会使用京东排行榜寻找热门产品。如图 2-20 所示为京东排行榜首页。

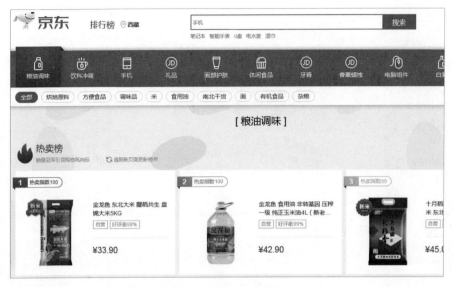

图 2-20　京东排行榜首页

京东排行榜的查询也很简单,其主要分为以下三个步骤。

- 进入京东首页,在页面中部单击"排行榜"超链接。
- 进入"京东排行榜"页面,可以看到热卖榜、好物榜、店铺榜、热搜榜以及折扣榜等榜单的排名。
- 在页面上方的搜索栏中输入关键字,单击"搜索"按钮,营销者可以查看目标产品的相关排名及信息。

图文设计，营销者必备文案技能

第3章

对于新媒体营销人员而言，最主要的是建立企业与用户之间的联系，营销内容逐渐成为企业或产品都要注重的工作。因此，如何设置营销内容就显得比较关键，作为一名优秀的营销人员，就必须掌握新媒体内容图文设计的技巧。

- ▶ 新媒体人员的基本素质
- ▶ 优质标题的取名方式
- ▶ 好标题要满足用户需求
- ▶ 实用的标题拟写技巧
- ▶ 标题拟写的注意事项
- ▶ 优质内容的六大特征
- ▶ 优质爆文的表达形式
- ▶ 文章正文的写作类型
- ▶ 正文的创作技巧好标题要满足用户
- ▶ 内容图片的组成部分
- ▶ 常见的文章配图样式
- ▶ 图片具有的四大功能

3.1 新媒体人员的基本素质

当下是互联网发展的新兴时代，各种新媒体平台破土而出，新媒体营销已经成为许多企业必做的事情。很多人都听说过营销部门，但是对于其具体是做什么的、怎样才能做好营销却不太清楚，也不知道自己适不适合做新媒体营销。那么，一个合格的新媒体营销者需要具备哪些基本素质呢？

（一）文案写作能力

文案写作能力是新媒体营销者需要必备的基本能力，不管在哪个平台中进行营销，都需要写出吸引人的文案。新媒体营销文案不需要特别华丽的辞藻，但要新颖有特色，这样才能吸引读者，引起读者共鸣。在当前这个以"内容为王"的时代，只有优质的内容才能获得更多的关注。

（二）新闻热点捕捉能力

从新媒体营销的发展趋势来看，借势营销已经成为了日常营销的常用手段。如果不能在新闻热点出现时及时做出反应，那将无法在新媒体营销市场中站住脚跟。简单而言，就是对新闻热点要具有敏锐的嗅觉，对即将流行的趋势进行判断与把握，这样才能在时机来临时抓住机遇、跟紧热点，达到宣传的目的。同时，营销者也需要有底线，不能盲目追风，应该做出正确的判断，确定哪些热点可以追，哪些热点果断略过。

（三）标题创新能力

不管是平台还是网站，用户随时都在接收着海量的信息，标题是唯一能够直接进入用户眼球的，所以拟写惊艳的标题就成了营销者日常工作中一项重要技能。

（四）惊喜创造能力

一个能给用户不断创造惊喜的营销者，可以让用户对自己更死心塌地，舍不得离开自己。想要不断制造惊喜，就需要营销者永不停歇的奇思妙想，源源不断地充斥在平台上，从而留住自己的用户。

第 3 章 图文设计，营销者必备文案技能

（五）数据分析能力

其实，数据就是一面镜子，营销中的很多问题都可以通过数据反映出来。如果不懂数据分析，就做不好新媒体营销。营销者需要了解每个数据的增长或降低的原因，然后对原因进行分析，找出问题、不断优化，这样才能制作出相应的新媒体营销方案。

（六）项目复盘能力

复盘是围棋术语，指对局完毕后，复演该盘棋的记录，以检查对局中招法的优劣与得失关键。如果将复盘应用到新媒体营销中，就是指营销者做完一次活动或者一段工作后，需要总结提炼自己的经验，并将这些步骤进行梳理，优化得更加流畅与有效。

（七）工具运用能力

新媒体营销是需要掌握多种技能的岗位，文章的排版和配图也要有所涉猎。目前，互联网中的配图、制图网站数不胜数，收藏一些优秀的网站，可以节约时间，提高工作效率。此外，掌握Photoshop、Illustrator以及After Effects等工具软件后，营销者可以独立完成作图和视频编辑，这样才能事半功倍。

（八）强抗压能力

都说营销是个苦差事，而新媒体营销则是更苦的差事。除了内容编排烦琐外，那些让人失落的数据也足够压垮一个营销者，更何况还有上级不断的催促，用户的各种吐槽，没有极强的抗压能力便不能成为一名真正的营销者。另外，与其他行业一样，新媒体也有绩效考核。

（九）活动策划能力

作为一名新媒体营销者，需要不断地策划各种活动，引导更多的人参与互动，从而吸引用户，提高用户的黏性。一个成功的活动策划，不仅能够吸引更多粉丝关注，还能为企业树立更好的形象。这也需要新媒体营销者不断大开自己的脑洞，富有创意的脑洞更容易引爆热点。

从零开始学新媒体营销与维护

3.2 标题的表达技巧

目前，新媒体内容营销越来越重要，门槛也越来越低，想要让自己在新媒体内容营销方面取得好的成绩，就必须不断地实践和创作。而新媒体内容最吸引用户的是什么呢？当然是标题，好的标题才能引起用户的注意，让用户点进去阅读文章。因此，拟写营销内容的标题就显得非常重要，掌握标题创作技巧，也就成了每个营销者必须掌握的技能。

3.2.1 优质标题的取名方式

营销者的文案想在众多文章中脱颖而出，标题是关键，而标题想要吸引用户的眼球，就取决于标题的类型。因为不同用户会喜欢不同类型的标题，所以设计标题时就需要注重目标人群，结合企业的营销内容，有针对性地进行策划，从而引起用户共鸣，达到更好的宣传效果。

（一）数字式标题

数字型标题比较简单直白、识别度高，人们对数字更敏感，更容易了解到文章的核心，让读者在看到标题的一瞬间就被吸引住，并留下深刻的印象。同时，标题带数字会让人感觉信息含量高、专业度较强，让文章更具说服力和可信度。例如，《教你如何用三个月的时间，从月薪3000升至3万》《健身7个月花了2万元，可她却算了笔你想不到的账》等。

因此，营销者要在标题上提炼出文章中的核心信息或者数字，尽可能地把它放到标题当中，这个转化效果会很好。因为标题透露出神秘的气息，能够给人极大的视觉冲击，让读者立马就产生想阅读的冲动。其中，数字型标题重视数字的威力，博取读者的关注，而营销者想要编写出数据型标题，就需要关注以下三点要素。

◆ 通过文章提炼出来的数字，必须具有视觉冲击力。

◆ 数字透露出的信息具有较高含金量，能够满足读者的阅读需求。

◆ 标题的思路要严谨，对应的文章结构也要清晰。

（二）疑问式标题

疑问式标题是指为了引起用户的关注，而故意制造出悬念。在疑问式标题的设计过程中，营销者可以采用疑问、反问等方式，直接抛出问题，引起读者的兴趣。疑问式的核心点就是在标题中提出一个问题，然后在文章中围绕该问题自问自答。例如，《如果没有高考，他们会怎样？你会怎么样？》《千元手机不会选？看这里就行》等。

疑问式标题的主旨就是以提出问题的方式，引起话题关注，营销者想要编写出疑问式标题，就需要符合两个前提，如图3-1所示。

疑问具有意义
一些疑问式标题在编辑的过程中，可能会为了博得大众的关注，而提出一些没有实际意义的问题，不仅难以帮助用户解决实际的需求，也无法引起用户的注意。

疑问具有诱惑力
通常情况下，疑问式标题需要讲究符合常识，但也需要对其运用技巧，并进行包装，使其具有诱惑力，达到更有效的宣传效果。

图 3-1　编写疑问式标题需要符合的前提

（三）对比式标题

对比式标题就是把文章当中想要介绍的产品或者品牌的差异点，通过数字、矛盾对比，或者与常识相违背，制造出冲突。对比式是一种简单易行的标题套路，通过两个相对立的观点，来衬托出自己要阐述的观点，标题的反差对比越强烈，大众阅读文章的欲望就越高。例如，《传说中月薪3000与月薪3万的文案区别！》《穷养的女孩和富养的女孩，区别在哪？》。由此可知，想要编写出对比式标题，存在下面三个关键点。

- ◆ 营销者需要结合内容制造对比或矛盾。
- ◆ "违背"常识会让用户惊呼这不可能，从而引发关注。
- ◆ 对比的差异越大，就会越吸引人。

值得注意的是，如果文章选择通过恐惧制造对比或矛盾，则需要控制力度，不然容易适得其反，把读者直接"吓跑"。

（四）借势式标题

借势式标题就是借取名人效应或热点事件进行标题的撰写，从而吸引读者的眼球。通常情况下，借势式标题带有名人的内容，便会引来广泛的阅读，借助他们的人气为文章带来更多的点击量。例如，《硅谷的减肥黑科技：喝这种饱含油脂的咖啡，居然能减肥》《长安十二时辰带火了这种美食，一碗下肚浑身舒坦》等。

巧借名人、明星、网红以及热播剧等，只要能"扯上关系"，就能搭上流量的顺风车。当然，借势也需要姿势和水平，如果强行"尬接""尬扯"，只会让读者反感。因此，营销者要自然而然地转接到想要传达的信息上，不仅要准确地切入进去，还需要高超的文字驾驭能力。

另外，并不是所有的借势源都能获得正面效应，所以借势源的选取一定要谨慎，尽量选择一些正面的名人、热点事件等，防止出现负面影响。

（五）暗示式标题

通常情况下，暗示式标题不会直接显示出营销目的，而是通过其他方式先引起用户的好奇心，然后通过文章的内文解答读者的疑惑。目前，搜索引擎的信息流广告有很多采用暗示式标题写作方式。例如，《中国最厉害的20个景点，知道一个算你牛！》《这些事情做到了，想不会新媒体营销都难！》等。

暗示式标题可以利用人们的好奇心来获取点击量，但也要注意正文与标题相符合，若用户点击链接后并没有显示出与标题相对应的内容，就会觉得自己"上当受骗"了，从而降低对作者的信任度。通常的做法是正文开始与标题相关，然后引出要推广的产品，这样不仅可以降低跳出率，还能提高粉丝转化率。

小贴士

对于新媒体文章而言，除了前面几种常见的标题取名方式外，还有一些小众的取名方式，如直言式标题、极简式标题、联想式标题以及结论式标题等。

其中，直言式标题简明扼要地说明重点，让用户一目了然，很多电商平台的海报经常采用这种标题；极简式标题是以极简的"主谓宾"结构，去勾勒文章描述的核心，语言准确精练，要求营销者具有极高的文案功底；联想式标题以好奇心的方式引起读者的联想，吸引他们点击阅读，需要在文章内容中制造反差，让读者有一种意外的阅后观感；结论式标题以结论的形式为文章作定论，奠定文章的观点与核心，从而快速吸引到对话题感兴趣的用户。

3.2.2 好标题要满足用户需求

营销者在编写标题内容之前，首先需要定位好用户的搜索习惯与需求。一个能吸引用户眼球的标题，能在用户心里留下深刻的印象，这主要是因为能满足用户的需求。通常情况下，好的标题可以满足用户如表3-1所示的几点需求。

表3-1 好标题可以满足用户的常见需求

名 称	内 容
情感需求	情感需求是一种感情上的满足、心理上的认同，因消费观念与消费水平的改变，用户购买商品不仅要满足生活需求，还要获得精神上的享受并产生情感需求。因此，一个成功的标题需要满足用户的情感需求，引起用户心灵上的共鸣，从而打动用户
好奇需求	大部分人对于新鲜的东西都有好奇心，想要去探索、了解。营销者在编写文章标题时，可以抓住用户的这个特点。文章的阅读量越高，被转发与分享的概率就会越大。同时，这种能满足用户好奇需求的文章标题还带有一些神秘感，让用户阅读文章后可以了解隐藏的真相
私心需求	通常情况下，人们都比较在意与自己相关的事情，特别是一些利益消息，这就是用户的私心需求。简单而言，文章标题满足用户的私心需求，就是满足用户关注与自己相关事情的行为需求。因此，营销者可以利用用户的私心需求，把标题打造成这种类型，从而引来用户的注意力与兴趣

续表

名　称	内　容
娱乐需求	对于生活压力与工作压力较大的人而言，具有比较强烈的娱乐需求，传播搞笑、幽默内容的文章就比较容易满足用户的这类需求，而该类文章的标题也能让用户感觉轻松、愉悦
关怀需求	当代很多人喜欢从文字中寻求关怀与安慰，当他们看见那些传递温暖、含有关怀意蕴的文章时，都忍不住会去阅读。因此，营销者可以添加一些温暖人心、给予关怀的词语到标题中，满足用户的关怀需求。另外，文章内容也需要充满关怀，让用户感受到真情实意
价值需求	能够满足用户价值需求的文章，用户都会主动对其进行分享，让身边更多的人知道。因此，要从标题中反映文章所含有的价值

3.2.3 实用的标题拟写技巧

对于新媒体文章而言，想要在大量文章中脱颖而出，就需要在两秒钟内吸引用户的眼球。此时，文章标题就是至关重要的环节，如果标题不够吸引用户的眼球，那么文章的内容也就不会被人阅读。其中，撰写标题主要有六大技巧，其具体介绍如下。

（一）目标指向性

目标指向性是指在标题中直接向目标用户喊话，给用户一种暗示，让用户下意识地认为自己就是目标，产生想要探索、研究的冲动。例如，用户会情不自禁地点击标题，查看文章中说了什么与自己有关的事情。同时，营销者在标题中也可以使用指向性词语，如男人、女人、老人、小孩以及父母等，目标用户群体看到标题后会产生与自身有关的感觉，然后下意识地去点击标题。

其实，好的文章标题往往可以筛选读者，也就是一篇文章的标题拟写得好，就能吸引目标读者群，跟本篇文章无关的用户可以从标题中判断文章是否适合自己，也就不会浪费时间去阅读与自己无关的内容。例如，下面是几个具有目标指向性的标题。

《想要报考全国计算机等级考试的看过来》

《经常熬夜加班的人，这几种方法可以预防熬夜对身体的危害》

《敬那些正在健身减肥路上默默付出的人！》

《写给那些被企业 SEO 困扰了很久的人》

《孩子挑食不能放任不管，家长们看过来！》

上述几个标题都有很明显的目标指向性，如果用户是上述群体中的一个，是否会忍不住查看文章正文寻找答案呢？此种标题拟写方式就是站在用户的立场上，直接指出了用户的某个痛点，帮助用户去解决实际问题。

（二）逆向思维挑战常识

此种方法需要冲破人们传统的定向思维，另辟蹊径给用户带来意外的结果，如怪异、新鲜、惊讶以及奇葩等。不按常理出牌却成就独自的亮点，为已经有审美疲劳的用户带来认知的冲击，从而激发他们的阅读热情。对此类标题感兴趣的用户，往往认为文章中会有出乎意料的内容，所以控制不住地想要阅读。例如，下面是几个逆向思维挑战常识的标题。

《会"败家"的女人，往往过得最幸福》

《高文凭≠高水平》

《挥汗如雨未必有益健康》

《一年加班 800 小时，被裁只用五分钟》

《我知道，我的意中人是个神经病》

逆向思维挑战常识的标题打破了人们的一贯认知，不管用户是否认同营销者的观点，这样的标题已经给他们带来了相应的冲击，让他们忍不住想要一探究竟或者争论一番，从而成功诱惑他们阅读文章。

（三）灵活应用数据

数据可以给人带来权威、专业的印象，所以在标题中加入具体的数据可以给用户更直观的感受，使用文章具有较强的可读性。用户都很实际，既然花时间去阅读文章，就需要有所收获，具象化的标题比抽象化的标题更加简单直接，通过强有力的数据来代替华丽的辞藻可以让用户更信服。例如，下面是几个灵活应用数字的标题。

《泰国创意广告：99%的人都猜错了》

《亚马逊无货源：如何在3月内单月出货10万元》

《一篇长文，读懂"10万+"标题的全部套路》

《调研了100个爆文标题，总结出三大类高点击的标题》

《掌握这几种技巧，你也能写出10万+阅读量的文章标题》

如果用户看到类似上述的几种标题，会很自然地认为营销者肯定花了大量时间与精力去研究这些事情，因为有数据摆在眼前。因此，用户就会认为这类文章具有较大阅读价值，首先会对标题进行肯定。数据可以帮助用户接受各类信息，以获得实物或精神的满足，所以标题中的数据可以满足用户获益的心理。

（四）悬念与利益双重引诱

通常情况下，使用省略号拟写标题可以给用户设置一个悬念，让他们有更多的想象空间，本能地做出自己的判断，从而引诱他们点击标题阅读文章正文，确认自己的想法是否与作者写的一致。

同时，设置悬念还能对用户造成一种利益引诱，营销者可以巧妙地在标题中设置利益点，让用户渴望知道读完文章正文后能获得什么样的利益信息。当然，如果只是设置了悬念，而没有确实引诱的利益点，是无法达到相应的营销目的的，反而会让用户觉得无趣，没有获取到有价值的信息。例如，下面是几个具有悬念与利益双重引诱的标题。

《最近我读完一篇文章，思考了几个问题……》

《京东618攻势强烈，获益最大的竟然是我们……》

《这样的生活环境与方式，想不长寿都难》

《做好这几点后,您养的螃蟹又大又肥》

《天秤座的背后隐藏着不为人知的小"怪癖",第一个让人难以想象》

(五)巧妙制造反差

前面介绍到,对比式标题可以获得意想不到的效果。营销者为了突出主旨,可以利用强烈的对比,让用户清晰地看到正反与好坏,从而呈现出比较明显的反差效果,短时间内就能让用户熟知文章要表达的意图。另外,用户发现文章想要阐述的意思与自己的想法不谋而合,就会主动转发分享,从而带来更多的流量。例如,下面是几个巧妙制造反差的标题。

《大促销大甩卖!高级别墅,平民价!》

《别人公司开的是年会,你开的只是会》

《受青睐的简历和让人没耐心看下去的简历》

《今天你对我爱搭不理,明天我让你高攀不起》

《为什么大部分中国人穿西装不好看?》

《吃过这枚酥到掉渣的凤梨酥,其他的都是将就》

(六)感同身受获得共鸣

感同身受获得共鸣的主要目的,是为了跟用户站在同一立场上看待问题,营销者需要传达出为用户好的主旨,所以标题中最好要有用户能感受到的好处与利益点。从用户的角度拟写标题,从而引发双发的情感共鸣。例如,下面是几个感同身受获得共鸣的标题。

《当我这道菜上桌,那个坚持减肥的同事,也忍不住动了筷子》

《新媒体、门槛低、技能简单,为何还有那么多人运营不好》

《做牛做马,千万别做乙方!》

《为什么你狂打广告,顾客却仍无动于衷?》

《营销这行的辛酸,说过的话都是泪》

3.2.4 标题拟写的注意事项

新媒体营销的基本功之一是编辑能力,而编辑中的重中之重就是标题的拟写,因为一个好的标题可以瞬间抓住用户眼球而提升点击率。所以,营销者在拟写标题时,需要了解文字标题拟写的注意事项,这样才能避免吸引更多读者点击。

(一)切忌做标题党

标题党是指在新媒体平台中利用夸大其词、断章取义以及无中生有等形式的标题,以吸引读者眼球来骗取流量的媒体人,此种骗取点击量的行为只会引发越来越多平台和读者的反感。

通常情况下,文章内容的价值分为长期价值和短期价值,而标题党主要是利用内容的短期价值,把点击率、阅读量都做到"尽头",但短期价值的"天花板"很快就会到来。这是因为只有内容能为用户提供价值,若每次内容都不能提供与标题相对应的价值,无法满足读者的预期需求,换来的就是读者频频的失望,最终就会取消关注。同时,各大新媒体营销平台也陆续出台了一些措施,用以打击标题党。因此,新媒体营销者千万不要做标题党。

(二)不同平台拟不同标题

不同的新媒体营销平台,拥有各自的属性与风格,如微博、微信、今日头条以及豆瓣等。在多平台分发成为内容创作的趋势下,针对不同的平台拟写不同主题与风格的文章标题,可以取得更好的效果。营销者千万不能想着一劳永逸,而是要"对症下药",从而满足不同平台中读者的需求。

(三)标题变得越来越长

与传统媒体相比较,移动互联网时代的一个优势就是允许作者拟写越来越长的标题,毕竟纸质印刷成本较高。没有了字数的限制,营销者可以把标题写得更加完整,标题字数在不同平台上有不同的要求,常见新媒体平台的标题字数限制如表3-2所示。

表 3-2　各平台标题字数限制表

平台名称	字数限制
今日头条	5～30 个汉字
一点资讯	5～30 个汉字
搜狐公众平台	0～23 个汉字
企鹅媒体平台	10～23 个汉字
百家号	0～40 个汉字
凤凰号	0～64 个汉字
新浪看点	5～64 个汉字
网易号	0～27 个汉字
微信公众平台	0～64 个汉字
大鱼号	0～50 个汉字

在瞬息万变的新媒体时代，营销者在拟写文章标题时也要与时俱进，所有的标题技巧都只能作为参考，而不能拘泥于过去的固定思维，只有突破与创新才能真正得到用户的认可。

 小贴士

如果营销者不想成为标题党，那么如何让自己的新媒体标题更有吸引力呢？主要可以通过以下四点方式来实现。

- **正能量**：所有积极、健康、催人奋进、给人力量以及充满希望的人和事物，都可以被赋予正能量的标签。
- **实事求是**：只有真实的东西才难能可贵，标题中涉及的事件、数据以及人物都要真实，这样才会让用户信服。
- **接地气**：即入乡随俗，因地制宜。
- **创意**：每个平台都可能有自己固定的标题套路和风格，若拟写创意十足的标题，用户就会觉得非常有新意，眼前一亮。

3.3 正文的写作技巧

随着互联网的发展，网络中铺天盖地的信息和广告，使人们进入信息碎片化时代。由于信息太多，人们通常对那些没有新意、没有价值的信息，不会有深刻的印象。因此，新媒体文章在创作时除了要有极具吸引力的标题以外，其内容一定要优质、有风格、有特点，这样才能突出文章的特点。营销者想要让自己的文章决胜千里，吸引众多的粉丝，就需要掌握相应的正文写作技巧。

3.3.1 优质内容的六大特征

新媒体营销过程中的核心是什么呢？内容，所有的数据都建立在一个好的内容基础上，这样才能提高企业的营销质量。而优质的内容往往具有六大常见的特征，分别是原创性、独家性、时效性、非认知性、启发性以及大众性。

（一）原创性

营销者作为创作者，需要持续给用户带来优质的内容，才能维持并获得更多的流量。这就要求营销者具有原创的能力，而不是搬运或抄袭他人的优秀作品，因为这样的内容没有独特性，平台中一堆相识度太高的内容，读者就不会有兴趣。

一篇文章想要突出原创性，最好的方法就是让内容与众不同，这就意味着该篇文章的观点具有其他文章所不具备的特色，而这种特色就是吸引读者关注的"法宝"。因此，想要把新媒体营销做起来，营销者需要创作出自己的原创内容。在文章发布之前，可以利用内容质量检测工具检测一下内容的重复性。

（二）独家性

由于当前网络的发达程度，信息可以得到高速传播，所以很难掌握到独家的资讯，而同一件事情写的人太多，也不会有很好的效果。此时，营销者可以寻找合适的独家剖析点以及切入点，以确定文章的选题。

在创作内容时，可以使用不同的角度去解说观点，同时搭配新颖的图片，尽可能地使内容与他人不同，同时还可以引入特殊的提示使内容更具新意。

（三）时效性

创作内容时一定要注意时效性，特别是新闻类的文章，已经过时的信息就没必要再发布，即便是发布也得不到很好的营销效果。

当然，这里的时效性也不仅仅是说内容本身，如果营销者找不到独家的剖析点，抢先发布也是一个很好的选择。例如，有些营销者在休息时发现了一些热点，就会立马或连夜赶稿，争取在第一时间发布信息，通常信息发布时间越早，得到的营销效果也会更好。

（四）非认知性

大部分人都具有强烈的好奇心，对于未知的事件拥有更高的兴趣，此种心理对于内容创作具有重大的意义。例如，一个大部分人都知道的热点事件，可以改变拟写方式，不要按照大众的方式去写，而是通过该事件挖掘更多读者不知道的东西，这样才能引起读者的关注，获得更多的流量。

（五）启发性

优质的文章内容往往可以给读者带来一些启发，打破读者的原有认知，使其产生某些不曾有过的观点。优质文章所特有的启发特征，能够让读者明白自己以往的观点并不是完全合理的。

一篇优质的文章能够让读者的观念产生新的变化，从而引发读者对文章内容的激烈讨论。其实，文章的启发性来自于营销者对社会现象的分析，找出其中蕴含的独特观点，并通过简单易懂的方式展示给读者即可。由此可知，这样的内容更容易冲击读者，引发他们对文章的关注。

（六）大众性

新媒体用户都是大众化的，他们会直接关注自己感兴趣的内容，这些内容并不局限于一个领域。但是营销者在创作内容时，又不能显得太混乱，此时就需要调整自己的创作角度，判断其是否贴合大众。如果营销者的内容贴合读者的生活或工作，那么其点击率也会得到提高。

因此，营销者在创作内容时，需要找到目标读者的痛点去设计，内容最好能有效贴近读者。

3.3.2 优质爆文的表达形式

对于营销者而言，内容绝对是最重要的因素，因为平台内容的好坏直接关系着平台粉丝的数量，从而影响到营销效果，所以做好内容是每个营销者都必须重视的。营销者在编写内容时，有很多形式可以选择，每种内容形式都拥有自己的特点，营销者需要掌握这些内容的写作特点，从而让自己的文章内容更具吸引力。其中，内容的表达方式主要有如表3-3所示的几种。

表3-3 内容的表达方式

方式名称	内容	优点	缺点
文字式	是指在整篇文章中，除了嵌入邀请用户关注的平台账号或二维码图片外，要表达的其他内容都用文字描述，没有嵌入其他图片。在新媒体营销平台上，有这种形式的内容存在，但相对较少，营销者应尽量避免使用这种形式传递内容	文字表达的信息量比较集中，信息准确度高，用户不容易出现理解错误的情况	该形式的内容字数较多，篇幅较长，容易引起用户的阅读疲劳和抵触心理，从而导致用户放弃阅读文章
图片式	是指整篇文章中的内容都以图片的形式进行表达，没有文字或文字直接包含在图片里面	形式新颖，比较直观，同时能带给用户想象空间	篇幅会受到相应限制，若图片中包含较多的文字，会降低可读性
图文式	是指图片与文字相结合，整篇文章中有图片也有文字，可以在一篇文章只放一张图片，也可以放多张图片	能让表达的内容主旨更鲜明，提升用户的阅读体验感	图片过多会使文章的篇幅过长，阅读时耗费更多流量
语音式	是指营销者把需要向用户传递的内容，通过语音的方式发送到平台上。例如，罗辑思维的网红主播就会每天推送一条60秒的语音式内容	可以与用户形成互动，拉近与用户之间的距离，使其感觉更亲切	容易受到外界的干扰，导致用户的信息接收不完整，从而错失重要信息

续表

方式名称	内 容	优 点	缺 点
视频式	是指运营者把需要向用户表达的信息拍摄成视频，然后发送给用户。例如，微信公众号"场库"就会经常在平台上推送含视频内容的文章	具有更强的既视感和吸引力，能快速抓住用户的眼球	用户需要耗费更多的流量，增加了阅读成本，文章点击量会受到影响
混搭式	是指营销者将文字、图片、语音以及视频等内容综合起来，应用到一篇文章里面。当然，以混搭式向用户传递内容并不是指一篇文章中要出现所有的形式，包含3种或3种以上的形式即可	将几种形式的特点集合在一起，能够带给用户最佳的阅读体验，让其在阅读文章时不会觉得枯燥乏味	图片、语音及视频等形式会让用户耗费更多流量，降低了用户的点击率

3.3.3 文章正文的写作类型

对于新媒体营销而言，写作的文章类型有很多，如信息式、问题式以及指导式等。营销者参考这些写作类型可以使内容更加丰富多彩，从而能长时间留住用户并吸引潜在用户。

◆ **信息式**：信息式是最常见的文章类型，针对某个主题提供内容。该类文章可以为某个事物进行定义，也可以为某个主题做详细、深入的解说。

◆ **问题式**：文章针对用户生活或工作中遇到的难题，提出解决方法，甚至开展系列培训。该类文章关系到用户的切身利益，往往能够吸引大量用户的关注。其实，问题式文章与评论式文章有些类似，不过问题式文章更多的是客观解释某些现象与情况。

◆ **指导式**：指导式文章是告诉用户如何做某些事情，通常是提供建议或教程，因此比较受欢迎。通常情况下，用户在网络中搜索问题的目的就是为了解决问题而寻求帮助，所以营销者把立场建立在回答问题上，就能吸引不少用户的关注。

- **列表式**：营销者在编写文章时，最简单的方法就是进行列表，如《新媒体营销的六大方法》《微信公众平台最受欢迎的五类文章》以及《女性最爱的10种搭配》等。列表式文章的内容编写起来比较容易，在用户群中也比较受欢迎，被转载的概率偏大。

- **比较式**：在生活或工作中，总是会遇到二选一或多选一的情况，此时我们会在比较后做出选择。因此，营销者可以将这种比较形式用于文章中，通过文章来比较两种或多种事物，列举出各自的优缺点。

- **研究式**：一般研究式文章以研究报告、数据资料以及文献等为基础，经过营销者的提炼、加工，使这些权威资料和文章的写作目的有机结合起来，编写研究式文章需要花费大量时间，才能得出有价值的结论。通常情况下，该类文章需要通过图表和数据把究结果呈现出来，从而引起该领域的用户阅读或引用。

- **引用式**：当用户在某个平台中看到一篇不错的文章时，可能会在微博或朋友圈中发布一个指向该文章的链接。营销者也可以这样做，还能在其中添加一段说明或对内容的看法，或者只是摘录原文中的某个片段。当然，加入自己的看法可使文章更具独创性，对用户的吸引力会更大。

- **考据式**：考据式文章属于研究式和引用式的组合类型，选择一个有价值的主题，调查研究其他人对此的看法，并对这些看法进行汇总，营销者针对汇总的看法将这些观点联系在一起对其发表个人意见，最后得出结论。通常情况下，用户会对考据式的文章比较感兴趣。

- **评论式**：任何事件与事物都可以在网络中找到，不过会存在不同的看法与观点。营销者的可以在文章中给出公平客观、颇有见地的评论，并且询问用户对此的看法，这类文章常常拥有比较高的活跃度。

- **批评式**：具有良好建设性的批评式文章，可以在用户心中留下深刻的印象。用户乐于看到各种不同的观点与主张，即便是与他们的想法背道而驰，只要文章中的见解深刻、富有内涵且营销者语气谦恭，都容易受到用户的关注。

- **激励式**：如果营销者要编写激励式文章，则可以在文章内讲述成功者的故事或描绘美好的愿景。由于用户总是喜欢听到自己领域内的美好故事，这可以激励他们继续努力。
- **故事式**：通过具有吸引力的故事情节、人物形象，将文章的核心内容借故事或人物之口说出来，然后引出营销者要表达的观点或者自然过渡到产品推广上。情节跌宕起伏、内容饱满的文章对用户具有特别的吸引力，能够将用户的目光锁定在故事情节中。
- **观感式**：对书籍与影音资料中有意义的内容进行摘要、分析与汇总，以简单易懂的方式整理出来，然后结合自己的观点与评价展示给用户。

3.3.4 正文的创作技巧

新媒体文章的主体是正文，是对标题的拓展，是对文章核心内容的详细说明，是说服用户接受自己的过程。用户通过阅读正文，可以了解文章的全貌、营销者的观点以及产品的信息等，从而产生相应的心理与行为反应。

营销者在创作文章时，若想要让文章获得较高的阅读量，就需要掌握相应的写作技巧。其中，营销者需要掌握的技巧如表3-4所示。

表3-4 正文的创作技巧

技巧名称	内　　容
尊重用户	将用户看作亲密的朋友，关注用户的实际需求，在文章的字里行间表现出对用户的尊重，告诉用户实实在在的信息。同时，不能过度夸张品牌，避免误导用户
结构与语言风格	营销者在创作文章时，需要根据核心内容、用户的特点以及用户的阅读习惯，选择合适的文章结构。同时，需要根据企业所处的行业，以及平台定位的用户群体选择适合的文章语言风格。只有合适的文章结构与语言风格，才能给平台中的用户带来优质的阅读体验
建立信任	如果与用户之间产生了情感共鸣，则表示文章找到了目标用户。建立情感联结的主要目的是使用户产生信任感，这对于后期进行品牌营销具有非常重要的作用，是文章变现的主要因素

续表

技巧名称	内　容
挖掘新意	想让文章对用户有吸引力，首先要具有新意，与同类型文章具有不同之处，然后将不同点进行放大，从而在用户心中形成独特的印象。另外，营销者还要善于反向看待问题，从事物的背后寻找亮点，对看似不相关的事物进行创意融合，从而获取新鲜的内容，同时还要养成多角度思考问题的习惯，并善于记录一闪而过的创意
善借东风	进行文章创作时，需要遵循写作与传播的基本规律，创新也需要在该规律之上进行，从而提高工作效率。如果营销者的创作方式与大众的认知不同，则可能导致用户理解出现偏差，从而因为用户的不理解而忽视。在自身营销力较差的情况下，正文创作需要借用外力，如蹭热点、名人效应等方式来提高文章的吸引力
注重学习	创作是需要花费大量时间与精力才能练就出游刃有余的技能的，营销者需要保持不断学习的热情，不断更新自己的知识框架，及时了解新的知识体系，同时要善于积累，将日常中有益的点滴和灵感记录下来，积累成创作素材。只要营销者日常的知识储备丰富，就能在创作时具有源源不断的创意
原文链接	在新媒体营销平台中，有一个很好的功能就是可以添加外部链接，即"原文链接"，营销者合理使用"原文链接"功能，可以很好地进行平台引流的工作。其操作很简单，也就是将正文的一部分内容放在营销平台上，如果用户想要查看全文，就必须单击"原文链接"超链接，才能查看到全文

3.4 图文的设计技巧

　　图片是营销者进行新媒体营销的有效工具，一张优质的图片胜过千言万语，可以简单直接地吸引用户的注意力。图片的表现形式有很多，不仅可以给用户带来视觉体验，还能为文字增光添彩，营销者只要掌握了图文设置技巧，就能提高自身的综合营销能力。

3.4.1 内容图片的组成部分

对于新媒体营销者而言,利用图片在平台中进行营销,需要掌握三个关键点,即平台头像、文章主图与文章侧图,以下是具体介绍。

(一)平台头像

新媒体平台的头像是非常重要的标志,一个吸引人的头像可以在用户心中留下深刻的印象,能给用户带来视觉上的冲击,达到文字所不能实现的效果。

对头像进行设计,除了吸引用户的眼球外,还要为企业引流,即提高传播性。不管是哪个行业的新媒体企业,都必须重视营销平台的头像设计。通常情况下,受用户欢迎的头像具有三个特点:适合营销平台、图片清晰以及辨识度高。由于不同的账户头像拥有不同的营销效果,所以设置平台头像时可以考虑使用如图3-2所示的三类图片。

企业LOGO

对于企业而言,使用企业的LOGO作为平台的头像,是一个非常不错的选择。这样可以让用户每次看到企业的账户时,就能看到企业的LOGO,从而加深企业在用户心中的印象,便于企业的传播。

产品图片

使用企业的产品图片作为平台头像,可以使产品无数次地出现在用户眼前,增加产品的曝光率,从而达到推广产品的目的。

其他图片

对于营销者的个人账号而言,可能不会使用企业的LOGO,也不是直接对产品进行宣传,此时可以选择其他类型的图片作为头像,如自己的生活照、与个人账号有关的照片等。

图3-2 平台头像适合的图像

(二)文章主图

营销者在阅读别人的文章时,会发现大部分的文章都有配图,只是图片的大小存在差异，头条文章的图片比例相对较大，这张图片就是整篇文章的主图，如图 3-3 所示。

图 3-3　平台的文章主图

文章的主题设计会直接影响到用户的阅读体验，一张精致、清晰的主图可以瞬间吸引用户的眼球，从而阅读全文。

在设计文章主图时，需要考虑图片的大小、比例是否合适，而合适的主图具有吸引用户阅读、减少图片的加载时间以及减少用户的阅读流量等优点。

对于大部分用户而言，看见漂亮的东西都会忍不住多看几眼。当用户进入营销平台后，看到非常有特色的主图，都会忍不住点开文章进行阅读，从而提高文章的阅读量。

（三）文章侧图

简单而言，文章的侧图就是除了头条文章之外的为文章所配的图片。虽然文章的侧图所占比例不大，但也不能忽视它的营销效果。与文章主题一样，它也能提高文章的阅读量，给用户带来良好的阅读体验，如图 3-4 所示。

第 3 章 图文设计，营销者必备文案技能

图 3-4　平台的文章侧图

3.4.2 常见的文章配图样式

一篇优质的营销文章，除了内容之外，好的配图也是关键。其实，在新媒体营销文章中有多种配图样式，营销者可以参考这些样式对图片进行设计，以下是具体介绍。

（一）信息图样式

若使用统一的信息图风格，会让用户觉得特别有趣。有些专注于社会化大数据营销的公众账号，常常会选择信息图做封面，从而让自己的文章更整洁、专业，又与平台定位完美契合，从而在众多同质化的企业中脱颖而出，如图 3-5 所示。

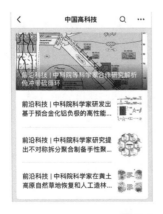 

图 3-5　信息图样式

（二）分析报告样式

如果是互联网企业，常常会发布一些行业报告、数据分析等文章，如果把文章的封面图像制作成报告封面的样式，则会凸显其专业，直接告诉用户这不是一篇普通的文章，而是一份分析报告，如图3-6所示。

图3-6　分析报告样式

（三）纯配色打底样式

在制作封面图像时，如果选择纯色图片打底，会带给用户积极向上的感觉。同时，这样的配色多用暖色调，很少出现灰色或深蓝色打底的情况，因为它们会传递负面情绪，如图3-7所示。

图3-7　纯配色打底样式

第 3 章　图文设计，营销者必备文案技能

（四）漫画样式

一些积极向上的平台账号会发布漫画样式的文章，一篇文章就只有一张图，会带给用户清晰、有趣的感觉，如图 3-8 所示。

图 3-8　漫画样式

（五）固有图标样式

如果营销者的平台名气很大，则可以把封面图做成图标，从而凸显个性，让用户一目了然，如图 3-9 所示。

图 3-9　固有图标样式

3.4.3　图片具有的四大功能

营销者要清楚图片在文章中蕴含的力量，图片能使文章更加具有说服力，

使用户对文章内容的满意度得到提高。对于新媒体营销的企业而言，图片具有四大功能，具体介绍如表 3-5 所示。

表 3-5　图片的四大功能

功　能	内　容
展示产品	营销者通过文章在平台中推广产品时，可以利用图片来展示产品详情，然后配上相应的文字描述，从而达到营销效果。同时，在利用图片展示产品时，可以通过产品包装、文字描述等内容让产品看起来更有创意，从而更加吸引用户
植入软广告	营销者可以将产品以图片的形式放到平台上，从而实现推广的目的。当然，在发布产品图片时，还需要搭配一篇合适的广告文章，放入推送信息中。因为文章的广告是软性的，可以潜移默化地将产品植入用户心中，从而让用户对产品有相应的印象，这比直接打广告更容易让用户接受
产生代入感	营销者可以在推送的营销文章中，加入用户购买产品的交易对话截图、收到产品的晒单图以及对产品的评价截图等，让其他用户融入产品的购买过程中，并产生一种身在其中的代入感，将自己当作购买者，体验购买过程中的交流与心情
产品效果可视化	图片给用户传递的信息非常直接，能够深入人心。营销者可以在推送的文章中嵌入与内容相搭配的产品图片，使用户直观地看到产品的外观与使用效果，从而为图片赋予了产品效果可视化功能

用户在购买产品时，一般会在见过产品之后才决定是否购买。因此，通过图片可以让用户了解产品详情及效果，从而打动用户使其产生购买欲望，并最终提高产品的销售量。

微博营销，有效扩大影响力

第4章

微博是当前最火热的社交平台之一，许多影视明星、网络红人等都是通过微博来与粉丝进行互动。对于互联网企业而言，微博也是它们非常重视的网络营销方式，很多企业不仅开通了微博与用户进行互动，各类优惠活动、产品推新等信息也会通过微博进行发布，从而获得较好的传播与营销效果。

- ▶ 微博的起源
- ▶ 微博账号的五大类型
- ▶ 微博的企业营销价值
- ▶ 注册微博账号
- ▶ 设置微博基本资料
- ▶ 增加微博的粉丝量
- ▶ 提升微博的活跃度
- ▶ 短微博发布
- ▶ 长微博设计
- ▶ 发布微博
- ▶ 利用热门话题制造热度
- ▶ 借势提升内容扩散速度
- ▶ 使用140字打造精华
- ▶ 巧用@功能增加转发量
- ▶ 避开微博营销误区

4.1 从零开始学微博营销

在新媒体快速发展的时代，微博不仅是一种流行的社交工具，更是一种重要的营销平台。微博营销是指通过微博平台为个人或企业等创造价值而执行的一种营销方式，也是指个人或企业等通过微博平台发现并满足用户的各类需求的商业行为方式。营销者在进行微博营销前，需要对微博营销的具体情况有所了解，从而获得最佳的营销效果。

4.1.1 微博的起源

近几年，微博快速发展成为信息传播的新形态，微博的产生也有其相应的社会需求。微博，即微博客的简称，是一个基于用户关系的信息分享、传播以及获取平台，用户可以通过该平台组建个人社区，以140字左右的文字及时更新话题，并以公开的方式实现即时分享。

（一）微博的诞生

2006年3月，blogger.com的创始人推出了Twitter，英文原意为"小鸟的叽叽喳喳声"，用户可以将自己的最新动态、所见所闻以及想法等以短信息的形式发送给手机或个性化网站群，这就是最早出现的"微博"。在Twitter上注册的用户，不仅有国内外的知名人士、明星，还有著名的企业和机构等。从此，一个微博的时代正式开始。

（二）微博的发展历程

随着Twitter的"大红大紫"，国内的微博也悄然兴起。在中国，微博的发展主要分为三个阶段。

- ◆ 第一阶段（2007～2008年）：以"叽歪""饭否""做啥"以及"腾讯滔滔"等为代表，微博以极客为主，大部分都是IT人士，也有少量其他行业的精英，如媒体人。不过，该阶段的微博由于各种原因，没有在市场中生存下来。

- **第二阶段（2009年）**：从2009年中旬开始，国内大批老牌微博产品（如饭否、腾讯滔滔等）停止运营，一些新产品开始进入人们的视野。以"嘀咕""聚友9911"以及"Follow5"等为代表的企业，进一步地探索微博应用，虽然有了很多新的功能，但仍然没有找到更好的出路，于是这些企业纷纷转型。

- **第三阶段（2009年下半年～2010年）**：以门户网站、大型网站为主要代表，新浪微博、腾讯微博是其中做得比较成功的社交网站。在该阶段中，微博凸显了其媒体与社交特性，将人群范围进行扩大，让微博走向了大众。

2009年，以国内门户网站为标志，中国微博开始进入发展期，微博市场明显升温，且以惊人的速度发展。2009年8月，新浪推出"新浪微博"内测版，成为门户网站中第一家提供微博服务的门户网站，微博正式进入主流人群的视野。随着微博在网民中的日益火热，在微博中诞生的各种网络热词也迅速走红网络，微博效应正在逐渐形成。

随后，搜狐、网易以及人民网等门户网站都相继推出了微博服务，腾讯也正式推出了微博。根据相关公开数据，截至2010年1月份，新浪微博在全球已经拥有7500万注册用户。

2011年7月，中国互联网络信息中心（CNNIC）发布《第28次中国互联网络发展状况统计报告》：2011年上半年，中国微博用户从6331万增至1.95亿，微博在网民中的普及率从13.8%增至40.2%。自2010年底至报告统计时间，手机微博在网民中的使用率从15.5%上升到34%。2012年1月，据中国互联网络信息中心（CNNIC）报告显示：截至2011年12月底，微博用户数达到2.5亿，较上一年底增长了296%，网民使用率为48.7%，微博成为网民重要的信息获取渠道。

2013年4月，新浪微博宣布与阿里巴巴牵手成功并签署了战略合作协议，双方将在用户账户互通、在线支付、数据交换以及网络营销等方面进行合作。同时，微博页面显示淘宝热卖产品，并根据淘宝的搜索内容向用户推荐特定的产品。

2014年4月17日，新浪微博正式登陆纳斯达克；2014年7月，腾讯正式宣布将腾讯网与腾讯微博团队进行整合，并退出微博；2014年11月，网易微博也宣布即将关闭，随后在页面中提醒用户将迁移到轻博客以保存原内容，意味着网易微博也跟用户说再见了。

2017年5月16日，微博2017年第一季度财报显示，微博一季度月活跃用户增长了2700万至3.4亿，超过同季度Twitter的速度。目前，新浪微博的内容越来越丰富，也越来越贴近大众的生活，成为国内知名的社交媒体平台，用户可以通过微博获取到感兴趣的优质内容，并愿意为这些内容付费，从而使新浪微博实现了可持续发展。因此，营销者可以借助新浪微博这股"东风"，进行产品营销。

4.1.2 微博账号的五大类型

微博作为一种新型的网络媒介平台，不仅具有网络传播特征，还具有自己独特的传播模式。用户只需要注册一个微博账号，即可通过网络设备随时随地的接收和发送信息，极大地提高了信息的传播效率。

微博平台中活跃着各类型的用户群体，有的微博账号可能是个人，有的微博账号可能是团队。按照微博的用户类型，可以将微博账号分为个人微博、企业微博、政务微博、组织机构微博以及其他类微博。

（一）个人微博

个人微博是新浪微博中数量最大的部分，不仅是用户日常表达的场所，也是营销的主要阵地。其中，个人微博又分为明星、不同领域的专家、企业创始人、高管以及草根等。

通常而言，个人微博的营销基于本人的知名度，通过发布有价值的信息来吸引粉丝，扩大个人的影响力，从而获得营销效果。当然，除了以个人名义发布的微博外，还有以动物语气发布的微博，可与粉丝进行互动，如图4-1所示。

第 4 章 微博营销，有效扩大影响力

图 4-1 以动物语气发布的微博

（二）企业微博

许多企业都开通了自己的官方微博，甚至还获得了非常好的效果，如图 4-2 所示。通常情况下，企业微博多以营利为目的，还形成了矩阵式经营，即企业领导人微博、高管微博、官方微博以及产品微博相互呼应，从而增加企业的知名度，提高产品的销售率。

图 4-2 企业官方微博

（三）政务微博

政务微博是指政府部门为更有利于工作开设的微博，用于收集意见、倾听民意、发布信息以及服务大众的官方网络互动平台，如图 4-3 所示。由于传统的信息管理方式已经跟不上时代的发展，而政府部门通过微博可以调和公民言

论自由、政府信息透明、国家安全和个人隐私之间的矛盾。凭借强大的舆论影响力，微博可以作为群众对党政机关和公职人员的监督"利器"。

图4-3　政务微博

（四）组织机构微博

随着新媒体的快速发展，微博成为了有积极影响力的平台，不仅深受个人与企业的喜爱，组织机构也逐渐加入了微博的阵营中，特别是各大高校、机构纷纷开通了官方微博，用于传播信息、增强沟通，在教育教学、公关处理等方面都起着重要的作用，如图4-4所示。

图4-4　高校微博

（五）其他类微博

除了类型比较明确的微博外，还有一些具有特定时效性与用途的微博，这类微博比较庞杂，不容易进行分类，如图4-5所示。例如，新播的电视剧会开通一个微博，企业举办的某项重要活动会开通一个微博。通常而言，过了首播期或者活动发布期，用户的激情就会冷却下来，所以这类微博不会持续运营，但其发挥的作用不可忽视。

图4-5　热播电视剧微博

4.1.3 微博的企业营销价值

微博是传播社会新闻信息的海洋，千万用户被它"黏住"了手脚，每天都在微博中寻找有用、有趣的信息，以及与志同道合的朋友进行交流。如果企业能够在微博上营销，那么对于企业的知名度、形象和效益都非常重要。从企业如何应用微博的角度而言，可以产生四大营销价值。

（一）即时营销

微博具有及时、有效以及精准等特点，企业利用这些特点进行直接销售，从而形成了即时营销。企业通过微博可以产生销售额，其实与粉丝关注企业微博是紧密相连的，因为粉丝关注企业微博主要是为了了解最新产品、促销、打折信息以及服务信息等。因此，企业需要掌握这些信息的传递技巧。

- 推荐产品、发布促销信息时，可以将内容故事化、拟人化、趣味化或者网络化，切忌平铺直叙，直接打广告。
- 摘录用户对产品的评价作为文章内容，以第三方的口吻进行描述，更容易让粉丝接受并传播。
- 搜索与自身产品或品牌有关的微博信息，进行转发、评论与引导。

当营销者具有相应数量的粉丝后，就能获得巨大的营销价值，特别是对活动促销信息的传播。

（二）品牌宣传

微博作为企业品牌主张的传播平台，缩短了企业与用户之间的距离，通过与用户的互动，传递企业品牌的核心价值和文化，拉近企业与用户距离，了解了用户需求，及时知晓用户的反馈意见，从而完善自己。同时，微博可以让用户体验企业的服务与态度，然后分享体验效果并公开评价企业，而这一信息又会迅速被其他人看到或者传播。以下是利用微博进行品牌宣传的常用技巧。

- 发布企业品牌故事、文化、历史、重大事件以及新闻等信息。
- 与目标用户建立情感，听取用户对产品的意见及建议。
- 为用户提供企业资讯、服务及新产品信息，并与其进行一对一的沟通。

- 转发用户对企业的好评和建议。
- 搜索与企业品牌相关的信息,并及时回复、关注与互动。
- 开展微博互动,主动引导用户评价、创造口碑内容,以增强搜索结果。
- 利用微博组织市场活动,打破地域及人数限制,实现互动营销。

(三)客户管理

在微博平台上,企业需要特别注重用户的想法,因为他们的行为可以影响到成百上千的人。如果出现用户投诉或举报的情况,则可能会让企业快速掉粉,并带来极大的不良影响。此时,可以寻找那些传播信息的"活跃分子",让他们主动为企业传递信息,这些人在某些领域具有较强的影响力,企业只要获得他们的帮助,就有利于转化潜在用户和传播品牌。

企业通过微博,可以对用户进行挖掘、维护与服务,许多企业在用户线上购买、产品包装以及物流发送等环节中,通过"好处"引导用户晒单、评论与分享,用户使用或体验完企业的产品后,会通过微博进行分享,也会提出一些批评,此时企业可以及时与用户进行交流,快速消除影响,避免出现负面的信息在人群中大量传播的现象。

企业利用微博开展用户关系管理后,如处理咨询、投诉和建议等,能及时有效地消除企业危机,听到用户的声音,提升用户的忠诚度与回购率,最终促进企业良性发展。另外,微博模式的客户关系管理方式具有非常低的门槛,大大降低企业的管理成本,使得大小规模的企业都能开展。

(四)公关传播

企业好的消息要在第一时间传播出去,不好的消息也要在第一时间澄清,并向大众解释清楚。微博中聚集了大量的网民,加之其具有快速传播的特性,是企业展开公关工作的重要工具,因为企业的好坏消息都要在最短的时间内尽可能地让更多人知道。

目前,只要涉及知名企业产品与信用问题,通常会迅速登上微博热搜榜。根据话题进行检索,企业可以快速了解到对事件高度关注的群体,以及公众对

第 4 章 微博营销,有效扩大影响力

此事件的评价与意见。因此,企业可以在微博中锁定危机公关的目标群体,了解事件发生的原因和经过,并做出有针对性的应对。其实,企业在经营的过程中,并不能预料哪个环节会出现问题,但真正出现问题时,微博是较好的公关阵地,能够将危机降至最低。

微博蕴含着无法估量的价值,企业需要清楚地认识到微博的价值,掌握其发展规律与使用规则,合理利用它为自己创造更多利益。

4.2 微博营销前的准备工作

在微博平台上,用户不仅可以浏览自己感兴趣的信息,还可以发布内容供其他用户浏览,具有一定的宣传作用。营销者在使用微博进行营销前,还需要进行一定的准备工作,如注册微博账号、设置微博基本资料以及微博认证等。

4.2.1 注册微博账号

微博是一个非常强大的社交平台,用户通过这个平台可以了解到很多新鲜的事物。如果营销者想要通过微博关注感兴趣的东西或者发布信息,则需要先注册一个微博账号,下面以注册个人微博为例介绍相关操作。

在浏览器的搜索栏中输入"微博"关键字,按 Enter 键进行搜索,在列表中单击"微博 - 随时随地发现新鲜事"超链接。进入微博首页中,单击"注册"超链接,如图 4-6 所示。

图 4-6 进入微博首页

进入个人注册页面,单击"邮箱注册"超链接。切换到邮箱注册页面,依次输入邮箱地址、密码、生日与验证码,单击"立即注册"按钮,如图4-7所示。

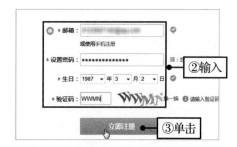

图4-7 使用邮箱注册微博个人账号

打开"短信验证"提示对话框,在"手机号"文本框中输入手机号码,单击"免费获取短信激活码"按钮。然后将手机收到的短信验证码输入文本框中,单击"提交"按钮,如图4-8所示。

图4-8 进行手机号码验证

进入"完善资料"页面,依次输入昵称、生日、性别与所在地,然后单击"进入兴趣推荐"按钮,如图4-9所示。

图4-9 完善个人资料

进入"兴趣推荐"页面，选择需要关注的类别，单击"进入微博"按钮，即可进入个人微博的首页中，如图 4-10 所示。

图 4-10　选择感兴趣的类别

4.2.2 设置微博基本资料

营销者注册微博账户后，为了使其更加具有营销效果，可以对微博的基本资料进行修改，如设置微博名称、微博头像、微博简介以及微博标签等。

（一）设置一个好的名称

微博的影响力具有很大的弹性，与内容的质量成正比，而用户在微博上获取信息也具有较强的自主选择性，用户通常会根据自己的喜好来关注不同类型的微博。想要在微博平台中脱颖而出，获得更多的曝光率，吸引到更多粉丝的关注，首先需要取一个有高辨识度的名字，从而让用户快速搜索到自己的账号，并记住自己的名字。

◆　个人微博名称

个人微博名称即微博昵称，通常需要遵守简洁个性、拼写方便以及无重复的原则。简洁个性的昵称便于用户记忆，也能给用户留下深刻的印象。若营销者的微博昵称具有一定影响力，则可以将该昵称设置为系列名称，与其他平台的昵称保持一致；拼写方便是为了方便用户搜索，特别是从其他平台引流而来的用户，基本上会通过直接搜索的方式来关注微博，若昵称过于复杂，可能导致用户因搜索困难而放弃关注。其中，设置个人微博名称的具体操作如下。

在微博主页面右上角单击"设置"按钮,选择"账号设置"选项。进入"我的信息"页面中,在"昵称"栏后单击"编辑"超链接。展开"昵称"栏,在"新昵称"文本框中输入新的微博名称,然后单击"保存"按钮即可,如图4-11所示。

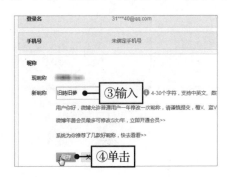

图4-11 修改微博名称

值得营销者注意的是,微博普通用户1年只可修改1次昵称,会员1年最多可以修改5次昵称,所以在修改昵称时需要先考虑清楚。另外,如果营销者不知道用什么昵称较好或者有一些比较有创意的昵称,则可以通过微博的抢昵称活动来获取,参与抢昵称活动需要先开通微博会员,如图4-12所示。

图4-12 微博抢昵称活动

◆ 企业微博名称

通常情况下,企业微博的名称需要与企业名称保持一致,然后根据企业微博的性质、特色与功能等进行相应的修饰,如星巴克中国、联想天猫官方旗舰店以及华为商城等。另外,企业微博名称与个人微博名称一样,应该尽量避免与其他微博名称的高度重合。通常情况下,企业微博昵称应该与企业有相关性,且不能仅为通用性词语,具体的格式如表4-1所示。

表 4-1　企业微博命名格式

具体格式	范　例	认证时需提交的资料
企业全称或无歧义简称	北京新浪科技有限公司，或新浪科技	无
企业全称或无歧义简称 + 部门名称	北京新浪科技有限公司客服部，或新浪科技客服	无
企业全称或无歧义简称 + 通用词语	北京新浪科技有限公司美好生活	无
企业全称或无歧义简称 + 无歧义描述词语	新浪科技手机	无
企业官方网站名称	新浪网	企业官方网站的备案查询结果截图等资料
企业官方网站名称 + 频道名	新浪网财经频道	企业官方网站的备案查询结果截图等资料
企业登记注册的商标全称	脑白金	商标注册证与受理书
企业登记注册的商标全称 + 商标类别	小熊电器	商标注册证或受理书
企业代理的商标全称 + 代理地区	耐克中国	商标注册证或受理书、品牌代理书或授权书
企业登记注册的软件全称	360安全卫士	软件注册证或著作权证等资料
企业实体店名称	金百万餐厅	所在物业公司开具的实体物业证明等资料

（二）设置合适的头像

对于个人微博而言，头像的设置相对随意一些，可以是清晰的个人照片，也可以是个性化的图案或标志等；而对于企业微博来说，头像就需要有较高的辨识度，能让用户一眼就知道企业是做什么的，同时留下深刻的印象，此时可以选择能够代表公司形象的元素，如企业Logo、名称以及拟人形象等。其中，微博头像设置的具体操作如下。

进入个人微博主页，单击"头像"按钮。打开"头像设置"对话框，在"本地上传"选项卡中单击"选择图片"按钮，如图4-13所示。

图4-13　开始设置微博头像

打开"文件上传"对话框，选择目标图像，然后单击"打开"按钮。返回到"头像设置"对话框可对头像进行预览，确认无误后单击"确定"按钮即可，如图4-14所示。

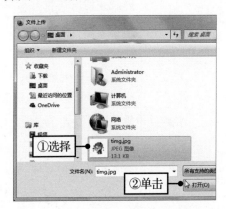 

图4-14　完成头像设置

（三）添加微博标签

如果是个人微博，营销者可以在编辑个人信息时添加微博标签，对自己的个性、特长以及爱好等内容进行展示，从而吸引具有相同兴趣爱好的用户；如果是企业微博，标签所对应的内容是行业类别，可将其设置为描述企业所在行业、企业经营产品等关键词，以获得更多潜在用户的关注。当然，微博标签的设置也具有相应的规则，以下是具体介绍。

- **提高匹配度**：为了提高标签的匹配度，营销者可以设置10个关键词，前6个完整的关键词以用户的角度设置。例如，生活类的标签，可以写"吃喝""玩乐""旅游""茶饮""休闲"以及"美食"等，后面4个关键字则可以把一个词分开写，如"吃""喝""玩"以及"茶"等，此时就可让1个词能匹配、2个词能匹配以及多个词也能匹配。

- **定期调整**：营销者需要根据用户的搜索习惯，定期调整标签的内容，其具体操作是：提前准备多组标签词汇，定期统计用户的搜索习惯，然后将搜索次数较多的关键字设置为标签内容。

- **合理排序**：营销者在确定好标签词汇后，就可以对其进行合理的排序与优化，将最受欢迎的词汇排在前面。

- **重视节假日**：通常情况下，最好一个月更新一次标签内容。如果遇到节假日，就要将标签内容更换为与节假日有关的词汇。例如，国庆节即将来临，则需要将"国庆节"写进标签中，当用户搜索国庆节的信息时，就可以使自己的微博更容易被搜索到。

（四）设置合理的简介

通常情况下，微博简介是用来吸引用户关注的信息，应该简明扼要，让用户快速了解自己，也可以用个性化的内容来展示微博形象。其中，营销者可以根据产品类型准备多组词汇，去掉标签中占用的那些词汇，剩下的都可以写到个人微博简介中，如图4-15所示。

图4-15　合理的微博简介

4.3 微博营销的推广策略

微博内容的表现形式有很多，如文字、图片、视频以及文章等，不管是话题还是长文章，都可以通过这些元素的组合形式来表达营销内容，使企业的营销效果达到最大化。不过，为了给用户提供更加符合需求的内容，营销者需要熟悉微博营销的推广策略。

4.3.1 增加微博的粉丝量

微博作为一种新型的网络媒体形态，是品牌传播的利器，营销者想要利用微博进行营销，前提是要拥有庞大的粉丝数量。而快速增加粉丝，也是很多新开通微博账户的营销者丞须要做的一件事情。此时，可以通过以下几种方法来实现。

（一）快速获得第一批粉丝

对于新注册的微博账号而言，除了对基本资料进行设置外，最主要的就是快速获得第一批粉丝，有了一定的粉丝量，才能让自己发布的内容被传播，从而带来更多的粉丝。通常情况下，第一批粉丝来自于亲朋好友与他们的推荐。

- **亲朋好友互粉**：营销者开通微博账号后，就可以通知身边的亲朋好友，并主动请求互相关注，增强微博互动，快速获得第一批粉丝。
- **亲朋好友推荐**：除了与身边的亲朋好友互粉外，营销者还可以寻求亲朋好友的推荐，从而增加粉丝量。因为有推荐人的信任背书，营销者更容易被其他用户关注。

不过，快速获取粉丝的前提是营销者能持续输出有价值的内容，从而确保第一批粉丝能长期关注自己。

（二）关注微博中同类人群增粉

通常情况下，微博中有着共同兴趣爱好的用户群体会互粉。例如，微博中某个用户喜欢旅游,关注了很多旅游类的微博并常常与之互动,同时会在微博中发布一些旅游相关的内容,这时被关注的用户也会反过来关注该用户,甚至是多个旅游爱好者自发组成一个群体。

此时,营销者可以对关注的用户设置分组,分组后可以单独对某个组群内的微博用户进行查看,如图4-16所示;另外,对于特别重要的用户,可以将其设置为"特别关注",如图4-17所示。

图4-16 用户分组

图4-17 特别关注

(三)已有平台引流

微博中很多创建不久的用户,却在短时间内拥有了大量粉丝,这些粉丝大部分是其他平台中引流而来的,如微信公众号、知乎、豆瓣以及博客等。若营销者在其他平台中拥有粉丝,则可以通过植入微博账号的方式将其引流到微博中。

(四)活动增粉

微博活动是营销者增粉的有力武器,也是最常见的一种增粉方式,动辄上千的参与度,效果也比较明显。不过,如何提高微博活动的参与度则是很多营销者头疼的事情,大部分用户都喜欢参与门槛低、有奖品且有趣的活动。其中,微博活动的类型有很多,如转发有奖、评论留言排名、带话题发布微博以及发布微博内容并@官方微博等。

(五)合作增粉

虽然微博活动可以带来众多粉丝,但并不是所有营销者发起活动都会吸引大量粉丝,并获得较好的营销效果。如果营销者的粉丝较少,即便是发起活动也没有多少人参与进来，更无法增粉。此时，营销者可以考虑与微博知名"大V"合作，借助"大V"的粉丝发起活动，从而实现增粉的目的，此种方式也可以为合作双方都带来好处，如图4-18所示。

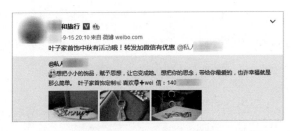

图4-18　与"大V"合作

（六）SEO 增粉

所谓的 SEO，即微博搜索内关键词的排名。其中，微博关键词排名分为两种，即微博内容排名和微博用户排名，微博内容排名是及时性的，按照微博发布时间进行排名，营销者可以大量发布带有相应关键词的微博内容；微博用户排名的因素较多，如关键词匹配度、粉丝数、加V、相同好友、微博活跃度以及标签等。不过，最主要的还是粉丝数量，它对微博排名起着关键性的作用。

SEO 与浏览器的搜索引擎排名一样，设定的关键词一定要有人搜索，营销者可以使用微博中的"微指数"对关键词的热度进行统计，关键词的排名越靠前，就越容易获取粉丝。

4.3.2　提升微博的活跃度

在微博平台中，关注自己的粉丝越多，所发布的言论就越有号召力，微博传播的范围就越广。那么，如何提升微博的活跃度，让更多的粉丝参与进来？其中，微博的活跃度与粉丝的黏性、微博的内容有着密不可分的联系。

（一）多互动增加黏性

增加粉丝黏性的常用方法有两种，分别是撰写有吸引力的内容与多和粉丝进行互动。其中，互动的方式有4种，即评论、转发、私信与@提醒，而互动的技巧则有以下几种。

- **及时回复**：在营销者收到其他用户的@提醒或者评论提醒时，及时回复非常重要，这会让对方感到贴心，会觉得你与他在实时互动，从而提升对自己的好感。另外，有些用户可能会提到自己的名字但不用使用@功能，此时可以定期搜索自己的微博名称或相关的内容，找出相关的内容，并主动与这些博主进行互动。

- **及时转发**：如果粉丝的微博或评论比较有价值，则可以主动进行转发，粉丝看到自己的微博被转发也会比较高兴。如果营销者是微博"大V"，那转发则会给普通用户带来多次@提醒，对于该用户而言是一次特别的体验，也会主动关注营销者。

- **私信沟通**：粉丝在@自己时，如果不方便公开作出回复，营销者还可以选择写私信与其进行沟通，这会让粉丝觉得更加贴心。不过，营销者不要轻易晒出与粉丝的私信内容，这不仅会让粉丝觉得尴尬，还会觉得隐私受到侵犯。

- **主动关注**：如果遇到某些志同道合的用户，营销者可以主动对其进行关注，这样不仅可以吸引用户互粉，还能认识不同的人，了解不同的世界。当然，除了营销者与粉丝之间的互动，还可设置一些粉丝与粉丝之间的互动，从而调动粉丝群体的积极性，如图4-18所示。

小贴士

与粉丝互动的方式主要有4种，即评论、转发、私信与@提醒。其中，评论是指在微博下面发表言论，博主会收到提醒；转发是指把别人的微博内容转发到自己的微博中，博主也会看到转发提醒；私信是指发送给别人的私密信息，其他人看不到；@提醒是指在微博中主动@他人的昵称，对方就会收到你@他的提醒。

（二）话题提升微博的转发量

所谓的话题具有两种含义，即热点信息与微博中的话题功能。其中，热点信息具有话题性与传播性,能够引发讨论和转发的微博都是话题;微博中的话题功能可以把内容变成话题"##",从而建立自己的品牌话题,引来更多人的注意。

◆ 热点话题提升转发量

微博中的很多用户并不是自己的粉丝,但他们对自己发布的话题很感兴趣,在话题页面中能看到博主的名称,不仅会对博主进行关注,还会转发话题,提高话题转发量,吸引更多的用户关注。

◆ 微博话题提升转发量

管理好微博话题,不仅可以提升转发量获得粉丝,还可以给自己带来较好的影响力。不过,进行微博话题营销要注意三点事项:词汇要有话题感或者要有聚类感;尽量精简且便于用户输入,切忌出现冷僻词、过长或中英文混写的情况;避免出现歧义或者与其他博主的话题相似。

4.3.3 短微博发布

对于那些时间紧张的用户而言,他们更愿意接受碎片式的阅读。短微博是指限制在140字以内的微博内容,这就要求营销者在字数范围内提炼精华,用简单有趣的词汇把信息传递给用户,并快速抓住用户的眼球,提高转化率,如图4-19所示。

图4-19 短微博

通常情况下，短微博的信息发布没有非常严格的内容和格式要求，但要使自己的微博得到关注与传播，还是不能太过随意，需要有针对性地进行策划。从原则上而言，有价值的、能引发共鸣的、有趣的、有创意的以及真实的内容比较容易受到大众的喜爱，更容易让用户主动评论与转发。其中，短微博撰写具有三大技巧。

（一）制造话题增强曝光

微博作为人们日常分享交流的社交平台，可让营销者通过在微博中制造热度，创建富有趣味的个性化话题，可以在短时间内快速吸引用户的注意力并互动讨论，促使用户自发地进行口碑传播，大大提高品牌的曝光率与企业知名度，最终促成流量向销量的转化。

（二）品牌联动叠加优势

品牌联动叠加是指两个实力都很强的品牌强强联手，根据企业本身的目标客户和品牌定位，打造出与品牌理念相契合的话题，突出其品牌或产品的优势。同时，通过发布品牌合作的微博，让品牌和平台两方的优势叠加起来，迅速成为用户关注的焦点，有效地促进转化。

另外，营销者还可以借助热点发布话题，也就是在微博的"热门微博""热门话题"等专栏下搜索当前比较热门的话题，然后寻找与企业品牌契合度较高的话题，将二者的特性结合起来，起到借势营销的作用，以提高企业的曝光度。

（四）明星效应

在很多营销方式中，都会利用明星效应作为辅助，因为明星本身就自带流量及话题传播的特性。

如果短微博能够借助明星的影响力和号召力，可以快速引爆粉丝能量，充分释放品牌主张，形成二次传播或多次传播，很容易就会完成明星粉丝向品牌粉丝的转化，实现品牌推广与市场销量共赢。其中，短微博的明星效应主要表现在两方面，如图4-20所示。

代言爆品

企业在选择形象代言人时,需要选择与品牌形象相契合的明星,充分发挥明星的影响力以引爆粉丝互动,进一步提升用户对品牌的信任感和好感度,最终促成从明星粉丝到品牌购买者的转化。

借势明星热点

借势明星热点主要有两个方面的内容:一方面,从品牌代言明星的自带热点方面入手,通过自带的热点话题为品牌借势;另一方面,从明星当下的热点事件入手。

图 4-20　短微博明星效应的表现

4.3.4　长微博设计

长微博是通过图片发布文字信息的一种形式,主要是因为短微博不能发布超过 140 字的内容,所以将文字转化为图像后进行发布。由此可知,长微博可以突破 140 字的限制,不过后来通过附带相应文字版本的链接发展为微博长文章的入口。

用户只需要通过长微博工具的网站,将要转换的文字复制到文本框中,单击"生成长微博"按钮将文字转换为图片,单击"下载图片"超链接将其保存在本地电脑中,然后以图片的形式将其发布到微博平台上,如图 4-21 所示。

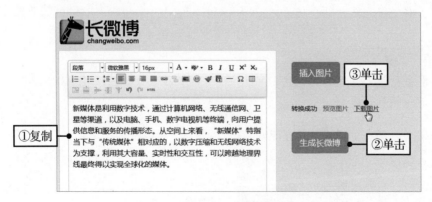

图 4-21　转换长微博

由于长微博的出现，微博碎片化传播的特性也发生了较大变化，并成功地将博客的功能整合到了微博中，使得微博用户可以通过长微博链接阅读全文。用户通过长微博可以更加充分地阅读消息，从而发表观点，引入更多的用户参与话题的讨论。

营销者使用微博进行营销时，需要先确定目标人群，然后为其提供相应的服务，所以长微博也需要根据目标人群的特点与喜好确定选题与写作，这样才能吸引他们阅读，并参与讨论，从而达到营销目的。通常情况下，长微博的内容可以是营销者所在的领域或行业的相关知识，也可以对当前的热点话题进行评价等，如图4-22所示。

图4-22　长微博

4.3.5　发布微博

话题是微博营销的一大利器，主要原因在于其具有比较开放的讨论度，营销者可以通过发布微博话题来引起更大范围的讨论与转发，如果话题的讨论人数较多，还可能升级为超级话题，从而拥有更高的曝光率，发布话题的具体操作如下。

进入到微博首页面中，单击"话题"按钮，在打开的页面中选择需要发布的热门话题，如这里选择"旅游"栏下的"自然风光"选项。然后在文本框中输入内容，单击"视频"按钮，如图4-23所示。

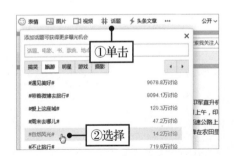 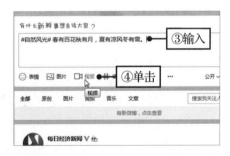

图 4-23　发布话题

打开"文件上传"对话框，选择目标视频选项，单击"打开"按钮。在打开的页面中对视频属性进行设置，然后单击"完成"按钮，如图 4-24 所示。

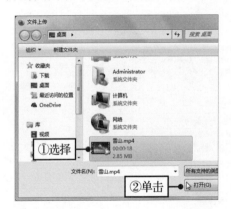 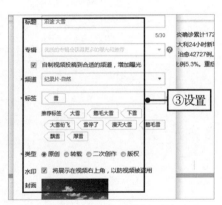

图 4-24　上传视频

完成后单击"发布"按钮，完成话题的发布，在微博首页中即可查看到刚刚发布的微博，如图 4-25 所示。

图 4-25　发布微博

4.4 掌握微博营销技巧

营销者在使用微博进行营销的过程中，需要合理利用热门话题、新鲜热点事件来增强营销内容的热度，使微博内容快速得到传播。同时，丰富微博的内容，以提升其可读性，才能增强用户的阅读兴趣。因此，营销者需要掌握相应的微博营销技巧，特别是利用微博的特性进行软文营销。

4.4.1 利用热门话题制造热度

在微博平台中，除了自己发布话题引导用户转发讨论外，营销者还可以借助已经存在的热门话题来快速获得信息传播。在微博热门话题中可以找到热门微博、热门话题以及综合热搜榜等方面的信息，营销者可以利用这些热门话题来吸引用户的注意力，将微博与热门话题相结合，从而提高账户的关注度。

其实，利用话题不仅是利用微博的话题功能，还要利用有热度、有讨论度并能激发用户表达欲望的信息，如#男女看电视的差别#、#如果我主动找你聊天#、#拖延症晚期是什么体验#以及#夹睫毛的时候别打喷嚏#等，如图4-26所示。

图 4-26　利用热门话题发布微博

4.4.2 借势提升内容扩散速度

借势营销的范围较广，素材来源也较多，如娱乐新闻、社会事件、文化以及节日等，成功的营销可以让企业花费最少的人力物力成本，轻松将品牌或产品植入用户的心里,甚至引起病毒式的传播效应。在移动互联网时代,微博营销的影响力主要由三大指标构成,即活跃度、传播力以及覆盖率,这三项指标各自有着极为复杂、精密的科学算法。

- **活跃度**:活跃度表示营销者每天主动发表、转发以及评论微博的有效条数。
- **传播力**:传播力与营销者的微博被转发、被评论的有效条数和有效人数相关。
- **覆盖率**:覆盖率的高低则取决于营销者微博的活跃粉丝数量。

因此,营销者在进行微博营销时,如果想要提高微博的影响力,就需要从以上三大指标入手。另外,营销者还可以借助粉丝数量较多的"大V",来帮助自己进行微博营销以实现更好的营销效果,此种操作主要具有两点优势:第一,"大V"的粉丝较多,可以让更多用户了解企业的品牌与产品,从而达到更好的传播效果;第二,"大V"在某些领域具有较强的影响力,可以很好地引导用户进行消费。

4.4.3 使用140字打造精华

营销者在进行微博营销时,最好的方式就是编写140字的软文内容,虽然也可以选择发长微博,但很多用户没有那么多的时间去认真阅读"长篇大论",所以短微博更受用户的欢迎。其中,发140字的短微博可以使用以下几点技巧。

(一)前40字吸引用户眼球

营销者在使用短微博进行营销时,要确保在前40字以内就能吸引到用户的眼球。例如,很多营销者在发布微博时,常常会使用短短两行文字直接说明主题,将能够提供给用户的卖点直接说出来,确保用户看一眼后就会心动,如图4-27所示。

(二)多用疑问句

在撰写微博内容时,尽量多选择使用疑问句,也就是抛出一个话题来给用户讨论,从而引起更多用户的共鸣,如图 4-28 所示。

图 4-27　前 40 字吸引用户眼球

图 4-28　使用疑问句发布微博

(三)罗列内容

为了能更加清晰地阐述微博内容,营销者可以使用 1、2、3 等编号形式将内容罗列出来,如图 4-29 所示。

图 4-29　罗列微博内容

虽然是简短的140字，但微博内容的发布中潜藏着巨大的奥妙，所以营销者在发布140字短微博时需要注意下列事项，如图4-30所示。

目标是微博用户

许多营销者会误认为好的广告文案就是好的微博内容，而大部分广告文案都是以"一对多"的呼吁为主，因为广告文字的显示空间很小，如何用震撼的文字抓住用户的眼球就非常重要。利用微博营销，不需要用漂亮的广告文案去呼吁用户，只需要以对话的形式去表达，尝试在内容中进行提问，带有感情色彩，从而引起用户的共鸣。

专注一种微博形式

微博给用户提供了很多工具，如文字、图片、视频以及投票等，而微博累赘化也是一个非常普遍的现象，许多营销者为了让用户阅读或转发自己的微博而费尽心思。用户的注意力有限，不可能要求他们同时为了自己这一条微博做很多事情，所以最好将微博的140字做得精简一些，弄清楚内容的重点与目标，不要一次性出现太多元素。

转发引用时注意细节

优质内简的微博能引起很大的关注与传播，这也是许多营销者想要达到的目的。社会化媒体本来就是一个内容分享、转发的地方，微博平台中的很多内容都是从其他地方复制而来。虽然没有明文规定不能抄袭，但是能多注意一些细节不仅可以规避某些不必要的麻烦，还能赢得更多用户的好感。微博字数虽然有限，但是特意说明内容来源并不会影响你的内容，甚至会帮助营销者得到粉丝的认可与转发。

图4-30　发布140字短微博的注意事项

4.4.4 巧用@功能增加转发量

在微博中，@功能是用于进行互动的重要功能，通过该功能可以在营销内容中@"大V"、明星以及媒体等具有影响力的微博账号，以此增加营销内容的活跃度。

同时，很多粉丝在发送与企业相关内容的微博时也会主动@企业，此时营销者可以挑选一些有代表性、高质量的内容来进行转发和回复，从而增加与粉丝之间的互动，也间接为企业做宣传，如图4-31所示。

第 4 章 微博营销，有效扩大影响力

图 4-31　使用 @ 功能与粉丝互动

目前，很多平台都具有 @ 功能，而 @ 功能在微博中主要有三点作用，以下是具体介绍。

- 当营销者发布"@昵称"的信息时，是指"向某人说"，对方能看到营销者说的话，并能够作出回复，实现一对一的沟通。
- 当营销者发布的信息中有"@昵称"内容时，可以直接单击链接跳转到该用户的个人主页中，方便大家认识更多朋友。
- 所有 @ 自己的信息有一个汇总，营销者可以在我的首页左侧"消息"栏中的"@提到我的"列表中查看。

4.4.5 避开微博营销误区

不管是企业还是个人，在进行微博营销时，不仅要学会利用微博营销微博的推广技巧，还要有意识地规避微博营销的误区，这样才能让营销者拥有真实庞大的忠诚粉丝团，才能真正将营销活动的利益落到实处。其中，微博营销的误区有以下几点。

（一）微博营销就是发广告

微博是横向传播的互动平台，其最大的魅力在于用户知道发的是广告却还愿意主动传播。因此营销者需要关注的不是广告，而是解决用户如何主动帮自己传播。没有用户喜欢看广告微博，在这个广告泛滥的网络中，微博存在的优势不是给用户说产品有多好，而是解决用户的问题，让用户从内心中认可自己。

（二）只会推销产品

许多营销者只会推销产品，而没有耐心聆听用户心声，对用户体验度考虑不周，导致粉丝纷纷脱粉。因为营销者每天只是不断地通过微博推送促销信息，

把微博当成一个廉价的投放广告渠道,通过定式思维使用新工具,这样的营销注定不会获得预期的结果。

(三)微博营销就是推广

营销者首先需要弄清楚什么是推广,如果认为推广只是把自己的产品告知用户,那么就大错特错。这里的推广是以企业产品或服务为核心内容,通过网络平台展示给用户的一种方式,并不是强制性地让用户接受,而是让用户逐渐明白自己需要该产品。在移动互联网时代,具有互动性质的沟通显得尤为重要。

(四)微博要靠粉丝量

不管是哪种网络营销,粉丝都是非常重要的,但前提是该粉丝是"活的"。很多微博账户为了制造人气,在账户注册成功后就通过各种方式"刷"出成千上万个粉丝,而大部分的粉丝都是"死的",而这些"死的"粉丝并没有任何作用。因此,营销者不要害怕粉丝少,而是要害怕粉丝"死",十个有影响力的粉丝,比上万个僵尸粉更有意义。

(五)推广离不开大号转发

由于大号在微博中具有不可否认的传播力,所以大号转发是微博初级阶段通常会使用的方法,不过这不是微博营销的终极策略,实力才是最主要的策略因素。所谓的实力,就是微博内容的创意,没有好的创意,即便是微博大号帮忙转发了,也无法吸引到更多粉丝,更不会使自己的微博活跃起来。

(六)只要高转发就有销量

许多营销者在进行微博营销时,存在一个很大的认知错误,那就是转发多、传播广,产品销量就会得到提高。其实,这种认识只对了一半,网络中的消费者都抱有怀疑的态度,营销者把产品描述得再好,他们也会怀疑产品有问题。如果没有清醒地认识到这些,以为信息传达到就会产生购买量,那么营销就无法达到预期的效果。

正确地利用微博营销,可以让企业声名大噪并实现经济效益,如果走进误区可能会适得其反。其实,微博营销的误区有很多,营销者在进行微博营销时必须时刻警惕存在的误区。

微信营销，精准抓住用户痛点

第5章

互联网时代，微信营销已经成为一种新型的营销模式，它突破了传统营销的渠道限制，很多企业通过微信营销获得了巨大成功。企业只要注册微信账号，就可以利用微信提供的各种功能获取粉丝并推广产品，从而达到点对点的营销目的。

- ▶ 微信营销的特点
- ▶ 微信营销的作用
- ▶ 微信个人号设置
- ▶ 添加微信好友
- ▶ 管理微信好友
- ▶ 在朋友圈中发内容
- ▶ 微信公众号的申请
- ▶ 微信公众号的设置
- ▶ 微信公众号推送文章
- ▶ 巧用自动回复
- ▶ 自定义菜单
- ▶ 微信营销的常见误区

5.1 了解微信营销

目前,微信使用得越来越频繁,其逐渐融入了人们的生活当中,成为个人生活不可或缺的一部分。微信营销,这个以分众和精众市场为目标诉求的营销模式,正是新媒体营销时代的先锋,已成为各企业进行营销推广的重要方式之一。

5.1.1 微信营销的特点

微信营销是网络经济时代营销的一种方式,是伴随着微信的普遍应用而兴起的一种新媒体营销方式。微信没有距离的限制,用户注册微信账号后,可以与周围的朋友形成一种网络联系。

当用户订阅自己所需要的信息后,企业也可以通过用户的需求推广自己的产品,从而实现点对点营销。其中,微信营销帮助不少企业与个人实现商业利益,那么相对于传统媒体营销,微信营销有着哪些特点呢?

(一)点对点精准营销

微信拥有庞大的用户群,借助移动客户端、忠实用户以及位置定位等优势,各种信息都可以进行推送,能够让每个用户接收到相关信息,是企业点对点的营销平台,继而帮助企业实现精准化营销。

(二)形式灵活多样

企业可以利用位置签名、二维码、开放平台以及公众平台等方式进行产品营销,甚至还可以利用摇一摇来与用户进行互动。

◆ **位置签名**:微信系统除了显示附近用户的姓名、地区等基本信息外,还会显示用户签名档的内容。可以说,微信用户的签名档是一个免费的广告位,企业可以利用"用户签名档"来为自己做宣传,附近的微信用户就能看到自己的信息。

- **二维码**：微信二维码是非常重要的营销方式，用户可以通过扫描识别二维码来添加朋友、关注企业号等。因此，企业可以设定自己品牌的二维码，然后利用折扣和优惠来吸引用户的关注，进而实现线上线下的营销模式。
- **开放平台**：对于企业而言，微信开放平台是一个非常好的营销方式。通过微信开放平台，企业可以接入第三方应用，还可以将应用的LOGO放入微信附件栏，便于用户在会话中调用第三方应用进行内容选项与分享，这也是实现口碑传播的有效方式。例如，美丽说就是利用微信开放平台，最终实现了口碑营销。
- **公众平台**：目前，微信公众平台趋于个人化、无门槛。在微信公众平台上，每个人都可以利用自己的邮箱、微信号以及QQ号等，来打造自己的微信公众账号，并在微信平台上以文字、图片以及语音等方式与特定群体进行全方位的沟通和互动，以实现群体化、个性化的交流。另外，微信公众号可以通过后台的用户分组和地域控制，实现精准的消息推送。例如，凯迪拉克微信公众账号的运营，每天发一组最美的旅行图片给用户，以引起共鸣。

（三）强关系的机遇

微信的点对点功能，确定了其能通过互动的形式将用户之间的普通关系发展成强关系，从而产生更大的价值。利用互动的方式与用户建立联系，让企业与用户形成亲密关系，进而打造强关系。企业与用户建立强关系后，就能实现更大的营销价值。

由于微信营销所基于的是强关系网络，若企业不顾用户的感受，强行推送各种"引人厌烦"的广告信息，则会引来用户的反感。因此，企业需要合理利用微信进行营销，真诚地与用户进行沟通，才能实现好的营销效果。

5.1.2 微信营销的作用

目前,微信营销已经成为企业重要的营销方式之一。那么,微信营销对于企业而言有哪些作用呢?其具体介绍如表 5-1 所示。

表 5-1　微信营销的作用

作　用	内　容
减少广告宣传成本	许多企业在没有使用微信进行营销前,都是通过传统方式做宣传,如电视广告、报纸广告等。传统广告方式具有较好的营销效果,但是成本也非常高,广告一旦停止,产品的销售量也会随之下降。 通过微信进行营销,可大大降低广告成本,只需创建好企业的微信公众平台,然后在原有的广告渠道上,添加上企业的微信公众账号和二维码,配合优惠活动或其他内容吸引目标客户主动关注。经过一段时间后,广告渠道上的目标客户基本已经关注了企业的微信公众账号,此时就不需要通过传统渠道做广告,微信公众平台已经可以进行产品宣传了,这样就节省了大部分的广告费用,还能获得更好的营销效果
降低客户服务成本	在微信公众平台中,智能客服服务是一个非常好用的功能,可以帮助企业节省人力成本。只要用户输入相应关键字或问题,系统就会提供自动化的人工服务,从而降低企业的客服服务成本。对于用户规模较大的企业而言,如果只靠人工在线服务,将要投入很大一笔人工成本,如果使用微信来实现在线客服,则可以省下这笔资金。 另外,在线下单、在线付款等一系列操作也可以通过系统完成,同样能节约大量成本
提高介绍与转发率	企业建立微信平台后,可以通过不断地激励老客户,使他们对企业产生信任,并主动分享传播企业的信息。另外,企业也可以通过优惠活动刺激老客户转发传播信息,如转发有奖、推荐有奖以及评论积分等活动,这些活动都能有效提高老客户的转发率。同时,老客户的朋友看到这些信息,会想着是自己的朋友转发,具有更高的信任度
提高客户忠诚度	把目标客户引入企业微信公众平台中,然后进行规模化的影响,慢慢地让他们对企业产生信任和依赖,提高他们对企业的忠诚度,最终打造出企业长期稳定的客户群,形成企业的客户网。简单而言,该客户网就是企业最大的价值,通过该客户网不仅可以销售产品,还能与其他企业进行合作,实现效益最大化

续表

作　用	内　容
轻松维护老客户	当企业花费大量的精力与财力开发一个新客户后，如果没有好好的维护，该客户就可能流失掉，甚至成为竞争对手的客户。通过传统的方式打电话或发短信进行客户维护，成本高且不容易操作。久而久之，产品没有宣传好，客户还会对企业产生不好的印象。这主要是因为企业在维护客户时没有进行合理分类，所有信息都统一发出，导致客户收到的信息并不是其需要的精准信息。 而通过微信营销，企业就可以根据客户的情况进行分类并添加备注，然后定时推送信息给分类客户，推送老客户需要的信息内容，从而建立非常好的联系。进而对目标客户进行规模化的引导与营销，从而使客户产生信任和依赖

 小贴士

目前，大部分企业都在考虑运用微信到企业的实际经营和品牌营销中来，那么微信营销有哪些优势呢？其具体有以下几点。

- **高到达率**：信息到达率直接影响着营销效果，这也是所有营销平台必须要关注的问题。短信、邮件等群发很容易被过滤掉，而企业的微信公众号群发的信息能够完好无缺地发送给用户。

- **高曝光率**：曝光率是衡量信息发布效果的重要因素，微信拥有很强的提醒力度，如铃声、通知中心消息停驻以及角标等，随时都提醒着用户有还未阅读的微信信息，曝光率极高。

- **高接收率**：微信已经成为了主流信息接收工具，而粉丝都是自己主动关注而来，所以企业微信公众号发布的信息也是主动获取，不存在垃圾信息遭到抵触的情况。

- **高精准度**：受欢迎的微信公众号，具有营销资源和推广渠道，拥有大量的粉丝，每个粉丝都是潜在客户，企业可以做到高精准营销。

- **高便利性**：智能手机不仅拥有电脑的功能，还携带方便，用户可以随时随地获取信息，手机的便利性增强了微信营销的效率。

5.2 微信个人号营销技巧

在互联网中,不管是哪个平台,只要拥有微信账号授权,都可以使用微信进行登录、分享以及获取收益等。其中,微信个人号是微信营销的重要组成部分,许多企业采取"公众号+个人号"的形式进行营销,以获得更好的营销效果。想要利用微信个人号为企业进行营销,则首先需要对其进行合理的设置与管理。

5.2.1 微信个人号设置

微信个人号营销是常见的微信营销方式,做好微信个人号的基础设置对实现营销目的非常重要,以下是具体操作。

(一)头像设置

人与人接触的第一个3秒钟非常重要,微信头像代表着用户的形象,所以在头像的选择上要特别注意,需要使用识别度高的头像,选择好看的照片且不要频繁更换头像。其中,微信头像的设置如下。

启动手机微信,在主界面中点击右下角的"我"按钮,点击个人账号头像。进入"个人信息"页面中,选择"头像"选项,如图5-1所示。

图5-1 对头像进行设置

第 5 章 微信营销,精准抓住用户痛点

进入"个人头像"页面,点击右上角的"设置"按钮,在打开的提示框中选择"从手机相册选择"选项,然后在相册页面中选择一张图片,在打开的编辑页面中对图片进行编辑,然后点击"完成"按钮即可完成头像设置操作,如图 5-2 所示。

图 5-2 编辑头像

(二)昵称设置

从新媒体营销的角度出发,微信的昵称是企业与用户沟通的第一个印象。在使用微信进行聊天时,用户往往会先注意聊天对象的昵称,有特点的昵称可以快速提升他人的好感,并让用户印象深刻,从而节约沟通成本。其中,微信昵称的设置方法如下。

在微信主界面中点击右下角的"我"按钮,在打开的页面中点击个人账号头像。进入"个人信息"页面,选择"名字"选项,如图 5-3 所示。

小贴士

企业在设置微信昵称时,需要遵循相应的设置规则:最多可设置 16 个汉字,可以是含有中文、英文、数字以及符号组合的昵称,同时最好不要设置特殊字符。

图 5-3 对昵称进行设置

进入"设置名字"页面，在文本框中输入要修改的名字，点击"完成"按钮。返回到"个人信息"页面，即可完成微信昵称的修改，如图 5-4 所示。

图 5-4 完成昵称的修改

（三）个性签名设置

微信个性签名主要用于展示用户的个性特点、情感态度等，风格上并没有严格的要求，可以写企业的经营项目或者能提供给客户的服务等。从营销角度而言，切记什么都不写或者写一些搞笑的话。个性签名的设置方法如下。

第 5 章　微信营销，精准抓住用户痛点

启动手机微信，在主界面中点击右下角的"我"按钮，点击个人账号头像。进入"个人信息"页面，选择"更多"选项，如图 5-5 所示。

图 5-5　对个人信息进行设置

在打开的页面中选择"个性签名"选项，进入"设置个性签名"页面，直接输入个性签名的相应文本，然后点击"完成"按钮，如图 5-6 所示。

图 5-6　输入个性签名的内容

（四）微信号设置

用户在申请微信账号后，系统会自动生成一个非常复杂的微信号，微信号是指微信 ID，通常是一组字母、数字和符号的组合。好的微信号能够让用户更快速地成为你的好友。与微信昵称一样，微信号的设置也应遵循方便记忆、识别和输入的原则。通常情况下，微信号可以设置为有关联性的拼音、字母组合，如与营销者的名字、职业、企业相关的拼音+简单数字组合。微信号的设置方法如下。

启动手机微信，在主界面中点击右下角的"我"按钮，点击个人账号头像。进入"个人信息"页面，选择"微信号"选项，如图5-7所示。

图5-7 对微信号进行设置

进入"设置微信号"页面，在"微信号"文本框中输入新的微信号，点击"完成"按钮，在打开的提示对话框中点击"确定"按钮，即可完成微信号的设置，如图5-8所示。

图5-8 输入微信号

第 5 章 微信营销，精准抓住用户痛点

小贴士

企业在设置微信号时，同样需要遵循相应的设置规则：可以使用 6～20 个字母、数字、下划线和减号，必须以字母开头（不区分大小写），不支持设置中文。由于微信号是微信的唯一 ID，设置后不能进行修改，即仅能设置 1 次。

5.2.2 添加微信好友

在使用微信时，用户可以通过手机号、QQ，以及搜索号码来添加好友，其具体的添加操作方法有以下三种。

（一）通过手机通讯录添加好友

微信是建立在移动终端上的通信工具，可以直接连接手机通讯录，将手机通讯录中的联系人添加成微信好友。通常情况下，手机联系人是营销者的初始人脉，有手机联系方式就说明之前有过接触与交流，将其添加为微信好友更为容易，其具体添加操作如下。

启动手机微信，在主界面中点击右上角的"＋"按钮，选择"添加朋友"选项。进入"添加朋友"页面，选择"手机联系人"选项，如图 5-9 所示。

图 5-9　通过手机联系人添加好友

进入"通讯录好友"页面，在列表中找到需要添加的通讯录好友，点击其

后的"添加"按钮。进入"申请添加好友"页面，设置相关的信息，点击"发送"按钮。此时，还需要等待对方同意，只要对方通过验证即可添加成功，如图5-10所示。

图 5-10　发送申请信息

（二）通过扫描二维码添加好友

只要是微信用户，就拥有自己专属的微信二维码，用户通过扫描微信二维码即可添加好友，其具体操作如下。

在微信主界面中点击右上角的"+"按钮，选择"扫一扫"选项。进入"扫一扫"页面，将需要添加的好友二维码置于扫描框内，如图5-11所示。

图 5-11　扫描二维码

第 5 章 微信营销，精准抓住用户痛点

在打开的页面中点击"添加到通讯录"按钮，进入"申请添加好友"页面，输入相关的信息，点击"发送"按钮，等待对方验证通过即可，如图 5-12 所示。

图 5-12 申请添加好友

> **小贴士**
>
> 在微信主界面中点击右下角的"我"按钮，点击个人账号头像，在"个人信息"页面中选择"我的二维码"选项，即可查看到自己的微信二维码，如图 5-13 所示。
>
>
>
> 图 5-13 查看个人的微信二维码

（三）通过微信发现添加好友

在使用微信时，还有一种比较常用的添加好友的方式，就是通过"附近的

人"功能添加微信好友，其具体操作如下。

在微信主界面中点击"发现"按钮，选择"附近的人"选项。进入"附近的人"页面，选择目标用户，如图5-14所示。

图5-14 选择需要添加的用户

进入用户信息页面中，点击"打招呼"按钮。进入"打招呼"页面，在文本框中输入相应的信息，点击"发送"按钮。此时，只需要等待用户通过验证，即可添加成功，如图5-15所示。

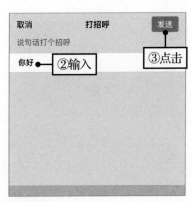

图5-15 输入验证信息

其实，除了前面介绍的三种常用方式外，还有一些添加微信好友的方式，如通过社群添加好友、通过其他社交平台引流以及通过口碑推广添加好友等。

第 5 章 微信营销,精准抓住用户痛点

5.2.3 管理微信好友

通常情况下,企业要进行微信个人号营销,就会添加成百上千个微信好友。为了避免出现混乱,我们可以对众多好友进行管理,最常见的就是修改好友备注与进行好友分组,其具体介绍如下。

(一)好友备注

目前,微信最多可以添加 5000 个好友(不包括群及公众号个数),所以企业最好通过修改好友的备注加以区分,其具体操作如下。

在微信主界面中点击"通讯录"按钮,选择目标好友。进入好友信息页面,选择"备注和标签"选项。进入"设置备注和标签"页面,在"备注名"文本框中输入用户的备注名称,点击"完成"按钮即可,如图 5-16 所示。

图 5-16 修改用户备注

(二)好友分组

对微信好友进行分组的方法很简单,其具体操作如下。

在微信主界面中点击"通讯录"按钮,选择"标签"选项。进入"标签"页面,点击"新建标签"按钮,如图 5-17 所示。

进入"新建标签"页面,在"标签名字"文本框中输入标签名称,如这里输入"朋友",然后点击"添加成员"按钮。进入"选择联系人"页面,选择微信好友,然后依次选中,最后点击"完成"按钮即可,如图 5-18 所示。

图 5-17　新建标签

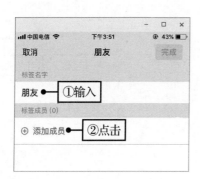
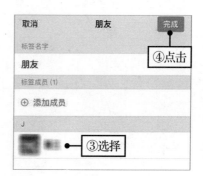

图 5-18　添加好友到组中

5.2.4　在朋友圈中发内容

对于企业而言，想要利用微信个人号进行营销，除了可以利用微信自带的群发助手群发营销信息外，还可以通过朋友圈来进行营销。

但很多营销者不知道怎么合理地发布朋友圈，也不清楚应该在朋友圈中发布一些什么内容，进而不小心将朋友圈变成了广告圈，从而被微信好友厌弃，甚至被屏蔽或拉黑。想要合理进行朋友圈营销可以发布如图 5-19 所示的内容。

第 5 章 微信营销，精准抓住用户痛点

价值干货

营销者可以定期将一些干货发布到微信朋友圈中，免费分享给微信好友。其实，这些有价值的干货不仅可以作为发布朋友圈内容的素材，还可以与微信好友建立一种信任关系，当微信好友获取了企业分享的干货并感受到价值，就会提升对企业的信任度。

生活点滴

基本上所有的营销都建立在信任基础之上，如果相互之间没用信任，就很难实现营销目的那么，如何提高用户对自己的信任呢？其实，分享价值干货就是提高信任度的一种常用方法。另外，营销者还可以在微信朋友圈中分享生活点滴，如自拍、美食以及生活经历等内容，从而提升用户对自己的信任度。

用户见证

发布产品的用户见证，比直接在微信朋友圈中发布广告要好得多。因为直接在朋友圈中发产品广告，肯定会受到微信好友的质疑，甚至会产生排斥心理，此时可以发布一些用户的见证，从而打消微信好友的顾虑。

互动话题

在微信朋友圈中，与用户进行交流互动，最常见的方式就是点赞、评论等。如果想要制造互动话题，则可以在通过朋友圈中请教问题、点赞送红包以及发布搞笑段子等方式来提高朋友圈的活跃度。

图 5-19　在朋友圈发布的内容

内容营销是微信朋友圈营销最核心的一环，直接决定着微信好友对企业的评价，所以营销者需要循序渐进，切忌频繁刷屏，并发布某些完全没有意义的活动信息与广告资讯。因此，营销者需要掌握微信朋友圈营销广告的发布技巧。

（一）发布的内容

在微信朋友圈中发布的内容，一定要有质量，可以不断地塑造企业的形象。其中，具体的内容可以是产品展示、品牌宣传以及实景案例分享等，以赢得微信好友的喜爱与信任，从而提高转化率。

（二）发布的时间

早上 8～9 点：新一天开始，多数微信好友醒来很期待阅读朋友圈更新

的内容,更重要的是很多微信好友在上班的路上可以浏览来消磨时间;中午12～13点:这段时间为用户午餐或准备午休的时段,很多微信好友会选择在这段时间收发信息,在朋友圈与好友互动;晚上21～22点:该时间段很多微信好友已经回到家里躺在沙发或床上看电视,是一天中最放松的时刻,浏览朋友圈就是打发时间的好方式。

利用各时间段,抓住微信好友最多的碎片时间,把自己发布的内容进行分段,不能同时发六七条,否则会降低信息的可读性。

(三)发布的频次

每天发布的朋友圈信息为4～6条最宜,太少了不行,微信好友基本很难看到营销者的身影;太多也不行,谁也不喜欢刷屏的内容,还会让好友觉得你转发的内容没有价值,如果每天只发几条,而且精心挑选过,错开时间段,微信好友会觉得你分享的文章珍贵、有内涵,可以吸收很多内容,自然会产生好感。长此以往,就会频繁关注你转发的内容,并产生信赖感。

(四)发布的形式

在朋友圈中发布的内容,一定争取图文搭配的形式,切忌只发文字或者只发图片,因为图文结合更醒目,更容易吸引微信好友的关注,选择1、3、6或9张图片看起来更舒服。同时,发布的文字内容要精练,正常内容只有6行,为120字,超过字数信息会被隐藏。如果内容比较有创意,即便是隐藏文字也无妨,因为微信好友会被吸引而点开全文。

5.3 微信公众平台营销技巧

微信公众平台的营销是为了推广企业的知名度以及关注度,是一种非常有效的转化和延伸用户的方式。虽然微信公众平台为营销者提供了营销平台,但想要获得良好的营销效果,就必须要好好运营公众号,有热度、有影响力的公众号才具有真正的营销价值。

第 5 章　微信营销，精准抓住用户痛点

5.3.1 微信公众号的申请

微信公众平台，简称公众号，是用户利用公众账号平台进行新媒体活动的服务平台。简单而言，就是进行一对多的媒体性行为活动。例如，企业申请公众微信服务号后，通过二次开发展示企业微官网、微会员、微推送、微支付、微活动、微分享以及微名片等，从而形成一种主流的线上线下微信互动营销的方式。

不过，企业在利用微信公众号进行营销活动时，需要先申请微信公众账号，其具体操作如下。

启动浏览器，搜索"微信公众平台"，在搜索列表中选择单击"微信公众平台"超链接。进入"微信公众平台"主页面，单击页面右上角的"立即注册"超链接，如图 5-20 所示。

图 5-20　进入"微信公众平台"主页面中

进入"注册"页面，在"请选择注册的账号类型"栏中有 4 种微信公众号类型，选择需要注册的类型选项，在这里选择"订阅号"选项，如图 5-21 所示。值得营销者注意的是，这里千万不能选错，因为一旦选择就无法更改。

图 5-21　选择公众号类型

进入"基本信息"页面,在"邮箱"文本框中输入邮箱,单击"激活邮箱"按钮。输入邮箱收到的验证码与密码,选中"我同意并遵守《微信公众平台服务协议》"复选框,单击"注册"按钮,如图5-22所示。

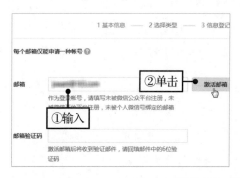 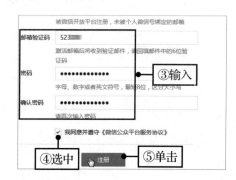

图5-22 输入基本信息

进入"选择类型"页面,确定企业注册地为"中国大陆",然后选择账号类型,在"订阅号"栏下单击"选择并继续"超链接。在打开的提示对话框中直接单击"确定"按钮,然后在"信息登记"页面中单击"个人"按钮,如图5-23所示。

 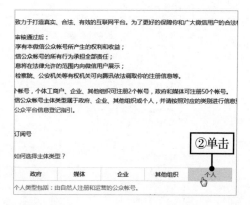

图5-23 选择账号类型

在"主体信息登记"栏中输入身份证姓名和身份证号码,然后使用手机微信进行扫码验证。在"管理员信息登记"栏中输入管理员手机号码和短信验证码,单击"继续"按钮,如图5-24所示。

第 5 章 微信营销，精准抓住用户痛点

图 5-24 进行管理员验证

在打开的提示对话框中单击"确定"按钮，进入"公众号信息"页面，输入账号名称与功能介绍，设置运营地区，单击"完成"按钮，在打开的提示对话框中单击"前往微信公众平台"按钮即可完成操作，如图 5-25 所示。

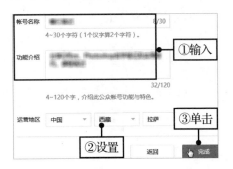 

图 5-25 输入公众号信息

5.3.2 微信公众号的设置

对微信公众号进行设置，可以让其他微信用户更容易搜索到自己的账号，所以微信公众号要设置得简单易记。与微信个人号设置一样，微信公众号的基本设置主要包含名称设置、头像设置、二维码设置以及功能介绍设置，具体介绍如下。

（一）名称设置

微信公众号的名称是用户识别企业的重要标志，也是直接与公众号搜索相关联的要素。简单而言，微信公众号的名称就是企业的标签，与企业的营销效果息息相关，具体操作如下。

进入微信公众号的主页面，将鼠标光标移动到页面右上角的用户头像上，选择"账号详情"选项。进入"公众号设置"页面，单击"名称"文本框后面的"修改"按钮，如图5-26所示。

图 5-26 进入"微信公众平台"主页面

进入"验证身份"页面，使用手机微信扫描二维码验证身份，验证成功后单击"下一步"按钮。进入"同意协议"页面，单击"同意并进入下一步"按钮，如图5-27所示。

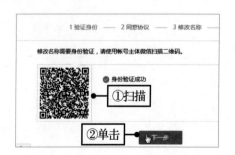 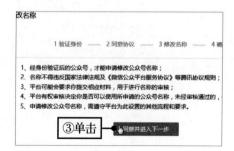

图 5-27 身份验证

进入"修改名称"页面，输入新的名称，单击"确定"按钮。进入"确定修改"页面，单击"确定"按钮即可完成操作，如图5-28所示。

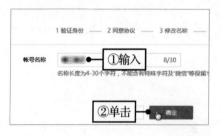 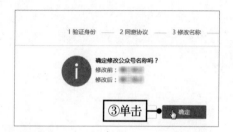

图 5-28 修改名称

（二）头像设置

企业入驻微信公众号，不仅可以起到营销推广的作用，还能与用户建立联系。此时，微信公众号头像的设置就显得比较重要，这将直接决定用户是否可以快速、准确地找到自己。其中，微信公众号的头像设置操作如下。

进入"公众号设置"页面，直接单击头像按钮。进入"修改头像"页面，单击"选择图片"按钮，如图5-29所示。

图5-29 对头像进行修改

打开"文件上传"对话框，选择目标图片，单击"打开"按钮。返回到"修改头像"页面，即可对头像进行预览，确认无误后单击"下一步"按钮。然后在打开的"确定修改"页面中，直接单击"确定"按钮，即可完成操作，如图5-30所示。

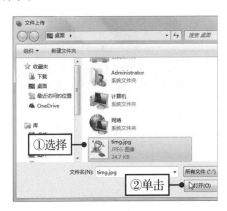 

图5-30 头像修改完成

（三）二维码设置

微信公众号为用户提供了公众号二维码尺寸设置与下载功能，营销者可以根据实际需要，选择合适的二维码尺寸，同时还可以手动美化二维码图片。营销者在对二维码进行设计时，可以结合品牌特色，添加一些可以展示品牌特性的元素，使自己的二维码更具特色，更能吸引用户的眼球，如图 5-31 所示。

图 5-31　创意二维码

（四）功能介绍设置

营销者想要利用微信公众号进行营销，就必须重视对账号的功能介绍，它可以直接让用户了解自己。其中，功能介绍中的内容必须突出重点、易于理解，可以让用户快速了解公众号提供的服务和价值等，从而能直接打动目标消费人群，如图 5-32 所示。

图 5-32　具有吸引力的微信公众号简介

5.3.3 微信公众号推送文章

微信公众号创建好以后,营销者就可以根据实际情况进行定时内容推送。同时,营销者可以提前进行内容创作,充分的内容创作时间可以提高文章的质量,使其更加吸引用户,进而提高用户的阅读量与转发量。其中,微信公众号推送文章的具体操作如下。

登录微信公众号并进入首页面中,在左侧的"管理"栏中选择"素材管理"选项。进入"素材管理"页面,单击右上角的"新建图文消息"按钮,如图5-33所示。

图5-33 新建图文消息

进入文章编辑状态,依次输入文字标题、作者名称以及正文内容,并对文字的格式进行设置。然后单击"图片"下拉按钮,选择"本地上传"选项,如图5-34所示。

图5-34 编辑正文

打开"文件上传"对话框,选择需要上传的文件,单击"打开"按钮。返回到编辑页面中,设置封面图片,输入摘要文字,然后单击"保存并群发"按钮,如图 5-35 所示。

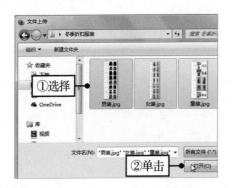
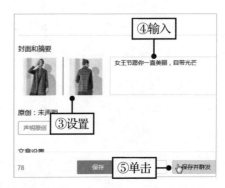

图 5-35　设置封面和摘要

在打开的提示对话框中直接单击"同意以上声明"按钮,进入"新建群发"页面,单击"从素材库选择"按钮。进入"选择素材"页面,选择刚刚创建的文章选项,单击"确定"按钮,如图 5-36 所示。

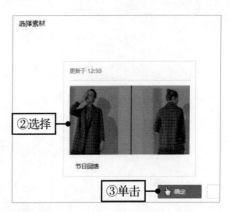

图 5-36　选择素材文章

返回到"新建群发"页面中,依次对群发对象、性别以及群发地区进行设置,然后单击"群发"按钮,在打开的"确认群发"提示对话框中单击"继续群发"按钮。此时,会显示一个二维码,营销者需要使用手机微信扫描二维码对其进行验证,验证完成后即可成功发布文章,如图 5-37 所示。

第 5 章 微信营销,精准抓住用户痛点

图 5-37 群发文章

5.4 精通微信公众号后台操作

微信营销的所有内容都围绕着微信用户展开,通过引导用户将其转化为忠实粉丝以达到最终的营销目的。目前,微信公众号的社会影响力极大,作为企业营销者,必须要掌握微信公众号的后台操作技巧。

5.4.1 巧用自动回复

微信公众平台为营销者提供了"自动回复"功能,营销者通过进行简单的条件设置即可做到自动给粉丝发送消息。当订阅用户的行为符合自动回复规则时,就会收到系统自动回复的消息。其中,自动回复功能分为三部分,分别是关键词回复、收到消息回复和被关注回复,具体介绍如下。

(一)关键词回复

在微信公众平台设置关键词自动回复,需要添加规则,当订阅用户发送的消息内如果有营销者设置的关键字,即可把营销者设置在此规则名中回复的内容自动发送给订阅用户。

进入微信公众号首页面,在右侧列表中选择"自动回复"选项。在打开的页面中单击"关键词回复"选项卡,然后单击"添加回复"按钮,如图 5-38 所示。

图 5-38　添加关键词回复

进入"自动回复"页面中，输入规则名称和关键词，单击"回复内容"栏后的"添加"按钮，选择"文字"选项。在打开的"添加回复文字"页面中输入要回复的内容，单击"确定"按钮。返回到"自动回复"页面中，单击"保存"按钮即可，如图 5-39 所示。

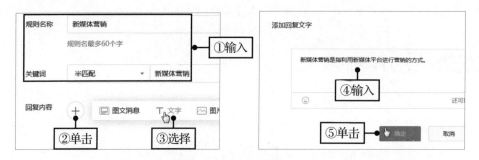

图 5-39　添加回复的内容

（二）收到消息回复

营销者在微信公众平台中设置收到消息自动回复后，当粉丝给企业公众号发送微信消息时，公众号会自动回复营销者设置的内容给粉丝。

进入微信公众号首页面，在左侧列表中选择"自动回复"选项。在打开的页面中单击"收到消息回复"选项卡，在"自动回复"文本框中输入回复的内容，单击"保存"按钮即可，如图 5-40 所示。

图 5-40 添加收到消息回复

（三）被关注回复

被关注回复的操作比较简单，即用户关注企业的微信公众号成为粉丝后，微信公众号自动回复的内容。

进入微信公众号首页面中，在左侧列表中选择"自动回复"选项。在打开的页面中单击"被关注回复"选项卡，在文本框中输入回复的内容，单击"保存"按钮，如图 5-41 所示。

图 5-41 添加被关注回复

5.4.2 自定义菜单

营销者在运营微信公众号时，为了让账号更加个性化和符合实际需求，可以选择自定义菜单，如图 5-42 所示。

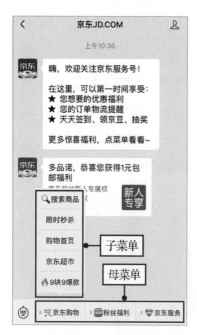
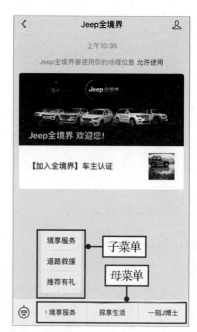

图 5-42　自定义母菜单与子菜单

自定义菜单多为公众号的功能、服务、消息接收或跳转链接等，目的是为了满足用户的操作需求，实现产品推广，其具体操作如下。

进入微信公众号首页面中，在左侧列表中选择"自定义菜单"选项，在打开的页面中单击"+添加菜单"按钮，如图 5-43 所示。

图 5-43　添加菜单

第 5 章　微信营销，精准抓住用户痛点

进入"自定义菜单"页面，在"菜单名称"文本框中输入母菜单名称，在母菜单上单击"+"按钮添加一个子菜单，在"子菜单名称"文本框中输入子菜单名称，然后单击"从素材库选择"按钮，如图 5-44 所示。

图 5-44　添加子菜单

进入"选择素材"页面，选择素材文件，单击"确定"按钮。返回到"自定义菜单"页面中，以相同方法添加其他菜单与子菜单，完成后单击"保持并发布"按钮即可，如图 5-45 所示。

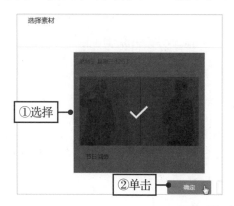 

图 5-45　添加素材文件

5.4.3　微信营销的常见误区

微信作为当前最流行的网络社交工具之一，越来越多企业都要借助微信营销，进行品牌推广吸引用户。但是很多时候，企业会感觉"心有余而力不足"，这主要是走入了微信营销的误区。营销者需注意微信营销主要存在的以下四大误区。

- **忽略粉丝质量**：很多营销者在进行微信营销时，首先在自己的微信中添加很多的好友，认为有了好友就有了客户，恨不得把微信好友加到上限。正是因为如此，营销者在添加好友时只在意数量，而忽略了高质量好友的重要性。于是有了很多"加粉"的微信群，群介绍中都写着"进群加群主"之类的信息，这真的有用吗？添加了这么多微信好友，有多少好友真的有价值？好友加得再多，若不是目标用户也没有价值与意义，所以微信加好友应重质不重量。

- **不停在朋友圈刷屏**：朋友圈刷屏是很多营销者多会使用的手段，不停地发产品信息，都不管发的广告是否有人看。在朋友圈发广告刷屏，最容易招人烦，甚至会被好友直接屏蔽或拉黑。当然，并不是说不能在朋友圈中发广告，只是切忌刷屏，同时还要通过一些热点信息跟高质量信息让好友关注自己发的内容。

- **内容不专业**：在这个信息爆炸与碎片化时代，如果营销者推送的内容没有在短时间内吸引到微信好友，那就没有任何价值了。因此，营销者通过微信传递给用户的信息都要呈现专业性，内容突出重点，能够引起用户共鸣。同时，内容具有创新，会获得更好的营销效果。

- **没计划没目标**：许多营销者根本不清楚自己想要什么，看到别人做什么自己就跟着做什么。营销者在进行微信营销时，没有预定计划与目标就盲目进行，在遇到困难时就难以坚持下去。因此，在进行微信营销之前，一定要有计划、有目标，这样才能获得成功。

第6章

社群营销，打造高黏性的粉丝

社群营销是以社交媒体为媒介发展起来的一种营销方式，社群中集合了不同领域，但有相同兴趣爱好的人，再加上社交媒体具有自发传播、强互动性等特性，使得社群具有很高的营销价值。

- ▶ 什么是社群与社群营销
- ▶ 社群营销的特点
- ▶ 社群营销的优势
- ▶ 社群营销的条件
- ▶ 设置社群名称
- ▶ 确定社群简介和口号
- ▶ 设计社群视觉
- ▶ 制订社群规则
- ▶ 社群分享
- ▶ 社群福利
- ▶ 社群打卡
- ▶ 如何实现社群裂变
- ▶ 设计社群裂变海报
- ▶ 社群裂变常用工具
- ▶ 社群营销变现

6.1 快速了解新媒体社群

随着移动互联网的发展,新媒体社群被越来越多的企业作为营销推广的重要载体。新媒体社群能够帮助企业沉淀优质粉丝,打造具有高粉丝黏性的营销推广平台。

6.1.1 什么是社群与社群营销

在利用新媒体社群进行营销推广之前,首先需要充分认识社群和社群营销,其具体内容如下。

(一)社群

我们可以将社群理解为集合一群人的圈子,比如常见的微信群、QQ群、淘宝群等就是连接社群成员的载体。从营销的角度来看,生活中因工作、亲友关系建立起来的群并不是真正的社群,如工作群、好友群、校友群等。

真正意义上的新媒体社群集合的是具有相同标签的群体,且这些群体能够产生互动交流或者情感联系,如此才具有营销价值。所以社群并不是简单地创建一个群,它还要创造关系和连接,这样的群才是真正的社群。

(二)社群营销

社群营销就是以社群为媒介开展的一种营销方式,在社群中,企业可以通过文字、图片、语音等方式来宣传自己的产品或者服务,同时,还可以通过社群提供有价值的内容给粉丝。

社群营销以QQ、微信等媒介来建立群聊,然后通过互动交流来建立信任感,最后才是实现营销目的,如品牌宣传、产品销售等。

6.1.2 社群营销的特点

相比其他营销方式,社群营销更具个性化,主要包括如下特点。

- **互动性**：社群营销具有互动性特征，其互动性主要表现在，社群中的成员可以在社群中交流沟通自己感兴趣的话题和内容，另外，群成员也可以在社群中分享传播信息。
- **情感营销**：社群营销的基础是用户的信任，因此，社群营销会比其他营销方式更注重用户情感的培养，企业需要在营销过程中不断加强与用户的情感联系，并逐渐与用户成为朋友，这样才能让社群持久地发挥出营销作用。
- **碎片化**：社群营销的主要载体是社交媒体，而社交媒体的信息传播方式往往是碎片化的，这使得社群营销也具有碎片化特征，在运营过程中会利用社群成员的碎片化时间来实现营销推广。
- **弱中心化**：在社群中，中心一般是社群的创建者或者管理者，但社群不会过分强调中心的绝对地位，因为在社群运营过程中，每一位成员都是传播主体，都拥有话语权，这使得社群营销呈现集中走向分散的扁平化网状结构，这是一个逐渐去中心化的过程。
- **自发性**：社群中的成员可以在群里输出内容，同时也可以传播和分享内容，这些行为通常是群成员自发完成的，这使得社群营销也具有自发性特征。

6.1.3 社群营销的优势

社群营销之所以受到众多企业的青睐，与其具有的独特优势有关，社群营销具有以下优势。

（一）传播速度快，范围广

依托于互联网技术，在社群营销中，信息的传播不受时间和空间的约束，同时，社群可以实现一传十、十传百的信息传播裂变，这使得社群营销具有传播速度快、范围广的优势。

（二）营销成本低

从社群的建立到后期的运营推广，社群营销所花费的成本相对较低，因此社群营销特别适合营销预算有限的中小型企业。另外，社群营销后期运转所花费的费用也较低，当企业对粉丝足够有黏性后，粉丝还会主动帮忙进行营销宣传，这就大大减轻了企业的营销成本。

（三）营销效率高

传统的营销方式主要是单向式传播，用户只是信息的接受者，社群营销则不同，用户不仅是信息的接受者，也可以成为信息的传播者。在社群中，信息的分享方式也很便捷，这使得社群营销的速度更快，也更有效。

（四）精准营销

社群营销所面对的用户都是对企业的产品或服务有定向需求的人群，且在社群中，企业可以针对不同成员的需求提供不同的产品和服务，这使得社群营销能为客户提供个性化的精准营销服务。

（五）具有持久性

营销具有持久性也是社群营销的一大优势，社群营销的持久性体现在其发布的营销信息可以长久存在于社交媒体中。另外，社群营销的营销方式是以分享传播为主的，这种营销方式很容易形成口碑效应，企业在互联网上营造的良好口碑会长久地发挥其价值。随着社群的持续维护与运营，这种口碑效应还可能再次发酵，使企业的好口碑迎来爆发式增长，同时也为社群带来更多的流量。

（六）转化率高

相比其他营销方式，社群营销的转化率相对较高，这主要是因为社群营销是建立在用户信任的基础上所开展的营销。在基于信任的前提下所开展的营销，可以大大减少用户对产品选择的顾虑。再加上社群营销所具备的精准营销特性，无疑可以提高企业营销的转化率。

6.1.4 社群营销的条件

在具体开展社群营销的过程中，最关键的是社群的促活和留存，这关系到社群能否带来价值，企业要保证社群运营能取得良好的营销效果，首先要满足以下条件。

（一）社群定位明确

在做社群前，运营者需明确社群的定位，即这个社群主要是为哪些人服务的，如宝妈、学生、职场人士、绘画爱好者等，如果社群没有明确的定位，在后期开展营销时就会没有针对性。反之，有明确定位的社群会使前期引流及后期转化更高效。

（二）社群应有价值

从用户的角度来看，他们不会加入一个对他们来说没有任何价值的社群，因此，创建一个对用户来说有价值的群是社群营销的必要条件，社群的价值可以体现在多方面，如学习成长、优质产品推荐、人脉等，企业可根据社群的定位来为社群赋予价值。

（三）由专人进行管理

一个社群想要保持持久的活跃度，是需要进行管理和维护的，无人管理的社群在创建之初可能会比较活跃。但时间久了，潜水的人会越来越多，打广告的人也会逐渐增加，社群慢慢会沦为广告群、潜水群，最后被迫解散。因此，在社群运营过程中，企业应安排专人对自建的社群进行管理。

（四）有吸引力的内容

无论社群采用怎样的营销方式来实现转化，持续分享有吸引力的内容给粉丝，都是留住粉丝的关键。社群营销中，内容的表现形式有多种，包括文字、图片、视频等，社群运营者可结合营销需求和粉丝喜好来策划高质量的内容，从而维护社群形象并增强用户黏性。

（五）有营销力的社群活动

活跃度低是很多新媒体社群常见的问题，社群中的成员如果长期没有互动交流，一些用户会因为无法从社群中获取想要的内容或者感受不到归属感而退出社群，从而导致社群用户的流失。为了保持社群的活跃度，不定期开展社群活动就很有必要。

（六）能传递价值的意见领袖

虽然社群并不过分强调中心的绝对地位，但社群仍需要一个意见领袖，这一意见领袖可以是社群的管理者，也可以是某一领域的专家。在社群营销中，意见领袖起着传递产品与服务的价值，推动群成员互动交流，营造社群良好氛围的作用。

> **小贴士**
>
> 在社群中，当企业的产品与粉丝产生情感联系后，粉丝会自发地进行产品宣传。在这种情形下，社群营销能自行地进行运作，实现产品价值的再创造和分享，这种能自行运转和循环的范围经济系统被称为社群经济。从社群营销到社群经济，企业需要通过良性运营来实现。

6.2 开始创建社群

开展社群营销，首先需要创建一个社群。创建好社群后，需要对社群的基本信息进行设置，包括社群名称、规则等。

6.2.1 设置社群名称

社群名称并不仅仅是一个称呼，其更体现了社群的价值与功能，在为社群取名时，要遵循以下原则。

第6章 社群营销，打造高黏性的粉丝

- **简洁明了**：社群名称决定了社群留给用户的第一印象，在为社群取名时应以简洁明了为原则，如果社群的名称过于复杂或者太长，会加大粉丝记忆的难度。为了便于记忆，社群名称中最好不要含生僻字，字数也不宜过多。

- **定位清晰**：社群名称应体现其定位，而在表达社群定位时，应清晰明确，让粉丝能通过名称了解到社群所具备的功能或特征，一般可用行业用语、功能特征等来表达社群的定位，如××游戏交流群、宠物爱好群、户外旅游摄影群、××（品牌名）绘画课堂等。

- **便于传播与搜索**：为了便于社群吸粉引流，在为社群取名时，应考虑社群的便于搜索性和传播性，比如要创建一个与英语学习有关的社群，那么在创建社群时，可在名称中加入与英语学习有关的关键词，以便于有英语学习需求的人群搜索加群，如英语培训学习、考研英语、××（品牌名）英语学院等。

常用的为社群取名方法有如表6-1所示的五种。

表6-1 社群常用取名方法

方　法	内　容
根据意见领袖来取名	如果社群所对应的意见领袖是比较知名的人物，那么就可以以"人名+功能"定位来为社群命名，如×××（人名）交流会、×××（人名）读书社群等，这种取名方式可以打造社群独有的人设
根据核心产品来取名	对于有核心产品的企业来说，可以以"核心产品+社群属性"来为社群命名，如米粉交流群、OPPO手机讨论群等，这种取名方式可以加深用户对产品的印象
根据目标人群来取名	每一个社群都会有明确的目标对象，以目标人群可能搜索的关键词来为社群取名，可以让用户精准地找到适合自己的社群，如社群面对的目标对象是热爱健身的人群，那么就可以以××健身俱乐部、××健身游泳、瑜伽交流群来为社群命名
根据品牌来取名	企业如果有自身的品牌，那么可以以品牌来为社群取名，比较常见的是以"品牌+交流群/社群"来命名，另外，还可以以"品牌+功能/行业"等方式来为社群命名

续表

方法	内容
采用比喻法来取名	比喻法是指将社群提供的功能或服务拟人化、形象化，如吃货联盟、美食集结地、购物情报网、修图怪、插花艺术社等，这种名称形象生动，可以吸引目标人群的眼球

小贴士

在为社群取名时，切忌使用过于宽泛的名称，如读书会、同业交流、健身中心等，这样的名称无法精准定位目标用户，另外，用户在搜索时也可能因为社群的定位不明确而拒绝入群。

6.2.2 确定社群简介和口号

社群简介主要用于介绍社群的功能、类型，为了让用户能了解社群的用途，有吸引力的群简介可以促使更多用户加群。在写群简介时，可从以下几方面入手。

- **社群创建的目的**：主要指社群创建的初衷或功能，以让用户能清楚这个群是干什么的，同时判断是否要加入这个群，如图6-1所示。

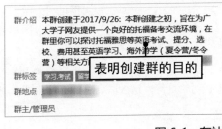

图6-1 在社群简介写明群功能

- **文化理念**：社群简介中也可以表达企业或品牌的文化理念，文化理念可以体现企业的个性特征。
- **欢迎用语**：如欢迎加入××群、欢迎爱生活/爱健康的小伙伴加入本群，在简介中加入欢迎语吸引新用户加入社群。

◆ **入群规则**：简介中也可以简单说明加入社群后应遵守的规则或者入群的方法等，如禁止发广告等，如图 6-2 所示。

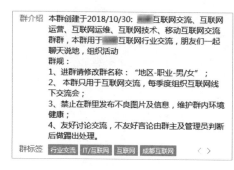 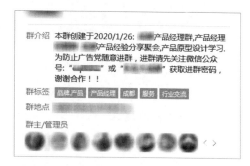

图 6-2　在社群简介中说明入群规则

社群口号可以传递社群所要表现的精神或价值观。社群口号不会很长，一般都是简短的一句话，以便于记忆和传播。口号的内容可以是体现品牌或产品观念的宣传语，也可以是体现社群功能、特点的浓缩语言精华，如图 6-3 所示。

图 6-3　在社群简介中展现群口号

社群口号可以展示在群介绍、群公告中，也可以以图片形式存放在相册中，或者设置在群管理员个性签名中。

6.2.3　设计社群视觉

社群视觉会影响粉丝对社群的整体印象，其中，社群 LOGO 就是能直观体现社群形象特征的视觉表现形式。当社群规模逐渐扩大后，还可以通过社群服装、纪念品、饰品等其他以社群为概念的周边物品来表现社群的视觉特征，从而让社群文化特征深入人心。

一般来说，运营者可将企业 LOGO 或产品 LOGO 作为社群 LOGO，另外，也可以单独设计社群专属 LOGO。社群 LOGO 的类型包括文字、字母组合、图案标志、抽象徽标、特定人物图画等多种。不管使用哪种类型的 LOGO，在选择社群 LOGO 时，都要注意以下几点。

- **具有辨识度**：社群 LOGO 应该有一定的辨识度，使粉丝能够很好地区分和识别。
- **体现社群定位**：社群 LOGO 要体现社群的定位，如某旅行社创建的社群，其 LOGO 可以是风景画，或者"××旅行"文字，如果将 LOGO 设置为可爱的动漫头像、咖啡的图形标记就不太符合社群定位。
- **美观简洁**：美观简洁的 LOGO 能给社群成员留下良好的印象，因此在选择社群 LOGO 时，要选择能够看起来美观舒服的 LOGO，切忌选择过于花哨的图形作为 LOGO。

目前，微信群暂不能设置群 LOGO，下面以 QQ 群为例，来看看如何设置社群 LOGO。

登录 QQ 号，在联系人 / 群聊列表中右击已创建的 QQ 群，在弹出的快捷菜单中选择"更换群图标"命令。在打开的对话框中单击"添加图片"按钮，如图 6-4 所示。

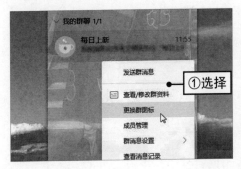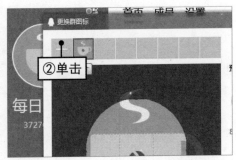

图 6-4　更换群图标

在打开的对话框中选择图片，单击"打开"按钮，进入群图标裁剪页面，根据需要裁剪图片，完成后单击"确定"按钮，如图 6-5 所示。

第 6 章　社群营销，打造高黏性的粉丝

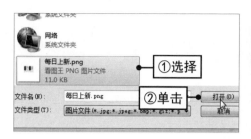 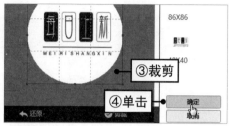

图 6-5　裁剪图标

6.2.4　制定社群规则

一个社群中一般会有上百甚至上千人，如果没有明确的规则来约束群成员的发言，可能会导致社群成为广告刷屏群，或是成员在群中发表不实言论，影响群成员的体验度。为营造良好社群的环境，群管理者有必要制定社群规则，社群规则可从以下四方面来制定。

- ◆ **群昵称**：为了便于对群成员进行管理，在社群规则中可以要求进群的成员按固定的模板来设置群昵称，如按"城市＋昵称"修改群名片。

- ◆ **群发言内容**：根据社群的定位，可以对群成员沟通交流的话题内容进行规定，明确哪些话题可以聊，哪些话题不能聊。一般情况下，要对政治、宗教、暴力等话题进行限制。

- ◆ **入群方式**：为避免群成员私拉打广告或是做推销的人入群，影响社群的良好环境，管理者可以规定社群的入群方式，如只能由群管理者邀请入群、付费入群等。

- ◆ **违规惩罚**：对于违反群规定的成员，可以在社群规则中规定惩罚方式，以确保社群成员能够遵守规则，常用的社群惩罚方式有禁言、批评、踢出群等。

社群管理者可以根据社群运营的需要制定符合自身社群的规则，如图 6-6 所示为某 QQ 社群的规则内容。

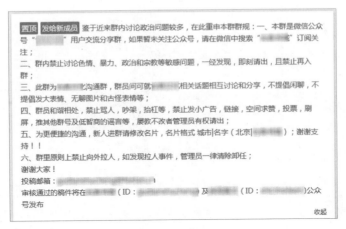

图 6-6 社群规则

社群规则一般填写在群公告中，在 QQ 群的"公告"页面，单击"发表新公告"按钮可发表群公告；在微信群中点击"群公告"超链接可设置群公告，如图 6-7 所示。

图 6-7 设置群公告

6.3 策划并开展社群活动

让社群持久保持活跃是社群运营的重要内容，而社群活动就是提高群活跃度的重要工具，社群活动的类型有多种，如内容分享、签到打卡等。

6.3.1 社群分享

社群分享活动可以定期或不定期举行，分享的内容一般是社群成员感兴趣或者对成员有帮助的内容，如绘画类社群可举办绘画教学直播分享课、摄影类社群可举办摄影技巧分享活动。

社群分享活动一般在线上举行，如微信群、直播平台等，社群分享活动的分享人可以是社群创建者、常驻老师、特邀嘉宾，也可以是社群内愿意分享的其他成员。

为了让群成员能积极参与到分享活动中，在确定好分享活动的内容及时间后，要通过微信公众号、社群消息、私信等方式告知群成员活动内容，以提前预热造势，如图6-8所示。

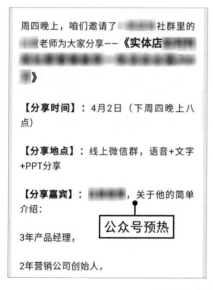 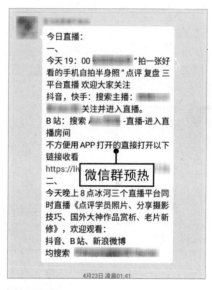

图6-8　社群分享活动预热

在社群分享活动开始前的30～60分钟，管理者可以在社群内@全体成员，以提醒群成员分享活动即将开始。如果社群分享活动采用的是报名参加的方式，那么可以以私信的方式提醒已报名的成员。

通过这种方式可以引导成员准时参与社群分享活动，另外，也可以提高社群分享活动的氛围，如图6-9所示。

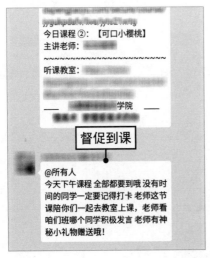

图6-9 提醒社群成员收看分享课程

6.3.2 社群福利

在社群运营过程中，还可以通过策划福利活动来激活用户或者实现转化。社群福利活动的类型可根据群定位或成员入群的动机来选择，如表6-2所示。

表6-2 根据群定位或入群动机来策划福利活动

定位	入群动机	福利活动类型
产品销售	了解上新动态，获取优惠福利	限时抢优惠券、店铺新品福利购、折扣优惠、抽奖活动等
学习成长	学习知识技能，如绘画、摄影、营销等	社群课程优惠购、免费赠课、学习资料包等
品牌营销	了解品牌动态、交流产品或服务使用心得	产品免费抽取活动、品牌小游戏互动、品牌VIP特权、积分等
人脉圈	获取行业人脉资源，拓宽人脉圈	最新行业资讯、投稿有礼、沙龙活动、头衔等
吃喝玩乐分享	了解吃喝玩乐信息，获取折扣福利	专享优惠、秒杀活动、购物津贴、无门槛红包等

表 6-2 中列举了几种常见的社群定位和福利活动类型，总的来看，社群福利活动的福利类型有以下几种。

- ◆ **物质奖品**：如实物礼品、企业在售产品、特殊礼物等。
- ◆ **知识产品**：如课程、资料包、学习视频、音频等。
- ◆ **积分福利**：积分一般可用于兑换企业提供的产品或服务。
- ◆ **折扣优惠**：如优惠券、红包、满抵券等。
- ◆ **个人荣誉**：如社群称号、头衔等。

根据福利类型的不同，社群福利活动的参与方式也会有所不同，比较常用的有扫码及点击链接参与，如图 6-10 所示。

 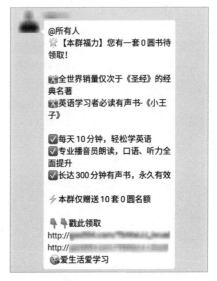

图 6-10 社群福利活动参与方式

除以上方式外，社群抽奖、点击小程序链接参与、公众号后台回复关键词参与等也是常见的社群福利活动参与方式。其中，社群抽奖福利活动可以通过"抽奖助手"小程序发起，具体发起方式如下。

进入"抽奖助手"小程序，在首页点击"发起抽奖"按钮，在打开的页面中设置奖品、类型、名称、开奖条件等，点击"发起新抽奖"按钮，如图 6-11 所示。

图 6-11 发起新抽奖

完成抽奖编辑后,点击"发送抽奖邀请"按钮,可以将抽奖链接发送到社群或保存为图片,如图 6-12 所示。

图 6-12 分享抽奖

6.3.3 社群打卡

社群打卡是可以有效激活社群成员的一种活动方式,运营者可从以下几方面来策划社群打卡活动。

(一)打卡主题

策划社群打卡活动,首先要确定打卡的主题,而主题要根据社群的功能定位来确定,如英语学习社群可策划英语朗读打卡活动、健身类社群可策划跑步打卡活动、读书类社群可策划每日共读打卡活动等。

（二）打卡方式

打卡的方式可以多元化，常用的方式有小程序签到打卡、社群发言打卡和公众号打卡等，如图 6-13 所示。

图 6-13　社群打卡方式

（三）打卡规则

打卡规则一般包括打卡时间、打卡内容和打卡截止日期等，具体内容如下。

- ◆ 打卡时间可分为限制时间和不限制时间两种，主要根据打卡主题来确定，如早起健身打卡一般会将打卡时间限制为早上，共读打卡一般不限制打卡时间。
- ◆ 打卡内容有语音、文字、图片等多种形式，如英语早读打卡活动可采用语音式打卡、绘画练习打卡可采用图片式打卡。
- ◆ 打卡截止日期一般以周、月来确定。

（四）打卡奖励

为调动社群成员打卡的积极性，运营者可设置打卡奖励，奖励方式可以是实物，也可以是积分、代金券等其他福利。

目前，有很多打卡工具可供运营者进行打卡设置，如小小签到、小打卡等，下面以小小签到为例，来看看如何创建社群打卡活动。

进入小小签到小程序，点击"新建签到"按钮，在打开的页面中点击"创建普通签到"超链接，如图6-14所示。

图6-14　创建普通签到

在打开的页面中设置签到标题、签到规则、日期、周期、权限等，单击"确认"按钮创建签到，如图6-15所示。

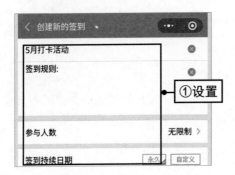

图6-15　完成签到设置

创建成功后，可点击"邀请好友加入"超链接，复制签到链接或将其分享到社群中，如图6-16所示。

图6-16　分享签到打卡活动

小贴士

在社群中参加打卡活动,大多数成员都是利用闲散时间来完成打卡,因此线上社群打卡活动的难度不宜过大,打卡的方式应以简单易操作为原则,这样才能让社群成员积极主动参加打卡。

6.4 抓住新时代的社群营销

在新媒体时代,要实现社群的快速扩张,还需要采用一定的营销方法,本章就来看看社群营销的常见策略——裂变。

6.4.1 如何实现社群裂变

社群裂变是一种能快速实现社群扩张的营销方法,它能在短时间内帮助社群实现用户的成倍增长,常见的裂变流程如图 6-17 所示。

图 6-17 社群裂变流程

裂变海报是实现社群裂变的关键要素,裂变海报中要有一个"诱饵"才能吸引用户扫码入群,常用的"诱饵"有以下几种。

- ◆ **免费课程**:如原价 99 元课程,限时 0 元领。
- ◆ **优惠券**:如进群领 100 抵 50 优惠券。
- ◆ **资料包**:如营销策划资料包、办公软件使用技能资料包。
- ◆ **实物**:如玩具、画册等目标用户用得上的物品。

如图 6-18 所示为某企业设计的裂变海报,用户扫描二维码后可进入加群界面。

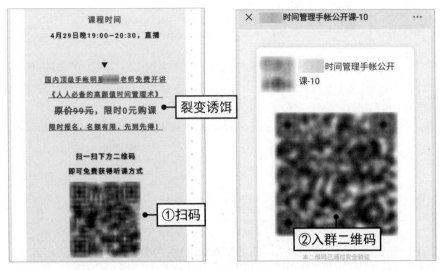

图6-18 裂变海报

第一批用户入群只是实现了种子用户的引流，要想实现裂变，还需要利用社交网络的传播分享特性来获取更多用户，如让入群用户分享个人专属海报到朋友圈，5位好友扫码入群后才能获得资料包或邀请两位好友入群解锁试听资格等，如图6-19所示。

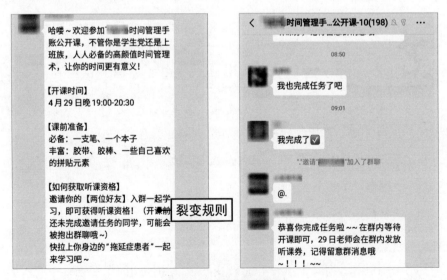

图6-19 社群裂变规则

上述案例展示了社群裂变的一般流程，可以看出，通过裂变引流可以实现社群的快速扩张。

6.4.2 设计社群裂变海报

一场社群裂变活动能否获得良好的效果，在很大程度上受裂变海报的影响。在新媒体平台上，用户对每一则信息的停留时间都不会太长，因此如何让用户在短时间内被裂变海报的内容所吸引就很关键了。一张裂变海报一般要包括标题、二维码、营销话术、福利、权威背书等内容，如图6-20所示。

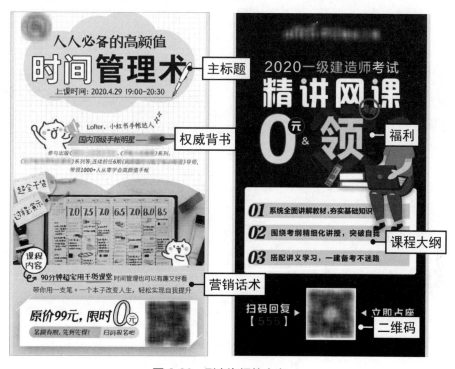

图 6-20 裂变海报的内容

裂变海报可以使用平面设计软件或在线制作工具来制作，这里以创客贴（https://www.chuangkit.com/）在线制作工具为例，来看看如何快速制作裂变海报。

进入创客贴首页并登录，在"模板中心"下拉列表中单击"营销海报"超链接，在搜索结果中选择合适的海报模板，如图6-21所示。

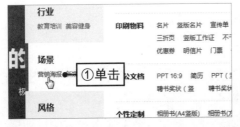 

图6-21 选择营销海报模板

进入海报编辑页面，替换海报图片、文字等内容，完成编辑后单击"下载"按钮，下载海报，如图6-22所示。

图6-22 编辑海报

6.4.3 社群裂变常用工具

微信社群的入群二维码是有人数和时间限制的，在开展裂变的过程中，如果扫码入群的人数较多，就需要大量建群。若仅依靠人工操作来更换入群二维码、管理社群、群发消息等，无疑会给管理者带来大量的重复工作，为了提高裂变营销的效率，可以使用社群裂变工具来帮助实现裂变。

大多数的社群裂变工具都支持活码系统，即微信群二维码满人或失效后，会自动生成新的入群二维码，这样便不需要更换裂变海报上原有的二维码。另外，有的社群裂变工具还支持机器人管理社群、群成员去重等功能，可以帮助管理者更高效地运营社群，如图6-23所示为某社群裂变工具提供的功能。

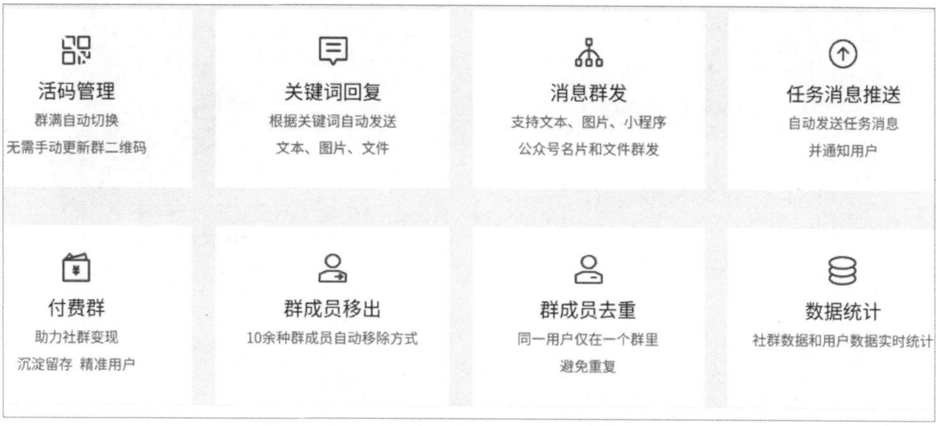

活码管理	关键词回复	消息群发	任务消息推送
群满自动切换 无需手动更新群二维码	根据关键词自动发送 文本、图片、文件	支持文本、图片、小程序 公众号名片和文件群发	自动发送任务消息 并通知用户
付费群	群成员移出	群成员去重	数据统计
助力社群变现 沉淀留存 精准用户	10余种群成员自动移除方式	同一用户仅在一个群里 避免重复	社群数据和用户数据实时统计

图6-23　社群裂变工具功能介绍

目前，市场上的社群裂变和管理工具有很多，如爆汁裂变（http://www.youdd.wang/）、小裂变（https://www.xiaoliebian.com/）、微有米SCRM（https://www.wymi.net/）、WeTool（https://www.wxb.com/wetool）等，社群管理者可根据需要做出选择。

6.4.4　社群营销变现

社群运营的核心目的是变现，社群定位、目标人群不同，其选择的变现模式也会不同，常见的社群变现方式有以下4种。

（一）产品销售

产品销售是运用广泛的一种社群变现方式，这里的产品包括零售商品和知识付费产品。想通过社群实现带货变现，通常在运营前期需要沉淀粉丝，等到与粉丝建立了信任感后再将粉丝引流到微商城、网店中实现变现。

如图6-24所示为某社群的产品销售变现方式，社群管理者会在微信群中推荐产品，用户可点击链接进入商城购买。

图 6-24　产品销售变现方式

（二）付费社群

对一些入群门槛较高的社群来说，常以收取年费、会员费、门槛费等方式来实现变现。这类社群通常会给用户提供有价值的增值服务，这样用户才愿意买单，如永久 VIP、人脉资源、提供线下社交场合、持续输出高价值内容等。如图 6-25 所示。

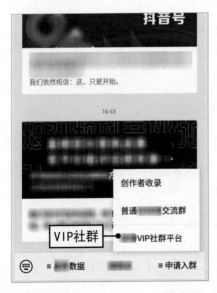 

图 6-25　付费高端社群

（三）分销赚佣金

这类社群主要以推荐产品赚取佣金来实现变现，推荐的产品通常是生活日用品或付费课程。当用户通过社群管理者分享的商品链接购买产品后，管理者即可获得该商品提供的分销佣金。这类社群实际上扮演的是"好货推荐官""分销员"的角色，另外，社群管理者也可以吸收群成员成为下级分销员，从而获得下级分销员的佣金分成，如图 6-26 所示。

图 6-26　分销赚佣金变现

（四）其他间接变现方式

前面几种变现方式是比较直接的社群变现方式，除此之外，还可以通过内容打赏、直播和周边产品等来实现间接变现。

- **内容打赏**：是指持续分享优质内容给社群用户，通过用户自愿打赏来实现变现。如社群管理者可以将公众号中的优质内容分享到社群，并开通打赏功能，这样社群成员就可以对该文章进行赞赏，从而实现间接变现，如图 6-27 所示。

图 6-27 内容打赏变现

- **社群 + 直播变现**：社群 + 直播的变现方式可分为直播打赏、直播带货、付费直播三种。社群 + 直播变现要依托于直播平台，社群管理者可以邀请讲师开通直播课程，通过社群成员打赏或付费进入直播间来实现变现，另外，也可以通过现场直播卖货来实现变现，如图 6-28 所示。

图 6-28 社群 + 直播变现

- **社群周边**：是推荐与社群内容或文化有关联的产品，如艺术文化类社群，可以通过推荐书籍、家居雅物来实现变现。

自媒体平台营销，高效转化潜在客户

第7章

自媒体平台是企业以及个人进行营销推广的重要渠道，在自媒体平台中，每个人既可以是内容的传播者，也可以是内容的创作者。这使得自媒体营销的门槛较低，但要做好自媒体平台的营销推广，营销者还要熟悉各个平台的特点及文章发布方法。

- ▶ 入驻前的准备工作
- ▶ 避免头条账号申请被驳回
- ▶ 成为头条号优质创作者
- ▶ 申请入驻一点号
- ▶ 营销文章的发布
- ▶ 开通点金计划
- ▶ 搜狐号账号入驻
- ▶ 自媒体文章的发布
- ▶ 文章数据的分析
- ▶ 申请专属认证和勋章
- ▶ 创建热门活动内容
- ▶ 文章的过审准则
- ▶ 遵从机器推荐系列
- ▶ 广告引语要隐蔽

7.1 今日头条平台营销

今日头条是一个信息分享平台,其提供内容创作与分发的平台被称为头条号。头条号可以帮助企业或个人创作者连接目标用户,支持图片、文字和视频等内容表现形式。

7.1.1 入驻前的准备工作

内容创作者要想通过今日头条来开展营销推广,首先需要入驻头条号,在正式入驻头条号前,需要做好以下准备工作。

（一）选择账号注册类型

头条号支持6种主体进行账号注册,包括个人、企业、群媒体、国家机构、新闻媒体和其他组织。

- ◆ **个人**：是指以个人及非公司形式进行注册,适合内容达人和领域专家等自媒体优质内容创作者。
- ◆ **企业**：是指以企业、公司名义进行注册,适合需要进行品牌或产品宣传的企业组织。
- ◆ **群媒体**：是指公司形式的内容生产创作团体,比如36氪、果壳网等。
- ◆ **其他类型**：国家机构是指正规的国家机构,新闻媒体是指媒体、报纸、杂志等单位,其他组织是指公益机构、学校、社团等。

（二）准备注册材料

选择好账号注册类型后,还需要准备账号注册所需的材料。个人注册只需提供账号头像、账号名称、账号介绍即可;企业、群媒体、新闻媒体和其他组织除以上三种材料外,还需提供运营者身份证姓名、运营者身份证号码、联系邮箱、企业名称、账号申请确认书、营业执照/组织机构代码证并完成运营者实名认证。

（三）内容领域定位

今日头条根据类型将头条内容分为多个频道，包括财经、娱乐、美食、家居和教育等，如图 7-1 所示。

图 7-1　今日头条内容频道

运营头条号比较重要的一步是持续输出有价值的内容，因此，创作者需做好内容领域定位。一般来说，运营者可选择自己擅长的领域持续进行内容输出，这有利于头条账号的等级提升。

7.1.2　避免头条账号申请被驳回

运营者可进入头条号登录界面（https://mp.toutiao.com/），单击"立即注册"超链接，在打开的页面中输入手机号和验证码，单击"注册"按钮进行账号注册，如图 7-2 所示。

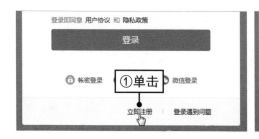
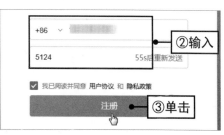

图 7-2　注册头条号账号

运营者在申请头条号时，可能会遇到账号申请被驳回的情况，常见原因有以下 4 种。

（一）账号名称不符合规范

以个人身份申请头条号，要避免使用易被误解为官方账号类型的账号名，如××发布、××公司等。另外，账号名中也不要使用"今日""头条"等关键词，这样账号名可能会被用户认为是今日头条的官方账号。

低俗、暴力倾向的词汇不要用在账号名中，也不要使用带有明显营销推广意图的账号名，如××推广、××汽车销售顾问等。

（二）账号简介不符合规范

头条号账号简介的内容可以包含个人介绍、内容领域定位等，但简介中不能带有营销推广信息，如电话号码、网站链接、邮箱、微信和微博等其他平台账号的联系方式。含低俗、暴力倾向内容的同样不能出现在账号简介中。个人类型的账号不能带有疑似政府机构、媒体的描述，以避免被用户误认为是国家机构或新闻媒体类账号，如图所示7-3所示为某个人类型头条号账号简介内容。

图7-3　个人类型头条号账号简介

（三）账号头像不符合规范

账号头像作为账号信息的重要组成部分，也要注意其规范性。不能使用二维码、联系方式、今日头条产品logo（如抖音、今日头条）作为账号头像，这种类型的头像会被头条官方认为含有营销推广、误导的嫌疑。当然，国家领导人照片或漫画形象也不能被设置为账号头像。

个人类型账号不能使用第三方企业品牌logo，另外也不要使用含有认证"V"标识的图片作为头像，这样的头像会被他人误认为是头条认证创作者。

非国家机构账号不能使用国旗、国徽、党旗等作为头像,非国家机构、新闻媒体账号不能使用军装类(包含卡通漫画类)图片。

在设置头条号账号头像时,要注意头像的美观度,低俗、模糊的图片不要用于账号头像中。

(四)身份认证不符合规范

在进行头条号身份认证时,如果提交的身份证信息模糊、有遮挡或有PS痕迹,也会导致账号申请被驳回。在提交身份认证信息的过程中,要注意填写的身份证信息应和提交的证照信息一致。

7.1.3 成为头条号优质创作者

今日头条将个人用户分为普通用户、创作者以及优质创作者等类型,成为优质创作者需具备以下特征。

- **流量倾斜**:头条号优质创作者可获得官方推荐、智能推荐加权等流量优势,使发布的内容更容易上热门。
- **认证标识**:优质创作者可获得领域认证,账号头像中会显示认证标识,同时在个人简介"认证"栏中会显示"优质××领域创作者",获得优质创作者认证的自媒体更能吸引粉丝关注。
- **精准营销**:今日头条的推荐算法为个性化推荐机制,由于优质创作者的内容通常具有垂直化特征,在该推荐机制的助力下,创作者发布的内容更容易直达目标用户,实现精准营销。
- **实现变现**:通过优质创作者认证的自媒体,可以使用付费专栏、头条小店、直播、赞赏等变现工具。
- **签约奖励计划**:针对优质创作者,头条号提供了多种签约奖励计划,包括青云计划、千人万元等。

要成为头条号优质创作者,需满意以下几个条件。

- 有清晰的账号头像及合法的用户名。

- 账号绑定手机号。
- 近一个月内发布10条内容。
- 持续在某领域发布内容。

在上述几个条件中,比较难满足的是持续在某领域发布内容。创作者可选择擅长的内容领域,定期发布优质原创内容来解锁该条件。解锁全部申请条件后,就可在个人主页申请优质创作者认证。

7.2 一点资讯平台营销

一点资讯是一个内容聚合平台,作为主流的自媒体平台,一点资讯拥有庞大的用户体量,同时,用户活跃度也很高,因此吸引了大量自媒体创作者入驻。

7.2.1 申请入驻一点号

一点号是一点资讯提供的创作者内容发布平台,一点号支持个人创作者、媒体、政府政务、企业以及其他组织入驻。不同类型的账号,在注册前需准备的资料会有所不同,具体如表7-1所示。

表7-1 入驻一点号需提供的资料

账号类型	注册所需资料
个人	证件号码、证件照片
媒体	证件信息、媒体名称、组织机构代码证、授权书扫描件
政府政务	证件信息、单位名称、组织机构代码证、授权书扫描件
企业	证件信息、企业名称、企业营业执照扫描件、授权书扫描件
其他组织	证件信息、组织名称、组织机构代码证、授权书扫描件

第 7 章 自媒体平台营销，高效转化潜在客户

准备好以上资料，即可进入一点号首页（https://mp.yidianzixun.com/）申请账号。在首页单击"入驻"按钮，在打开的页面中输入手机号码、验证码、密码，单击"注册"按钮（或选择邮箱注册），如图 7-4 所示。

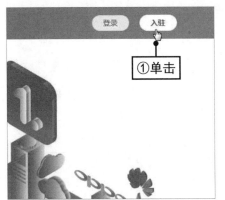 

图 7-4 注册账号

进入账号类型选择页面，这里选中"个人"单选按钮，单击"下一步"按钮，如图 7-5 所示。

图 7-5 选择注册类型

在打开的页面中填写账号详细信息，选中"同意并遵守"单选按钮，单击"提交"按钮完成注册，如图 7-6 所示。

 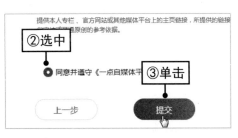

图 7-6 提交账号信息

7.2.2 营销文章的发布

注册一点号账号后，可在 PC 端或手机端登录账号进行内容发布，下面以一点资讯 APP 为例，来看看如何在其平台发布文章。

在一点资讯 APP"我的"页面点击"管理一点号"按钮，在打开的页面中点击"发文"按钮，如图 7-7 所示。

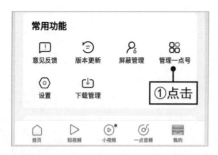 

图 7-7 管理一点号

在打开的页面中点击"发图文"按钮，进入内容发布页面，输入内容，点击"发布"按钮，即可发布成功，如图 7-8 所示。

 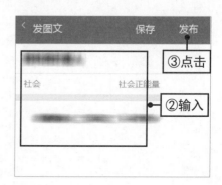

图 7-8 发布图文内容

7.2.3 开通点金计划

点金计划是一点号的一种收益模式，满足以下条件的内容创作者可通过开通点金计划来获得收益功能。

- 账号类型为"个人"。
- 一点号账号开通时间≥30天。
- 账号已开通原创功能。
- 近30天内,发布的文章数≥20篇。
- 账号没有违规惩罚记录(有违规记录的账号可在违规处罚满60天后申请开通点金计划)。
- 近30天内容没有申请开通过点金计划。
- 账号等级≥15级。

创作者要注意,提交点金计划开通申请后,并不表示一定能通过审核。一点资讯会综合账号的运营情况,如内容质量,来对账号进行评估,然后决定是否通过申请。账号若发布广告内容、低俗内容、文不对题的低质量内容,是无法申请开通点金计划的。因此,在平时发布文章时,创作者要注意内容规范,避免发布违规内容。

满足条件的创作者,可进入一点号账号个人中心,在"账号功能"页面单击"申请"按钮申请开通点金计划。提交申请通过审核后,创作者可获得广告收益、赞赏、奖金等多种奖励政策。

7.3 搜狐平台营销

搜狐网是一个综合类互联网媒体平台,其根据垂直频道的属性,将内容分为新闻、财经、科技、教育和美食等多个频道,而搜狐号是其提供的内容发布和分享平台。

7.3.1 搜狐号账号入驻

不同领域的创作者都可以免费申请入驻搜狐号,搜狐具有以下优势。

- 搜狐号集中了搜狐网、手机搜狐网和搜狐新闻客户端三个平台的流量资源，可以帮助自媒体内容获得更多阅读量。
- 搜狐号的内容推荐机制为机器和人工双重审核，系统会根据文章内容质量及数据表现来个性化推荐内容，让优质内容有机会上搜狐头条获得大量曝光。
- 作为综合媒体，搜狐网具有很强公信力，这使得用户对搜狐号发布的优质内容具有足够的信任感。

搜狐号支持个人、媒体、政府、企业/群媒体、机构及其他组织入驻，不同类型的账号，在申请注册时，所需提供的资料会有所不同，如表7-2所示。

表7-2 入驻搜狐号需提供的资料

账号类型	注册所需资料
个人	运营者身份证姓名、运营者证件号码、运营者手持证件照片、运营者手机号、联系邮箱、辅助材料
媒体	运营者身份证姓名、运营者证件号码、运营者手机号、联系邮箱、组织名称、入驻授权书、组织机构代码证
政府	运营者身份证姓名、运营者手机号、联系邮箱、单位名称、入驻授权书、组织机构代码证
企业/群媒体	运营者身份证姓名、运营者身份证号码、运营者手持证件照片、运营者手机号、联系邮箱、企业名称、入驻授权书、企业营业执照
机构	运营者身份证姓名、运营者身份证号码、运营者手持证件照片、运营者手机号、联系邮箱、机构名称、入驻授权书、组织机构代码证
其他组织	运营者身份证姓名、运营者身份证号码、运营者手持证件照片、运营者手机号、联系邮箱、组织名称、入驻授权书

准备好以上资料后，可进入搜狐号（https://mp.sohu.com/）首页，单击"注册"按钮进行账号注册。注册时，可选择手机号注册或邮箱注册两种方式，已有搜狐网账号的用户可用搜狐账号进行登录，登录成功后会自动注册搜狐号，如图7-9所示。

第 7 章　自媒体平台营销，高效转化潜在客户

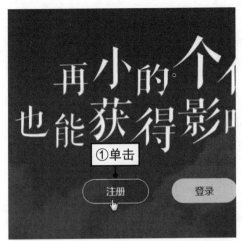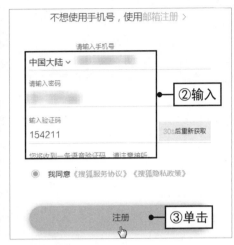

图 7-9　搜狐号注册页面

> **小贴士**
>
> 以个人身份注册搜狐号，会要求提供辅助材料。填写辅助材料时，可以使用个人网站、博客、微信公众号、一点资讯号、知乎等账号发表一篇含有"特定署名信息"的文章，文末特定署名信息为：本文由"某账号"发布，××××年××月××日，然后将该文章链接复制粘贴在辅助材料填写框中即可。

7.3.2　自媒体文章的发布

完成搜狐号账号注册后，可登录账号，在账号后台单击"内容发布"按钮，进行内容发布，如图 7-10 所示。

图 7-10　发布文章

搜狐号文章编辑器支持发布文章、图集和视频，创作者可在内容发布页面单击不同内容类型的超链接进入发布页面，如图 7-11 所示。

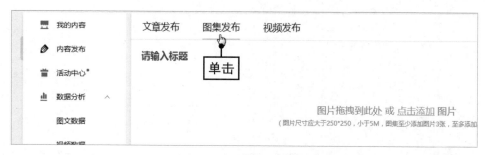

图 7-11　选择文章发布类型

目前，以个人、企业及机构类型注册的搜狐号，每天支持发布 5 篇文章；媒体、政府类型的搜狐号则没有内容发布篇数的限制。使用搜狐号编辑器发布文章时，可以插入视频和链接，但链接只支持搜狐网站内链接，若插入其他平台的链接会导致链接无法正常打开。

插入视频时，可选择上传本地视频，也可以插入在线视频，与插入链接相似，在线视频仅支持搜狐网站内视频。本地视频支持的格式有 mp4、mpeg、mov、rmvb、flv 等。

在搜狐号账号后台，可以看到"栏目管理"功能，该功能可用于对文章进行归类管理。单击"内容管理"超链接，在打开的页面中单击"新建栏目"按钮，可进行栏目分类设置，如图 7-12 所示。

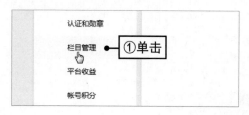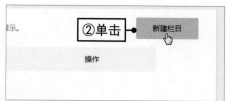

图 7-12　搜狐号栏目管理功能

对文章进行归类管理后，运营者可在搜狐号个人主页展示栏目分类，有助于用户按分类进行内容阅读，如图 7-13 所示。

第 7 章 自媒体平台营销，高效转化潜在客户

图 7-13 搜狐号分类栏目

7.3.3 文章数据的分析

在搜狐号账号后台，可对文章数据进行分析，包括图文数据和视频数据，在"数据分析"下拉列表中单击"图文数据"超链接可查看图文数据，如图 7-14 所示。

图 7-14 查看图文数据

在图文数据详情页面，可以查看总体、单篇以及动态数据。在总体数据页面中，可查看昨日阅读数、总阅读数、阅读数趋势图及每一天文章的新增阅读数和总阅读数。

根据单篇数据，可以看出哪些文章受欢迎，哪些文章用户不感兴趣，通过分析高阅读量文章的特点，可以帮助创作者策划更受粉丝欢迎的文章，提高文章星级评分和粉丝黏性，如图7-15所示。

图7-15　单篇图文数据

搜狐号图文动态数据提供了阅读完成率、分时段阅读人数、用户增长、互动指数和兴趣标签等数据。以阅读数据为例，文章阅读完成率越高，说明内容越能吸引用户，如图7-16所示。

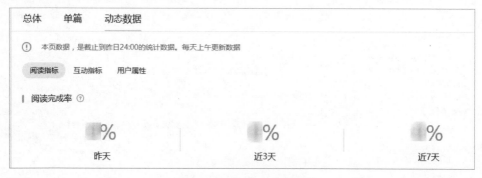

图7-16　图文动态数据

7.3.4 申请专属认证和勋章

搜狐号为垂直领域创作者提供了认证体系，通过认证的创作者可获得搜狐号提供的专享权益。搜狐号认证分为身份认证、人气认证和兴趣认证三种，不同认证类型的申请条件和专享权益如表 7-3 所示。

表 7-3　搜狐号认证申请条件和专享权益

认证类型	申请条件	专享权益
身份认证	近 30 天积分净增量 ≥ 50 近 30 天内总扣分 ≤ 36	专属 V 认证标识 发文上限提升至 30 ~ 50 篇 / 天 个人主页可置顶内容 1 ~ 2 篇 加精权限提升至 2 ~ 3 篇 / 天
人气认证	近 30 天积分净增量 ≥ 50 近 30 天内总扣分 ≤ 36 头条或微博粉丝数 ≥ 30w	专属 V 认证标识 发文上限提升至 30 篇 / 天 个人主页可置顶内容 1 篇 加精权限提升至 2 篇 / 天
兴趣认证	近 30 天积分净增量 ≥ 50 近 30 天内总扣分 ≤ 36 近 30 天特定频道发文量 ≥ 30 篇	专属 V 认证标识 发文上限提升至 30 篇 / 天 个人主页可置顶内容 1 篇 加精权限提升至 2 篇 / 天

搜狐号 V 认证标识分为金 V 和黄 V，完成身份认证的创作者可获得金 V 或黄 V 标识，其中，金 V 标识所需的专业资质要高于黄 V 标识，完成人气和兴趣认证的创作者可获得黄 V 标识。

搜狐号勋章分为 4 种，包括大咖、新锐、伯乐和星图。满足勋章申领条件的创作者可在账号后台"认证和勋章"页面领取勋章，不同类型的勋章可获得不同的权益，如图 7-17 所示。

图 7-17　申领搜狐号勋章

> **小贴士**
>
> 搜狐号以积分来体现创作者的账号运营表现，积分根据内容数据来计算，包括内容质量数据、分享传播数据和互动评论数据，数据表现越好，积分分值越高，若账号存在违规情况，会被扣除积分。

7.3.5 创建热门活动内容

搜狐号会不定期推出内容发布活动，参与这些活动征文投稿，可以获得相应的活动权益，如现金奖励、勋章奖励等。在活动中心，可根据垂直领域来选择活动类型，单击"投稿"按钮可选择文章进行投稿，如图7-18所示。

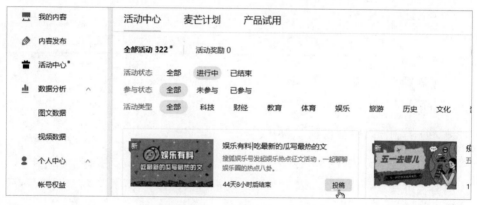

图7-18 搜狐号活动中心

在征文活动详情页，可查看活动介绍、活动时间、报名资格、活动权益等内容。在查看详情内容时，要特别注意内容要求，以确保创建的内容符合要求，如图7-19所示。

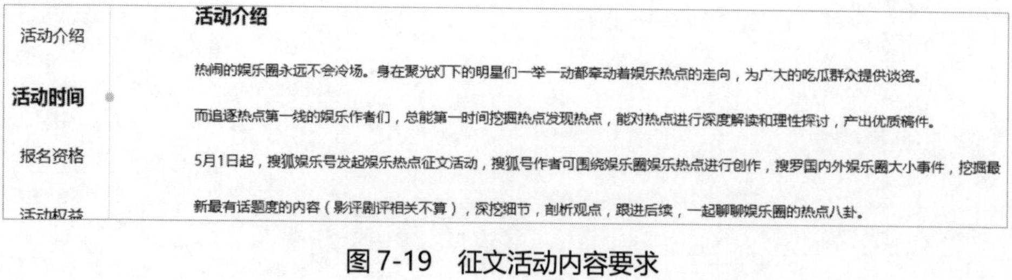

图7-19 征文活动内容要求

需要注意，只有通过搜狐号平台审核的文章才能进行活动投稿，每篇文章最多可参与3个活动。

7.4 文章推送的忌讳

自媒体平台的入驻门槛通常不会太高，在运营账号的过程中，要注意避免一些禁忌。否则，可能会导致内容审核不通过，严重的可能会导致账号被封号。

7.4.1 文章的过审准则

在自媒体平台上发布文章，平台通常都会对文章进行审核，只有符合平台发布规范的文章才能通过审核并推荐给用户。

以头条号为例，在头条号中发布的每一篇文章都需要通过审核后才会分发给用户，其审核机制为机器审核为主和人工审核为辅，不符合头条号内容规范的文章是无法通过审核的。

因此，保证发布的内容符合审核要求是很重要的。创作者发布文章后，审核机制会对文章进行过滤，再根据文章质量情况来决定是否作出推荐。那么哪些内容会被认定为不合规范呢？具体有以下一些禁忌。

（一）标题不符合规范

在为头条号文章拟标题时，要注意标题应用语规范，否则会导致文章被退回或无法通过审核，具体禁忌有以下五点。

◆ 标题语句不通顺，有错别字、多字的会被退回修改。

◆ 不能带有头条品牌关键词，这样的标题会被认为冒用"头条"官方名义，如头条推荐：×××。

◆ 低俗、暴力、敏感词汇不要出现在标题中。

- 标题中不能使用特殊符号，如★、□等。
- 不能使用全英文/外文的标题，标题中不能含有繁体字。

（二）文章正文不符合规范

对于文章正文内容，今日头条对格式、内容和图片等都作出了要求，具体包括以下四点。

- **正文格式**：正文格式不能是全英文或繁体字，乱码、不分段和没有标题符号的正文不会被推荐。
- **正文内容**：多个段落内容重复或缺失，影响整体阅读体验的文章不予推荐，低俗、违背伦理道德的内容会被退回修改。
- **正文图片**：除了棋谱、漫画、试卷、财经、单张长图外，以图片为主或图文结合的文章，图片少于3张且内容不完整、不丰富，将不予推荐。文章中添加的图片不能是低俗、露点的图片。
- **推广信息**：正文文字及图片都不能含有明显的推广信息，如二维码、联系方式、网址和微信号等。

为保证文章快速过审，在书写文章时，就要注意标题和正文的规范性，应避免文章内容触碰以上禁忌。如果文章内容严重违规，还会被扣分惩罚，若头条号的起始账号分值被扣完，账号将被封禁，因此创作者应注意避免违规输出内容。

在今日头条发表文章，除审核不通过被退回修改的文章外，其他文章不建议进行修改。反复修改文章会影响文章的发布和推荐，若文章修改次数达3次或3次以上，系统将不予推荐。

7.4.2 遵从机器推荐系统

自媒体平台都有各自的内容推荐机制，充分了解平台的推荐机制，有助于

第 7 章　自媒体平台营销，高效转化潜在客户

更好地进行自媒体账号的运营和维护。以今日头条为例，机器会根据文章内容中的一些关键词来对文章打标签，那么机器是如何判定关键词的呢？具体有以下规则。

- **关键词频率**：一篇文章中，频率高的词会被认为是关键词，如一篇美食类文章，包子、健康、家常小菜等词汇出现的频率较高，那么机器就会将该词判定为关键词。
- **同类文章中出现次数少**：同类文章中出现次数少的词才会被判定为关键词，比如虚词、转折词，在文章中出现的次数普遍较高，该类词则不会被判定为关键词。

提取出合适的关键词后，机器会将文章关键词与分类词库关键词做对比，命中率高的词库关键词，会被打上对应的分类标签，如包子、健康、家常小菜，可能会被打上美食、营养等标签。

为了便于机器对关键词进行识别，并打上合适的标签，在创作文章时，就要插入合适的关键词，不要使用非常规词、生僻词、不符合目标群体定位的词。

机器除了会提取文章内容中的关键词外，还会对标题关键词进行提取和比对，在标题中插入具有代表性的领域词、体现文章主要内容的词、通俗易懂的词，有助于机器理解文章。

对文章打好标签后，机器会根据用户的兴趣爱好来个性化推荐文章，具体会根据以下几方面数据来判断用户的兴趣偏好。

- **基本信息**：包括用户性别、年龄、所在区域、手机机型、授权账户类型及手机常用 APP 等。
- **订阅频道或关注的内容**：在今日头条 APP 中，用户可主动订阅自己喜欢的频道，关注自己喜欢的话题或创作者，今日头条会根据这些数据来为用户推荐内容。
- **浏览记录和行为**：今日头条还会根据用户的浏览记录和行为来判断用户的兴趣偏好，如浏览的文章类型，对阅读的文章或视频进行"不感兴趣"标记等。

通过数据对文章和用户打上标签后，今日头条会将内容推荐给标签相匹配的用户，具体推荐时，会按批次进行推荐。第一次被推荐的用户是系统判断的与该内容标签重合度最高的用户，第一次推荐的内容数据表现会影响下一次的推荐量。如果内容数据表现良好，则下一次的推荐量会较高，反之会减少推荐量。

假设今日头条将一篇文章推送给了 500 名目标用户，如果用户的点赞量、评论量等数据表现较好，那么今日头条会将该文章再推荐给 5000 名用户，如果第二次推荐的数据表现也很好，系统会再次加码推荐。反之，推荐量会逐渐衰减，甚至不再推荐。

影响推荐量的阅读数据有点赞量、评论量、转发量、完读率等，其中，点赞量所占的权重最高。因此，创作者可通过创作高质量的内容，设计有吸引力的标题和封面图，来提高阅读数据表现。

与今日头条不同的是，一点资讯的推荐机制为搜索 + 个性化推荐，即一点号会根据用户的搜索数据来判断用户的需求和兴趣，然后利用个性化推荐技术，将内容推荐给目标用户，使得内容推荐不再具有盲目性。

7.4.3 广告引语要隐蔽

从自媒体平台普遍的内容规范要求可以看出，平台通常都要求文章中不能含有明显的营销推广信息，若违反此规定，平台会将该文章退回修改，或做"删除"处理。因此，在自媒体平台做营销推广，其推广信息一定要"软"，这样才能保证文章通过审核，并且不会被删除。

那么创作者要如何不露痕迹地在文章中插入推广信息呢？具体来说有以下几种方式。

（一）评测产品的方式

对于产品品牌宣传类的营销推广来说，可以采用评测的方式来撰写文章。产品测评是以第三方测试者的角度来客观评价产品的具体信息，如使用感受、优缺点等，常见于手机、数码、汽车等自媒体文章中，如图7-20所示。

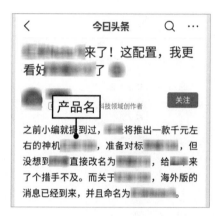 

图7-20 产品评测类文章

在写产品评测类软文时，可单品评测，也可以多品评测。书写时要从个人的真实使用心得出发，以感受和经验分享为主，拒绝以"打广告"的方式来介绍产品信息。

（二）版权信息的方式

版权信息的方式是指在文章的开头或结尾部分插入"本文由××发布""大家好，我是×××"类的版权信息或自我介绍，让读者能够加深对文章创作者的印象，并吸引关注，如图7-21所示。

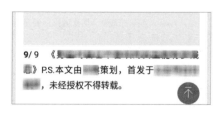 

图7-21 文章中加入版权信息

（三）借用第三方的方式

借用第三方的方式是指将要推广的内容，以"借用"的方式在文中提及，常见于网站推广、账号推广，如数据来源于××网站、××专家劝告、来源×××等，如图7-22所示。

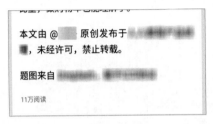

图7-22　文章中借用第三方身份

（四）故事揭秘植入的方式

故事揭秘植入是指以故事做铺垫来植入推广信息，如要植入某一知识付费课程，可以在文中先以小故事的形式引起读者的注意，然后再引出课程，如图7-23所示。

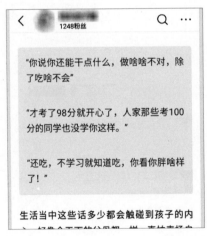

图7-23　以故事做铺垫

论坛与问答平台营销，小成本获大效果

第8章

论坛与问答平台营销是成本较低的两种营销方式，作为重要的网络交流平台，论坛和问答平台具有互动性强、宣传效果直接等优势，但要做好论坛和问答平台营销，还需要掌握一定的方法和技巧。

- ▶ 论坛社区营销的特性
- ▶ 论坛社区营销的要素
- ▶ 论坛社区营销操作
- ▶ 贴吧发帖实战
- ▶ 有吸引力的标题
- ▶ 百度贴吧顶帖操作
- ▶ 豆瓣的设置
- ▶ 豆瓣日记
- ▶ 豆瓣小组
- ▶ 问答推广的方法
- ▶ 推文实战步骤
- ▶ 知道推广实战步骤
- ▶ 获取数据分析工具
- ▶ 选择问题的关键要素
- ▶ 5个要求让回答更精彩
- ▶ 策划自问自答营销

8.1 了解论坛社区营销

在做论坛社区营销前,需要对论坛社区的特点和营销方式有充分的了解,这样才能让后期的营销推广中更加得心应手。

8.1.1 论坛社区营销的特性

论坛社区营销是指利用论坛、社群平台所开展的营销推广,常见的论坛社区有百度贴吧、豆瓣、猫扑大杂烩等。论坛社区营销可以帮助企业提高知名度,实现引流,其具有以下特点。

（一）开放性

在论坛社区中,用户可以自由地创建话题,同时也可以对他人发布的话题进行讨论,这使得论坛话题具有很强的开放性,企业可以结合自己的营销需求,在论坛社区中开展营销推广。

（二）针对性

随着各大论坛社区的逐步发展,论坛社区内容的垂直程度越来越高,大多数综合类论坛都分为不同的内容版块,用户可选择自己感兴趣的内容版块进行互动。另外,也有专门针对某一领域的垂直论坛及社群,如手机论坛、摄影社区等,这意味着企业可以在论坛社区中有针对性地进行营销,如图8-1所示为百度贴吧中"生活家"分类。

图8-1　百度贴吧"生活家"分类

（三）传播度广

论坛社区覆盖范围较广、用户使用量较大，再加上论坛社区的高权重和分享属性，使得论坛社区营销传播度很广。一篇优质的论坛帖子不仅可以在论坛社区中得到广泛传播，还可以通过搜索引擎、自媒体平台等进行传播，如在百度搜索引擎搜索"真无线蓝牙耳机体验"，可以在搜索结果中看到带有该关键词的帖子，如图8-2所示。

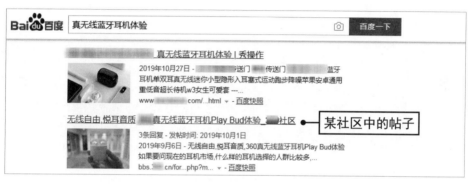

图8-2 "真无线蓝牙耳机体验"搜索结果

（四）易形成口碑效应

论坛社区具有很强的聚众能力，如果运营者发布的话题或者帖子能够引起用户的广泛讨论和认可，很容易使营销信息得到用户的广泛传播，并逐渐让企业品牌或产品形成良好的口碑效应。

8.1.2 论坛社区营销的要素

企业要做好论坛社区营销，有几个要素是很重要的，具体包括渠道选择、人气积累和传播互动。

（一）渠道选择

面对种类丰富的论坛社区，企业首先要选对营销的渠道，这样才能保证营销效果，如公司销售的产品是数码产品，那么在IT、手机类论坛社区中进行营销推广就比较好。如果是综合类社区，那么企业就要根据推广内容来选择合适的内容版块。

另外，还要考虑论坛社区的人气，选择人气高、氛围好的论坛社区做营销推广效果会比较好。

（二）人气积累

在论坛社区中，人气是很关键的要素，人气高的帖子容易被推上热门，得到更多的关注和转发。除此之外，论坛社区还很注重关键意见领袖的声音。关键意见领袖在论坛社区中具有很高的威望和影响力，他们能被论坛用户普遍接受和信任。

因此，在进行论坛社区推广时，可以通过持续发帖积累人气，将账号打造为具有"意见领袖"标识的人，也可以与论坛社区中的意见领袖进行合作，利用意见领袖的影响力来传播营销信息，可以大大提高营销的效果。

（三）传播互动

在论坛社区中，有不少无人问津的帖子或话题，这些帖子或话题之所以无人问津，在很大程度上是因为没有得到传播和互动。那么要如何让用户自愿参与帖子的传播和互动呢？新媒体运营者可通过策划有创意的话题，发布有吸引力的帖子来点燃用户互动和分享的积极性，让用户主动成为传播者。

8.1.3 论坛社区营销操作

总体来看，论坛社区营销要取得好的效果，需要一定的积累过程，在这一过程中，运营者需要进行软文推广、账号维护等操作，具体可分为以下5个步骤。

- ◆ **第一步，了解论坛社区特点**：不同的论坛社区都具有各自的特点，在进行论坛社区营销前，首先需了解所选择的论坛社区的特点，包括版块分类、内容发布方式、内容规范、是否支持插入外链等。

- ◆ **第二步，注册账号**：确定好需要进行营销推广的论坛社区后，就可以创建账号了。创建前最好提前做好账号名及账号简介的规划，因为部分论坛社区不支持修改账号名。

- **第三步，发布营销软文**：一般而言，大部分论坛社区是不允许发布硬广的，因此发布营销软文是论坛社区营销的常用方式。对于新创建的账号而言，一般不建议马上发布营销软文，可以先浏览帖子，与其他论坛社区用户进行交流互动，等到账号等级有了一定提升后再进行营销推广。

- **第四步，顶帖与互动**：当论坛社区发布的帖子人气不高时，可以使用小号进行顶帖，以提高帖子的活跃度。如果帖子足够优质，可以尝试申请加精，加精后的帖子更容易得到他人的关注。

- **第五步，维护论坛社区账号**：要想论坛社区营销发挥持久的营销力，还需对账号进行维护，以不断提升账号在论坛社区中的影响力。具体做法可以是评论他人的帖子、加入论坛社区某一领域的社群，与群友进行深度交流。除营销软文外，适当发布一些干货帖子，与论坛社区内容版块管理者多交流，以为后期帖子加精或置顶打好基础。

8.2 百度贴吧营销

百度贴吧是以兴趣为主题的互动交流平台，贴吧主题涵盖了游戏、兴趣、地区、动漫、小说、生活等多个版块。百度贴吧中聚集了很多有相同兴趣爱好的人，用户可以在对应的兴趣版块中交流话题，结交好友。

8.2.1 贴吧发帖实战

在百度贴吧进行营销推广，发帖是关键的一步。有百度账号的运营者可使用百度账号登录贴吧，没有账号的运营者可进入百度账号注册页面（https://passport.baidu.com/），输入账号名、手机号、密码和验证码，选中"阅读并接受"

复选框进行账号注册，如图 8-3 所示。

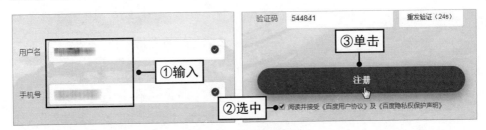

图 8-3　注册百度账号

完成账号注册，即可登录贴吧进行发帖操作，下面来看看如何在百度贴吧发帖。进入百度贴吧首页（https://tieba.baidu.com/）并登录账号，在贴吧首页选择贴吧分类，这里选择"生活家/家居"选项，如图 8-4 所示。

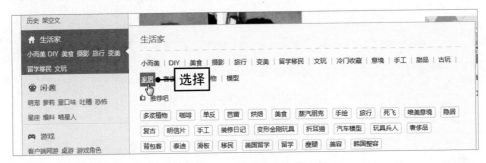

图 8-4　选择贴吧分类

在打开的页面中选择要进入的贴吧，这里单击"创意家居吧"超链接，进入贴吧看帖，单击"发帖"按钮，如图 8-5 所示。

图 8-5　准备发帖

第 8 章　论坛与问答平台营销，小成本获大效果

在页面底部输入帖子标题和内容，单击"发表"按钮发表帖子，如图 8-6 所示。

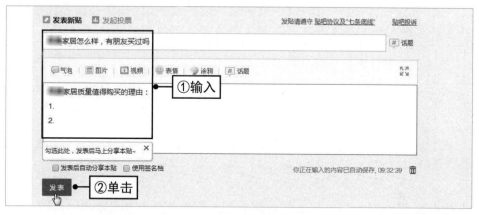

图 8-6　发表帖子

> **小贴士**
>
> 在发表帖子时，还可以插入图片、视频，其中，视频支持在线上传和添加链接两种，视频链接可选择贴吧支持的视频网站链接，其他网站链接无法正常播放。目前，贴吧支持爱奇艺、美拍、优酷、乐视、ACFUN、Bilibili 等视频网站链接。

8.2.2　有吸引力的标题

在贴吧看帖页面，主要会显示帖子标题和一小段正文内容，因此，拟一个有吸引力的标题是很重要的，如图 8-7 所示。

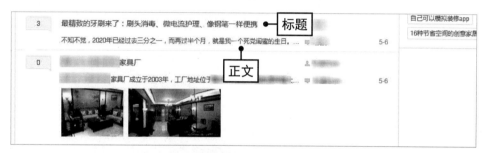

图 8-7　贴吧看帖页面显示方式

从贴吧帖子的展示方式可以看出，标题占据了比较重要的位置，那么怎样拟写标题才能提高帖子的打开率呢？具体可以采用以下方法。

- **标题稍微长点**：帖子的标题不宜过短，太短的标题无法吸引吧友的注意力，一般来说，帖子标题可在10~30字之间，30个字是贴吧对帖子标题的限制字数。

- **从用户搜索角度出发**：贴吧自身所具有的较高权重，使得帖子也可能出现在搜索引擎的搜索结果页面中。因此，运营者可以从目标用户的角度出发，在帖子标题中加入目标用户可能会搜索的关键词，来为帖子引流，如图8-8所示。

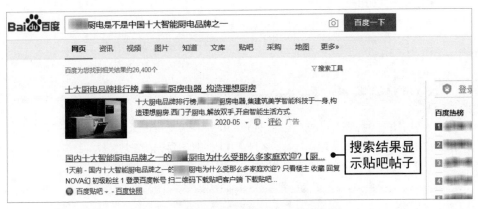

图8-8　搜索结果页面显示百度贴吧帖子

- **结合贴吧用户的兴趣**：因兴趣而相聚是贴吧的重要特征，结合不同领域贴吧的兴趣来撰写标题，可以大大提高帖子的受关注度，以美食吧为例，可以从美食菜谱、减肥餐等美食爱好者感兴趣的内容出发来撰写标题，以吸引吧友关注和互动，如图8-9所示。

图8-9　美食吧帖子

第 8 章　论坛与问答平台营销，小成本获大效果

- **标题中插入话题**：在标题内容中插入话题可以起到引流的作用，而热门话题往往自带流量，因此，运营者可以结合贴吧属性插入合适的话题来提高帖子的点击率，如图 8-10 所示。

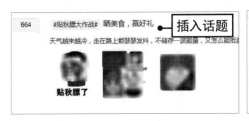 

图 8-10　在帖子中插入话题

8.2.3　百度贴吧顶帖操作

百度贴吧会以最新回复时间来对帖子进行排序，也就是说即使是几天前发布的帖子，如果有人进行回复，同样可以展现在看帖页面的前面。因此当自己发布的帖子被新发布的帖子覆盖，显示页面较落后时，可以自行进行顶帖，让帖子能够在看帖页面前排进行显示，如图 8-11 所示。

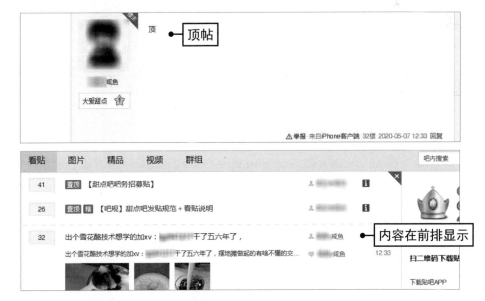

图 8-11　自行顶帖

在贴吧中，顶帖的操作就是对帖子进行回复。进入帖子详情页面，在页面底部输入要回复的内容，单击"发表"按钮即可，如图8-12所示。

图 8-12　进行回复顶帖

根据贴吧帖子的排序规则，在贴吧进行营销推广时，可以将帖子内容分为多段进行发布。具体操作是先发布一小段内容帖，然后在该帖子下以回复的方式一层一层地发布剩下的内容。这种方式可以让帖子有更多机会呈现在看帖页前排，同时也可以为帖子积攒人气，当帖子有了一定人气后，就可以向吧主或吧务申请加精，让帖子显示在"精品"页面并获得"精"标识。

不同的贴吧，加精的要求及申请方式会有所不同，运营者可通过查看该贴吧发布的"申请加精专用帖"来了解具体的加精条件和要求，如图8-13所示为某贴吧加精条件和要求。

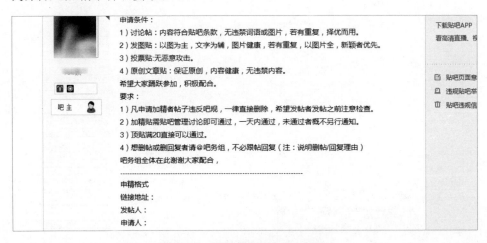

图 8-13　某贴吧加精条件和要求

8.3 豆瓣平台营销

豆瓣是热门的社区平台,在百度搜索引擎中,豆瓣拥有很高的权重,这使得豆瓣营销具有一定的流量优势,再加上较高的用户质量,豆瓣成为众多企业进行新媒体营销的重要阵地。

8.3.1 豆瓣的设置

在豆瓣进行营销推广前,需要进行三个设置,一是签名、个人简介,二是广播,三是页面布局。签名和个人简介可以用于展示自我介绍,同时还可以在其中加入推广信息,如微信号、公众号、微博号等,如图8-14所示。

图8-14 在签名和简介中引流

进入豆瓣账号个人主页后,单击"添加签名档"超链接可进行签名设置,在右侧单击"编辑"按钮可进行个人简介设置,如图8-15所示。

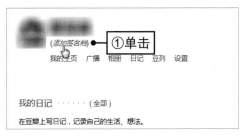 

图8-15 签名和简介设置

当我们在豆瓣上进行图片发布、网页分享等行为时,豆瓣会将这些行为按时间先后通过广播进行呈现,如图8-16所示。

图 8-16 豆瓣广播

当他人关注我们的豆瓣账号后,对方也可以接收到我们发布的广播。为了让营销推广更有针对性,运营者可对想要呈现在广播中的行为进行设置。在个人主页单击"设置"超链接,在"广播设置"选项卡中进行设置,如图 8-17 所示。

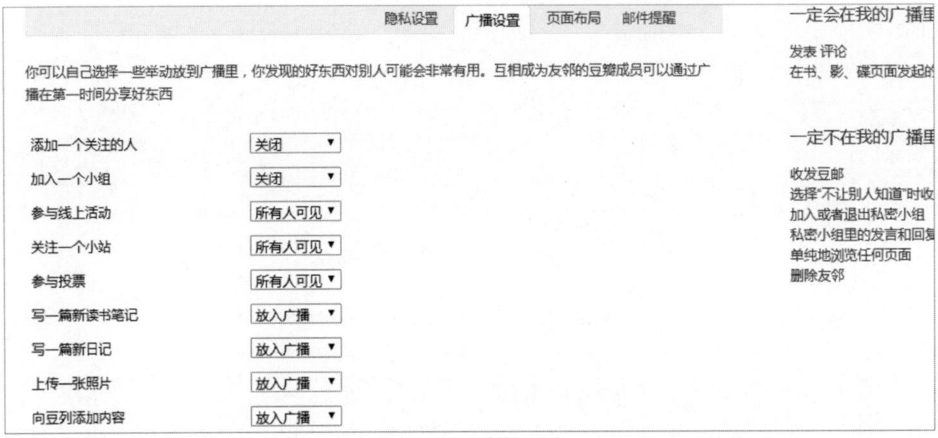

图 8-17 广播设置

页面布局是指个人主页版块的布局方式,运营者可根据营销推广的需要进行布局设置,如可将"相册"版块放在最前面,让进入主页的用户可以一眼看到相册图片。在"设置"页面单击"页面布局"选项卡,在打开的页面中可通过拖曳调整页面布局。

8.3.2 豆瓣日记

豆瓣日记是进行营销推广的重要版块,运营者可以将营销软文发布在豆瓣日记中。优质的豆瓣日记可以在豆瓣"热点内容"版块呈现,如图 8-18 所示。

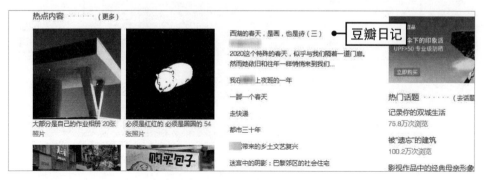

图 8-18　豆瓣"热点内容"

豆瓣日记的发布比较简单,进入豆瓣个人首页,单击"写日记"超链接,在打开的页面中输入内容,如图 8-19 所示。

图 8-19　编辑内容

完成内容编辑后单击"下一步"按钮,在打开的页面中设置标签,如图 8-20 所示。

图 8-20　设置标签

如果是原创文章,可以选中"这是我的原创内容……"复选框,开启版权声明。输入验证码,单击"提交"按钮提交日记,如图 8-21 所示。

图 8-21 提交日记

> 在使用豆瓣日记发表营销软文时,要设置与该内容有关联的标签,如果标签设置不准确会影响日记的推荐,如美食类营销软文,将标签设置为音乐、文学就是不准确的。

豆瓣小组

豆瓣小组是豆瓣为用户提供的可进行话题讨论交流的版块。在豆瓣小组中,用户可以获取到自己感兴趣的信息,还可以发表帖子与小组成员进行讨论。

豆瓣小组类似于一个圈子,其聚集的都是有相同兴趣爱好的人群,利用豆瓣小组,运营者可以实现更精准的营销推广。要在豆瓣小组中进行营销推广,首先需要加入目标人群聚集的小组,如要推广的产品是厨房用品,可以加入美食小组,下面来看看如何在豆瓣中加入小组并发表帖子。

在首页单击"小组"选项卡,在打开的页面中可以看到按分类推荐的小组,选择要加入的小组,单击"加入小组"按钮,如图 8-22 所示。

图 8-22 加入小组

第 8 章　论坛与问答平台营销，小成本获大效果

加入小组后，单击"完成，进入我的小组"按钮，在打开的页面中单击小组名称超链接，这里单击"种花种草"超链接，如图 8-23 所示。

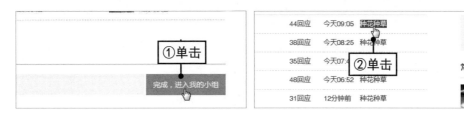

图 8-23　进入小组

进入小组后，单击"发言"按钮，在打开的页面中输入内容，完成后单击"提交"按钮即可发表小组讨论帖，如图 8-24 所示。

图 8-24　发表帖子

不同的小组，对讨论帖内容的要求会有所不同，加入小组后应首先了解小组对内容的要求，以避免发表违反小组规定的讨论帖，导致帖子被删除，如图 8-25 所示为某美食类小组内容规范要求。

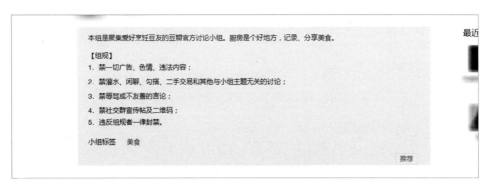

图 8-25　某美食类小组内容规范要求

8.4 知乎平台营销

知乎是备受广大用户喜爱的问答社区,在知乎中,用户可以彼此分享知识、经验等,还可以就某一话题进行讨论。和谐社区氛围及可信赖的优质内容,是知乎所具有的优势。

8.4.1 问答推广的方法

做知乎平台问答推广,主要分三步走,包括账号设置、寻找问题和回答问题,具体内容如下。

(一)账号设置

没有知乎平台账号的新媒体运营者可以进入知乎首页(https://www.zhihu.com/),输入手机号、验证码,单击"注册 / 登录"按钮进行账号注册。已拥有知乎账号的运营者可对个人信息进行设置,详尽的个人信息有助于提高知乎账号的可信任度。

知乎账号个人信息包括性别、一句话介绍、所在行业、个人简介、个人认证等。垂直领域创作者可申请知乎个人认证,通过个人认证的用户可获得认证标识及认证信息展示,认证信息不仅会展示在用户名旁,还会在回答页、搜索结果页呈现。

对企业或机构来说,可申请机构号身份认证,通过机构号身份认证的用户同样可获得蓝色认证标识及数据查询、账号分析等功能。

(二)寻找问题

完成账号设置后,可以在知乎中寻找适合用于营销推广的问题。进入"等你来答"页面,可以按"人气问题""潜力好问""新问题""人人答"分类来查找问题,这里单击"潜力好问"超链接,如图 8-26 所示。

第 8 章　论坛与问答平台营销，小成本获大效果

图 8-26　按分类查看问题

（三）回答问题

找到合适的问题后，可单击"写回答"按钮，进入问题回答页面，回答并提交答案，如要推广一款防晒产品，可以选择"先涂防晒还是先涂粉底"这个问题进行回答，如图 8-27 所示。

图 8-27　选择问题并回答

　　在选择问题时，尽量选择回答数较少的问题，这样可以让更多查看该问题的用户阅读到我们的回答，如果回答的内容得到的赞同数较多，会提高回答的排序。

8.4.2　推文实战步骤

在知乎，除了可以通过回答问题来做营销推广外，还可以通过发布文章来实现品牌或产品宣传，下面来看看如何在知乎发布文章。

进入知乎首页，单击右上角的"写文章"按钮即可进入文章编辑页面，如图 8-28 所示。

图 8-28　准备编辑文章

进入文章编辑页面，编辑题图、标题和内容，单击"发布"按钮即可，如图 8-29 所示。

图 8-29　发布文章

> **小贴士**
>
> 　　在知乎发布文章，如果文章有明确的写作方向，还可以申请开通知乎专栏。知乎专栏是知乎提供给内容创作者的主题栏目写作工具，进入知乎专栏首页（https://zhuanlan.zhihu.com/），单击"申请专栏"按钮可申请开通专栏。

8.5　百度知道平台

百度知道是知名的问答互动平台，在搜索引擎中，百度知道占有很高的权

第 8 章 论坛与问答平台营销，小成本获大效果

重，这也是为什么在百度搜索内容时，百度知道常常会在搜索结果的前几页呈现的原因。

8.5.1 知道推广实战步骤

在百度知道做问答推广，在选择问题时，可以根据问题分类作出选择，也可以通过关键词搜索来筛选问题，具体操作如下。

进入百度知道首页（https://zhidao.baidu.com/），在"在问"下拉列表中可选择问题分类，这里单击"全部问题"超链接。在"新提问"搜索框中输入关键词，单击"筛选"按钮，如图 8-30 所示。

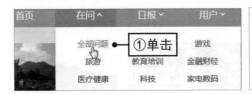

图 8-30　筛选问题

在搜索结果中结合要推广的内容来选择问题，单击问题内容超链接，如图 8-31 所示。

图 8-31　选择问题

进入回答编辑页面，输入内容，单击"提交回答"按钮，如图 8-32 所示。

图 8-32　回答问题

8.5.2 获取数据分析工具

在百度知道个人中心，可以看到"数据中心"栏。在数据中心，可以查看内容分析和互动分析数据。其中，内容分析包含昨日累计的回答数、浏览量、获赞数等数据；互动分析包含新增粉丝数、累计粉丝数、关注列表等数据。通过对内容和互动数据进行分析，可以了解账号在百度知道的影响力，帮助运营者更好地开展知道推广，如图8-33所示。

图8-33 百度知道个人中心

数据工具并不是任何用户都可以使用，目前，数据中心仅针对认证用户开放。百度知道用户认证分为身份职业认证、兴趣认证和加V认证三种。

- **身份职业认证**：针对有专业资质背书的回答者，如教师、医生、律师等，申请身份职业认证时，需提交个人信息，进行实名验证、填写职业信息、并上传相关资质。
- **兴趣认证**：针对某领域优质回答者，如达人、"大V"、领域专家等。申请兴趣认证时，需提交个人信息并满足兴趣认证条件才能申请认证。
- **加V认证**：当用户完成身份职业或兴趣任意一种认证且影响力达标时，即可获得"V"认证标识。

在百度知道首页单击"用户/认证用户"超链接，在打开的页面中单击"申请认证"按钮，即可进入认证申请页面，如图8-34所示。

图8-34 申请百度知道个人认证

第 8 章　论坛与问答平台营销，小成本获大效果

只有满足认证条件的用户才能通过身份职业和兴趣认证，具体条件如表 8-1 所示。

表 8-1　百度知道个人认证条件

认证类型	认证条件
身份职业认证	1. 百度知道账号当前未被封禁。 2. 近 30 天创作的回答中被官方删除回答数 ≤ 10 条。 3. 近 30 天内创作的回答数 ≥ 10 条。 4. 近 30 天创作的回答中优质内容数量占比近 30 天的总回答数达到 60%
兴趣认证	1. 满足身份职业认证 1、2、3、4 条件。 2. 近 30 天某领域回答数占近 30 天回答总数 ≥ 60%。 3. 累计粉丝数 ≥ 5 个

小贴士

若百度知道账号被封禁、个人信息或身份职业信息提交修改，身份职业认证将被取消。若百度知道账号被封禁、近 6 个月内无回答创作记录、已认证领域回答数占近 90 天总回答数的比例低于 30%，兴趣认证将被取消。

8.6　编写高阅读量的回答

不管是知乎，还是百度知道或其他问答平台，回答质量度的高低都是影响回答是否能被采纳的重要因素。那么，什么样的回答才会被提问者认为是优质回答呢？下面具体进行介绍。

8.6.1　选择问题的关键要素

通过问答平台做营销推广，选择问题是很关键的一步。如果问题本身没有针对性，营销效果也不会太明显，选择问题时，要注意以下三个要素。

（一）与行业相关

在问答平台中选择的问题应是与行业有关的，如企业所属的行业是母婴，那么就可以选择育儿、婴幼儿用品等与该行业有关的问题。

（二）问题不能太空泛

太空泛的问题往往无法精准定位目标用户，在选择问题时，应尽量选择针对性较强的问题。以护肤品问答营销为例，什么牌子的护肤品比较好和油性皮肤用什么护肤品较好这两个问题，前者就较为空泛，后者更具有针对性，提出了"油性皮肤"这一限定词，所定位的目标用户会更为精准。

（三）选择搜索频率较高的问题

问题搜索频率的高低会影响问答营销流量的大小，一般来说，如果问题中涵盖的重点关键词搜索量较大，该问题的搜索频率也会相对较高。以护肤步骤和护肤方法这两个关键词为例，根据百度指数显示，护肤步骤关键词的搜索量高于护肤方法，如图8-35所示。

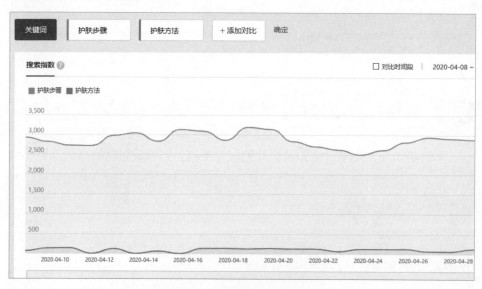

图 8-35 百度关键词搜索指数

通过以上数据，在选择问题时，就可以选择含有"护肤步骤"这个关键词的护肤类问题，这样可以获得更多搜索流量。

8.6.2 5个要求让回答更精彩

从问答平台的回答排序及认证规则来看，回答是否优质，不仅会影响回答的排序，还会影响账号的认证申请，因此，保证回答的质量度是很重要的。那么怎样的回答更容易被提问者采纳和赞同呢？在回答问题时要把握5个要求。

（一）回答切题

在回答问题时，切忌文不对题。如提问者的问题是有没有100元以下适合学生党送朋友的礼物？结果回答的内容却是穿搭教程，这就是典型的"文不对题"式回答。

只有切题准确，与提问？相关的回答才能获得提问者或其他用户的赞同。因此在回答问题时，一定要仔细阅读提问，以确保回答的内容对提问者是有帮助的。

（二）回答具体

回答的内容应具体、有深度，如果回答没有独特的见解，或者过于简单，会让人觉得回答过于敷衍，没有说服力。如提问者的问题是有没有什么好用的护肤品？回答的内容是××面膜、××美容液，这样的回答就过于简单。

针对上述问题，在回答时如果能具体说明产品的特点、成分、优势以及效果等，就会让人觉得很有参考意义，如图8-36所示。

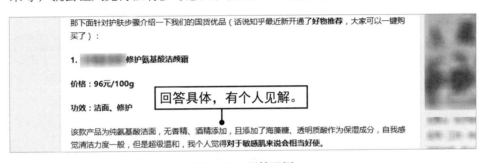

图8-36　回答示例

（三）回答通俗易懂

在回答问题时，应避免专业性过强的回答。以健康类问答为例，并不是所有的提问用户都是医学专业的，如果回答的内容中包含了大量的医学专业用语，会让读者无法理解。回答的内容应以通俗易懂为原则，以便读者阅读。

（四）回答有条理

具体的回答内容应有条理且逻辑清晰，若回答的思路混乱会让读者没有阅读下去的欲望。一般情况下，可采用引言＋分述＋总结的方式来回答问题。

◆ **引言**：引言的内容通常只有一两段话，主要作用是引出要回答的主要内容，如图 8-37 所示。

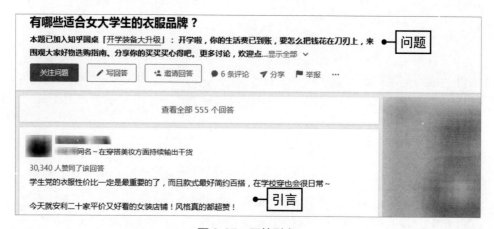

图 8-37　回答引言

◆ **分述**：指具体的回答内容，一般会分点进行概述，以让回答阅读起来有条有理，如图 8-38 所示。

图 8-38　分点概述

◆ **总结**：结尾一般可对回答的内容进行总结或升华，另外，也可以适当插入一些营销信息,如图8-39所示。

图8-39 结尾总结

(五)回答排版美观

排版美观的内容会为回答增分不少。在提交回答时,也要注意对回答内容的排版。内容较多的回答,要注意分段。另外,也可以穿插一些图片让内容阅读起来更轻松,如图8-40所示。

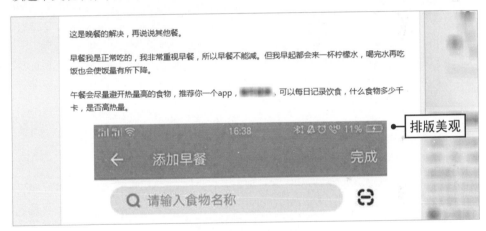

图8-40 回答内容排版美观

8.6.3 策划自问自答营销

如果在问答平台找不到合适的问题,那么可以通过策划自问自答来做营销推广,自问自答营销的操作步骤如下。

◆ **第一步,策划问题**:根据营销推广的需求策划问题,问题要与营销内容相关,且含有用户可能搜索的关键词。

- **第二步，撰写回答**：根据策划的问题撰写回答，回答的内容要巧妙地植入营销信息，不能过于生硬。
- **第三步，问答平台提问**：登录问答平台提交整理好的问题。
- **第四步，问答平台回答**：切换问答平台账号，提交回答。
- **第五步，效果跟踪**：提交问题和回答后，还需要对问答的关注数、排序和赞同数等跟踪查看，了解问答营销的效果。

在实施上述步骤时，有五个要点需要问答平台运营者注意，具体内容如表 8-2 所示。

表 8-2　自问自答营销要点

要点	内容
操作频率不能过于频繁	如果使用同一 IP 地址频繁地切换账号、提问或问答，可能会被系统认定为有作弊嫌疑，导致账号被封禁。因此做自问自答营销要控制好频率。一天内，同一账号提问或回答的次数不要超过 5 次，提问的账号和回答的账号也要分开使用，同时注意更换 IP 地址会更加保险
注意回答的间隔时间	在问答平台发布提问后不要马上去回答，如果刚提问就马上去回答，可能被系统识别为"打广告"，可以在提问 10 小时后再进行回答
培养账号等级	在问答平台，高等级的账号往往能获得更高的权限，新注册的账号建议不要马上开展自问自答营销，可进行养号操作，如签到，模仿正常账号进行提问、回答等，等到账号等级较高时再进行营销操作，回答的通过率会更高，也更容易获得好的排名
尽量多养一些小号	在实施自问自答营销的过程中，可能会因为操作不当导致账号被封，为避免账号封禁后影响营销的开展，运营者可以多养几个小号，来保证营销推广的稳定性
回答和提问都要自然	策划自问自答的问题和答案时，都要以自然为原则，应避免广告式提问和回答，如提问为：××品牌的洗手液怎么样，回答为：××品牌的洗手液味道清新，能持久有效抑菌，可进入××商城购买。这样的提问和回答就比较广告式，凸显刻意运营者要避免类似的提问和回答

直播视频平台营销，打造爆款仪式感

第 9 章

直播和短视频平台已成为众多商家及达人进行营销宣传的新战场。从网红爆款到直播带货的火爆，各路商家和达人无疑都看到了短视频及直播带来的营销价值，而边看边买也逐渐成为了大众喜爱的消费方式。

▶ 直播营销的四大优势　　　▶ 了解抖音短视频平台
▶ 直播风险防范五要素　　　▶ 常见的抖音视频拍摄方式
▶ 直播营销的整体思路　　　▶ 轻松获取内容素材途径
▶ 直播的营销方式　　　　　▶ 把握成为爆款视频的关键
▶ 主流直播平台的介绍　　　▶ 积极参与创意挑战赛
▶ 直播重点与注意事项　　　▶ 快手短视频的产品特点
▶ 短视频内容生态　　　　　▶ 开通快手小店推广商品
▶ 短视频平台特点　　　　　▶ 视频数据分析和推广

9.1 直播营销的基础概念

直播营销是以直播平台为载体而开展的一种营销活动,与其他营销方式不同,直播营销是以视频直播为展示方式,这种营销具有场景化特征,用户可以通过视频实时地了解商品。

9.1.1 直播营销的四大优势

直播是一种场景化的营销方式,通过直播不仅可以为店铺带来流量,还可以提高产品销量,这种营销方式的优势主要体现在以下4个方面。

(一)交互性强

在直播过程中,观众可以通过发送弹幕的方式与主播或直播间的其他用户交流、互动,同时,主播也可以针对观众提出的问题进行解答,这使得直播营销具有很强的交互性。而微信、微博图文营销只能通过评论来实现互动,这种互动无法做到即时性回复,相较于直播营销,交互性较弱。

除了发送弹幕式的互动方式外,直播还有点赞、抽奖、送福利等互动形式,这些互动都是实时且真实的,在互动过程中,用户也会产生很强的参与感,有助于在直播间形成良好的沟通氛围,提升直播的人气,如图9-1所示。

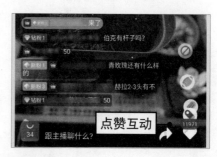

图 9-1 直播互动方式

(二)转化率高

所见即所得是直播营销的一大特征,这种特征体现在主播可以通过直播实

第 9 章 直播视频平台营销，打造爆款仪式感

时地展示最真实的信息，而用户也能通过屏幕了解到产品及直播场景等信息。以服装直播营销为例，主播可以通过试穿展示服装的上身效果，讲解服装的材质、样式、颜色等来全面立体地呈现服装优势及特征。买家可以直观地看到服装的全貌，更容易信任产品，再加上直播可以边看边买，因此营销转化率更高，如图 9-2 所示。

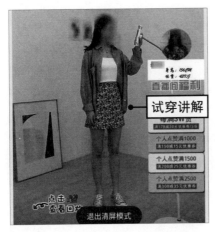 

图 9-2　服装直播营销

（三）精准营销

直播营销与公众号、微博等碎片化营销方式有所不同，用户要通过直播购买商品，需要在特定的时间进入直播间，并观看主播对产品及品牌信息的解说，然后通过直播专拍链接购买商品。

只要是进入直播间的对产品感兴趣的用户，通常不会在短时间内退出直播间，这使得直播往往能吸引大批精准用户。

（四）粉丝忠诚度高

可以看到，很多主播都拥有大量的忠实粉丝，这些粉丝通常都会在固定时间进入直播间观看直播，并持续产生购买力。直播之所以能培养忠诚度较高的粉丝，除了产品及直播内容本身能让用户满意外，还在于主播对用户的吸引力。

通过直播运营及维护，主播可以了解粉丝的喜好，让粉丝在直播过程中认

识、信任并支持自己，这种以人与人信任为基础的营销，很容易获得高黏性的粉丝。

9.1.2 直播风险防范五要素

直播作为一种热门的营销方式，也存在一定的风险，主播要学会防范这些风险。

（一）虚假宣传风险

在直播过程中，部分主播可能会夸大产品效果或进行虚假宣传，导致面临虚假宣传风险。通过直播营销，主播本质上是产品的代言人，在进行产品宣传时，应符合《广告法》以下的规定。

第三条 广告应当真实、合法，以健康的表现形式表达广告内容，符合社会主义精神文明建设和弘扬中华民族优秀传统文化的要求。

第四条 广告不得含有虚假或者引人误解的内容，不得欺骗、误导消费者。

（二）直播话术风险

主播如果在直播间发表不当言论，或者在口述商品信息时违反了相关法律法规的规定，可能会面临封停直播间、罚款等风险，严重的还会面临法律风险。常见的不当言论有民族歧视用语、低俗暴力用语、损害国家尊严的用语等。在口述商品信息时，应符合《广告法》的规定，避免使用"最高级""唯一"等绝对化用语，对商品性能、用途等的描述也应准确、清楚。

（三）平台惩罚风险

开展直播营销，都要依托于直播平台，因此直播内容应符合平台管理规范。以淘宝直播为例，使用淘宝直播平台进行内容创作要符合《内容创作者管理规则》《淘宝直播平台管理规则》。若违反规定，会受到相应的违规处罚，如限制直播内容发布、扣分、清退创作者身份等。

因此，用户在入驻直播平台开展直播前，首先要了解平台规范，避免产生违规行为或发布平台禁止发布的信息，如图 9-3 所示为《淘宝直播平台管理规则》部分内容的规定。

```
第四条【信息发布】
（一）不得发布危害信息，如敏感信息、淫秽色情信息等；
（二）不得发布不实信息，如不实宣传、虚假中奖信息、所推广商品信息与实际信息不一致等；
（三）不得伪造活动信息；
（四）不得发布垃圾广告；
（五）不得发布淘宝直播平台不允许发布的信息。
第五条【行为规范】
（一）主播
1.不得违规推广，如推广的商品涉嫌出售假冒商品、主播违反阿里妈妈平台相关推广规则等等；
2.不得存在易导致交易风险的行为，如引导用户进行线下交易、发布外部网站的商品或信息等；
3.不得侵犯他人权益，如泄露他人信息、不当使用他人权利、骚扰他人等；
4.不得扰乱平台秩序，如进行造假或作弊、提供虚假信息等；
5.不得违背承诺；
6.直播信息不得与入驻信息不符；
7.不得违反淘宝直播平台主播要求。
```

图 9-3　《淘宝直播平台管理规则》部分内容

（四）侵权风险

在直播过程中，主播可能会使用音乐、视频、摄影等作品，在使用这些素材时，要注意版权风险。如有的主播会在直播间翻唱他人的音乐作品并赚取打赏，在这种情况下，若没有获得著作人对音乐的授权，就可能面临侵权风险。因此，在直播过程使用他人的作品时，要特别注意版权风险。

（五）产品质量风险

很多主播在直播中推荐商品多来自于第三方商家，若商家提供的商品存在质量问题，或者本身就是"三无"产品、劣质产品，那么就会面临产品质量风险，遭到买家投诉或平台处罚。

为避免产品质量问题带来的风险，主播在选择商品时，就要对商家以及产品进行调查了解，了解商家的信誉度、产品质量等，同时可对产品进行试用，确保所售商品符合质量要求。

9.1.3　直播营销的整体思路

直播营销在传播和转化上都具有优势，企业或达人在开展直播前，可以按照以下步骤来策划。

（一）明确直播定位

在开展直播营销前，应找准定位。定位明确了直播的一个长期发展方向，主要可从以下五方面来找准定位。

- **直播内容**：包括直播过程中的话题话术、表现方式、活动形式、时长等。
- **出镜形象**：如是否真人出镜、单人出镜还是多人出镜、出镜着装搭配等。
- **直播场景**：一般为室内和室外两种，场景一般要与所销售的产品相搭配，能凸显产品风格。
- **平台选择**：可根据直播内容类型来选择平台，常用的平台有淘宝、抖音、快手、虎牙、微博、哔哩哔哩、西瓜视频等。
- **变现方式**：常见的变现方式有带货、打赏、广告变现、线下引流变现等，运营者要选择适合自身的变现方式。

（二）书写直播脚本

找准直播定位后，还需要根据直播的主要内容来书写脚本。脚本是直播的基础，是直播能否顺利有序进行的关键。脚本是直播现场流程的体现，如表9-1所示为直播脚本示例。

表9-1　直播脚本示例

流程	内容	话术/演练	时长
开场预热	打招呼，热场	大家好，欢迎进入××直播间	30秒
进入主题	逐个推荐产品	根据产品优势及特征来做演练和解说	4小时
粉丝互动	优惠福利互动	直播间随机抽取幸运粉丝	5分钟
结束直播	结束直播	预告下期直播内容，引导关注主播，强调每周开播时间	1分钟

（三）直播预热和引流

通过多种渠道和方式宣传直播间，为直播引流，如通过公众号、微博、朋友圈、微淘、付费渠道、自媒体平台和社群等发布直播预告，提前做好开播

第 9 章 直播视频平台营销，打造爆款仪式感

预热，以让用户能在开播时进入直播间，如图 9-4 所示为直播开播预热。

图 9-4 直播开播预热

（四）直播总结

一场直播结束后，需要对直播进行总结，了解直播的参与人数、打赏金额、客单价等，同时总结经验，对直播过程中的不足进行反思，以持续提升直播能力，优化直播活动方式等。

9.2 直播活动的实施与执行

不清楚直播营销方式及平台特点就盲目开播，会导致直播过程中问题重重，影响用户观看体验，这是很多新秀主播常犯的错误。为避免以上错误，在实施和执行直播前，有必要对直播营销模式及平台有一个较为清晰的认识和了解。

9.2.1 直播的营销方式

直播以其直观、即时的呈现方式赢得了不少消费群体的喜爱，在直播平台开展直播，其营销方式有多种，企业可以根据实际情况来选择。

（一）品牌 + 直播 + 名人

这是很多品牌企业常用的营销模式，通过名人直播来进行品牌宣传或带货。

由于名人通常自带流量和粉丝,因此这种营销方式往往见效较快,但成本也相对较高。如果企业想要通过直播实现长期的营销推广,可以考虑与固定的明星合作,让其成为企业的品牌代言人,然后通过定期直播来塑造品牌形象。

(二)主播+明星互动

主播+明星互动的方式是很多直播达人常用的营销方式,这类直播达人通常拥有上百万甚至上千万的粉丝量,人格化特征显著,其本身也有足够的知名度。他们会邀请明星做客直播间,明星助阵不仅能提升直播间的人气和热度,同时还能提升主播的形象。

在直播过程中,主播通常会和明星进行互动,既能保证直播现场的互动感,也能给用户带来良好的观看体验。在这种营销方式下,主播推荐的产品通常都是第三方商家提供的,货品更新频率也很高。

(三)主播+自身产品销售

主播+自身产品销售是很多中小型企业及商家常用的营销模式。在这种营销模式下,主播一般为企业的职员,他们会通过直播向观众介绍店内销售的产品,以提高产品销量。

由于主播只是普通职员,因此可根据营销需求来选择是否由真人出镜,一般来说,如果主播形象较好,那么可选择真人出镜。另外,还可根据产品类型来考虑是否需要真人出镜,如服装、美妆等产品,由于需要进行产品试穿和试用,所以一般都需要真人出镜,而家居、美食等产品则不一定需要真人出镜。

(四)主播+产品推荐+深入互动

对于一些粉丝量中等或较小的专业主播来说,他们会与第三方商家合作,通过在直播间与用户进行深入互动来实现带货。在直播过程中,他们会通过多种福利策略来提升销量和转化,如优惠券、秒杀、抽奖、拍卖等。

(五)直播+在线教学+周边产品/知识付费

对于一些以在线教学为主要内容的直播来说,其会通过传播知识、经验,

第 9 章 直播视频平台营销，打造爆款仪式感

在直播间推荐付费课程或周边产品来实现营销目的，如摄影类、花艺类、绘画类直播等。相较于"主播+产品带货"的营销方式，这类型的直播营销更注重知识内容本身，广告营销的内容相对较少，因为只有内容足够打动用户，他们才愿意购买课程或产品。

9.2.2 主流直播平台的介绍

不同的直播平台都有其各自的特点和优势，其聚集的用户群体也是不同的，下面就来了解直播平台的主要类型和特点。

（一）电商类直播平台

电商类直播平台是以产品销售为主的直播平台，种类丰富的产品和商家资源是此类平台的重要优势，代表性的直播平台有淘宝、蘑菇街、京东、拼多多（被称为多多直播）等。这类平台的直播模式为"商家/主播+产品带货"。

以淘宝直播为例，淘宝直播定位是生活消费类直播平台，商家和个人都可以申请入驻。淘宝直播平台聚集了很多头部带货达人和明星主播，同时也是淘宝商家的主要营销阵地。用户可通过淘宝 APP 以及淘宝直播 APP 观看直播，如图 9-5 所示。

图 9-5 淘宝直播入口

（二）短视频内容直播平台

短视频内容直播平台是依托短视频平台而发展起来的，代表性直播平台有

抖音和快手，达人资源丰富、内容多样化是此类直播平台的重要优势。

短视频内容直播平台主要走的是"直播＋电商"模式，因其没有电商运营基础，所以此类直播平台的货品主要依赖第三方平台，如淘宝、京东、拼多多等，一部分为平台小店自有商品。

由于用户群体和推荐机制的不同，再加上抖音更注重内容，快手更注重人，这使得抖音还是以"短视频带货为主，直播带货为辅"，通过将用户引流到淘宝等平台进行收割。快手的内容更简单粗暴，主播与粉丝之间拥有很强的信任关系，这种强信任关系使得快手直播具有"老铁经济"特征。

（三）娱乐类直播平台

泛娱乐类直播平台是指以唱歌跳舞、游戏等娱乐性内容为主的直播平台，代表性直播平台有虎牙、斗鱼、花椒、映客等，主播的变现方式主要是靠打赏。

- **虎牙/斗鱼直播**：虎牙和斗鱼直播都是以游戏直播为主的直播平台，其提供手游、电竞赛事、棋牌休闲等游戏直播。
- **花椒/映客直播**：花椒和映客直播是以文娱为主的直播平台，颜值、才艺、聊天互动等是此类直播平台的特点。

（四）社交类直播平台

社交类直播平台是指基于社交平台的直播，如看点直播、微博直播等。看点直播是微信平台上的一款直播小程序，其能为微信平台上的内容创作者和商家提供在线直播服务，能够在微信中进行直播分享、互动是看点直播所具有的优势。微博直播是新浪微博提供的在线直播工具，明星资源、天然粉丝优势是微博直播的特点。

9.2.3 直播重点与注意事项

不管在哪种类型的平台上开展直播，有几个要点都需要主播特别注意，具体包括以下两点。

（一）直播封面和标题

在直播平台中，直播间的流量主要来源于自有粉丝和官方推荐两个渠道，要将官方推荐的用户引流到自己的直播间，封面和标题非常重要。如果封面杂乱，标题没有吸引力，那么将会大大影响直播间的打开率。什么样的封面才是优质封面呢？具体要满足以下几点。

- ◆ 直播封面要清晰、美观、自然，应是与直播主题或主播有关的。
- ◆ 封面应有能吸引用户的亮点，如真人出镜、产品画面、游戏精彩瞬间等。
- ◆ 不要使用拼贴图、带牛皮癣的图片作为封面。
- ◆ 封面内容应完整、主题突出，不可过于花哨而影响视觉效果。

如图9-6所示为直播封面图示例，可以看出封面都具有构图美观，背景干净清晰的特点。

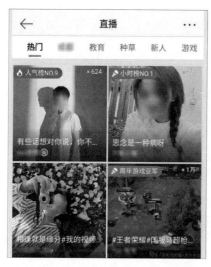 

图9-6　直播封面图示例

直播标题要简洁、通俗易懂，能够体现直播内容，应避免在标题中使用绝对化、误导性的词汇。建议标题不要太长，太长的标题无法全部呈现在封面页，重点关键词要放在前面，这样可以让粉丝了解到直播重点信息。下面以电商、游戏、知识类直播为例，来了解标题写作方法，如表9-2所示。

表 9-2　常见直播类型标题写作方法及示例

类型	方法	示例
电商类直播	标题可由商品信息、活动信息、折扣福利和攻略等内容组成	1. 枇杷果园现摘现发。 2. 各大品牌香水半价。 3. 夏季显高穿搭指南
游戏类直播	标题可由游戏名称、角色名称、精彩瞬间、游戏常用语和主播名称等内容组成，标题可适当夸张、搞笑	1. 打野专场教学。 2. 王者局高手是怎样炼成的
知识类直播	标题可由技能技巧、讲师名称和课程要点等内容组成	1. 平面与表情包处理流程。 2. 素描：旋转小竹梯

（二）直播间的布置

一场直播要获得良好的直播效果，场景的布置也很关键，主播要避免在灯光昏暗、背景杂乱的场景中进行直播，具体在布置直播间时，有以下两点注意事项。

◆ **灯光**：直播间灯光应明亮柔和，得当灯光布置，具有美化人物皮肤，突出产品色泽的作用。一般来说，室内直播可使用房间的吊灯或摄影灯作为主灯，使人物或产品受光均匀，同时使用补光灯来还原色彩或为皮肤打光，如图 9-7 所示为直播间常见灯光布置。

图 9-7　直播间灯光布置

◆ **背景**：直播间背景应以整洁、干净为原则来布置，室内可使用纯色背景墙、背景布或者与直播内容相关的干净场景作为背景。布置背景时，可适当用一些装饰来搭配，如绿植、家居用品等。室外可根据直播需要来选择背景，尽量选择光线较好、场景美观的环境来作为背景。

 小贴士

室外直播时，为避免走动导致画面抖动，可使用小巧、方便携带的手机稳定器来辅助进行直播，手机稳定器可以有效避免晃动带来的画面模糊问题，帮助主播在户外移动直播时呈现平稳的画面。

9.3 短视频基础知识

随着短视频的火爆，短视频已成为众多企业及达人进行流量收割的重要工具。在快节奏的生活中，短视频满足了人们碎片化阅读、短时间休闲娱乐的需求，再加上移动网速的提升，这使得短视频发展势头迅猛。

9.3.1 短视频内容生态

从短视频兴起到现在，内容始终是短视频能否取胜的关键。如今，短视频行业已逐渐形成了自己的内容生态，具体来看有以下四点特征。

（一）泛娱乐内容仍占主导地位

从各大平台短视频的内容形式来看，泛娱乐内容仍占据着主导地位，这主要是因为泛娱乐内容的门槛较低。同时，人们也需要娱乐化的内容来放松心情，因此，泛娱乐内容始终是短视频平台不可或缺的一种内容形式。

泛娱乐内容传播力很强，但也存在内容雷同、用户黏性较弱等缺点。随着泛娱乐内容的增多，过于简单的泛娱乐类短视频很难再打动用户。因此，短视频创作者也在逐渐提高泛娱乐化内容的质量，泛娱乐内容从"多"向"精"发展。

小贴士

泛娱乐内容是指音乐、舞蹈、搞笑、颜值、萌娃、萌宠类的短视频，这类型短视频的内容普适性强，因此目标受众广泛且复杂，标签特征不明显，流量获取相对较容易。

（二）短视频内容向垂直化发展

在内容方向上，短视频逐渐呈垂直化发展趋势，深耕美妆、美食、游戏、母婴、健康等垂直领域的创作者逐渐增多。在内容创作上，短视频创作者更专注于一个领域，而不是多内容领域创作视频。

垂直化是短视频内容发展的一大趋势，垂直领域的短视频具有内容差异性强、粉丝忠诚度高等特点。另外，大多数广告主也更愿意选择垂直领域短视频创作者来投放广告，因为面向用户更精准。

（三）短视频内容向多元化发展

在短视频逐渐垂直化发展的同时，其他领域的内容也在增长，泛生活类、泛知识类、泛资讯类、泛文化类内容逐渐增多，短视频内容呈现多元化趋势。用户群体的增长及习惯的变化，是短视频内容向多元化发展的主要原因，大众既喜欢在短视频平台上观看vlog生活记录短片，也有获取知识、资讯等内容的需求。

（四）短视频时长变长

在短视频刚掀起浪潮时，15秒内的视频是其主要的特色。如今，短视频时长已不再局限于15秒，各大平台纷纷开放了1分钟、5分钟视频权限，短视频时长逐渐变长。

从短视频内容上来看，15秒的内容很难做到有深度，无法满足知识、生活记录等类型短视频创作的需求，而"长视频"则能满足创作者打造深度视频的需求。

第 9 章　直播视频平台营销，打造爆款仪式感

9.3.2 短视频平台特点

根据《2019 短视频行业研究报告》显示，截至 2019 年 6 月，短视频行业用户规模数为 8.57 亿人。2018 年，短视频月总使用时长超越在线视频，成为仅次于即时通信的第二大行业。从以上数据可以看出，短视频行业风头正茂。

随着短视频的迅猛发展，短视频平台也保持快速增长的态势，那么这些短视频平台都有哪些特点呢？下面具体来了解一下。

（一）社交属性、门槛低

具有社交属性、门槛低是短视频平台的一大特点。从目前持续运营的短视频平台类 APP 来看，大多数 APP 都提供了社交功能，用户可以在短视频 APP 中发布并分享自己拍摄的视频，并与其他用户进行互动交流，同时还可以添加通讯录或社交平台好友，如图 9-8 所示为短视频 APP 的分享和好友添加功能。

图 9-8　短视频 APP 的社交功能

短视频平台的入驻门槛很低，只要完成账号注册，就可以在短视频 APP 中发布视频。同时，大多数短视频 APP 还提供了视频拍摄功能，用户可以直接拍摄视频并上传至平台，如图 9-9 所示。

图 9-9　短视频 APP 拍摄功能

（二）竖屏信息流式呈现

与传统的横屏视频展示方式有所不同，在短视频APP中，视频主要以竖屏、信息流的方式来呈现，用户可通过上下滑动来观看短视频。这种呈现方式可以很好地突出视频内容，同时也便于用户在手机上观看视频，减少了翻转手机的操作，如图9-10所示。

图9-10　短视频呈现方式

9.4　抖音平台营销

在短视频行业中，抖音以其独特的玩法和算法推荐机制，吸引了大批忠诚用户及优秀的视频创作者。随着抖音的不断发展，其商业价值也日益显现，抖音成为新媒体营销的重要阵地。

9.4.1　了解抖音短视频平台

抖音定位于记录美好生活的短视频社区，从短视频的日均使用时长和日均活跃用户量来看，抖音都具有优势。根据《2019抖音大数据报告》显示，截至

第 9 章　直播视频平台营销，打造爆款仪式感

2020 年 1 月，抖音日活跃用户数超 4 亿，如图 9-11 所示。

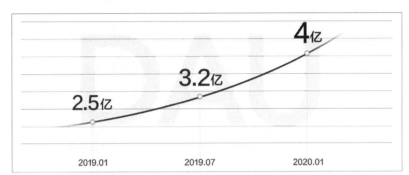

图 9-11　抖音日活跃用户数

对于想利用短视频进行营销推广的企业及达人来说，抖音是首选平台之一。抖音的用户群体多为年轻用户，以 80、90 后为主，其中女性用户多于男性用户，"潮""酷""时尚"是抖音短视频的标签。

个性化智能推荐算法、多元化的内容形式以及有趣的特效贴纸都是抖音的特色。很多热点话题都在抖音发酵并火爆全网，同时，也有大量人气好物在抖音被带火，"抖音同款"俨然成为了很多商家营销的标签。合拍、同款贴纸、同款音乐也成为抖音内容再创作的一种方式，如图 9-12 所示为抖音合拍及贴纸功能。

 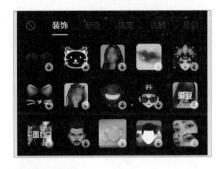

图 9-12　抖音合拍和贴纸功能

从营销方式上来看，抖音的营销玩法新颖且具有多样性，从核心流量产品（如开屏广告、信息流广告），到内容型社交产品（如挑战赛、原创音乐定位）、主题场景产品（如美食季、旅行主题营销活动）、IP 共创产品（如美好研习所、

快闪季等），抖音以其独具创意的营销方式吸引了大量时尚、科技、游戏等企业的青睐，如图9-13所示。

图9-13 抖音品牌营销方式

9.4.2 常见的抖音视频拍摄方式

抖音提供的视频拍摄功能是比较丰富的，只要掌握了一定的拍摄技巧，利用抖音APP，也可以拍摄出具有吸引力的短视频，常见的抖音视频拍摄方式有以下四种。

（一）快慢镜头拍摄

快慢镜头拍摄是比较常用的短视频录制方法，在拍摄时，可以根据视频内容的需要，营造加速或减速的视频效果。通过快慢镜头拍摄可以让主角动作呈现快慢变化。在抖音APP拍摄界面，点击"速度关"按钮即可打开快慢镜头拍摄功能。在具体拍摄过程中，可通过切换快慢特效来得到想要的效果，如图9-14所示。

图9-14 快慢镜头特效

(二)使用道具拍摄

在抖音中,可以看到很多具有动态效果的视频,这些视频有的是使用抖音道具进行拍摄的。拍摄道具具有美化视频界面、优化背景、突出主体、营造动态效果等作用,当视频的拍摄背景比较杂乱时,或者镜头较空无法突出被拍摄对象时,就可以使用道具对视频进行美化。

在抖音 APP 拍摄界面,点击"道具"按钮,在打开的页面即可查看到抖音平台提供的道具,点击需要使用的道具即可进行视频拍摄,如图 9-15 所示。

图 9-15　抖音拍摄道具

> **小贴士**
>
> 抖音提供的特效道具非常丰富,在拍摄时,可以先使用道具预拍摄一段视频,了解道具所呈现的效果后,再拍摄正式视频。

(三)使用影集拍摄

在抖音 APP 中,还可以将多张静态照片以动态影集的效果进行呈现,再搭配有节奏的音乐,可以得到有趣的卡点视频。

影集视频的制作比较简单,在拍摄界面点击"影集"按钮,在打开的页面中可以看到种类丰富的模板,选择合适的影集模板,点击"使用"按钮后会进入相册选择页面,在相册中选择合适的照片上传即可,如图 9-16 所示。

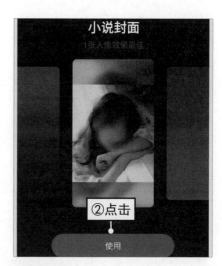

图 9-16　抖音影集拍摄工具

（四）使用滤镜、美化拍摄

当我们需要对视频画面进行美化时，可以使用抖音的滤镜和美化功能。抖音中提供的滤镜很丰富，包括人像滤镜、风景滤镜、美食滤镜等，可根据拍摄场景来选择。美化功能则主要针对人像摄影，可进行磨皮、瘦脸等美颜操作，如图 9-17 所示。

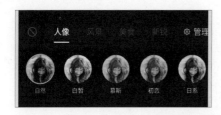

图 9-17　抖音滤镜、美化功能

9.4.3　轻松获取内容素材途径

制作抖音短视频时，为了得到满意的效果，有时会需要使用一些视频及音频素材。这些视频和音频素材可以通过素材网站获取，下面介绍一些实用的素材网站。

第 9 章　直播视频平台营销，打造爆款仪式感

（一）Pexels

Pexels（https://www.pexels.com）是一个免费的图片及视频素材网站，该网站提供的素材质量都比较高，在首页单击"videos"超链接即可进入视频素材页面，同时还可以通过关键词搜索来筛选素材，如图 9-18 所示为网站首页。

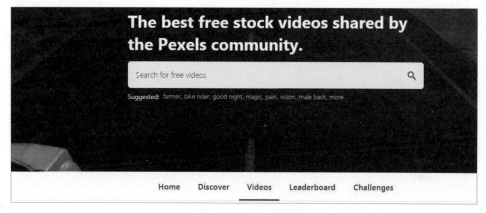

图 9-18　Pexels 网站首页

（二）mazwai

mazwai（https://mazwai.com/）是一个高清的影片素材分享网站，可按分类进行视频素材筛选，如图 9-19 所示为网站首页。

图 9-19　mazwai 网站首页

(三)耳聆网

耳聆网(https://www.ear0.com/)是声音分享平台,其提供了海量的声音资源,可按标签、类型来对素材进行筛选。耳聆网提供CC(知识共享)、BY(署名)、BY-NC(创作共用-署名)三类许可协议,在使用网站提供的素材时要注意该音频所使用的许可协议,如图9-20所示为网站首页。

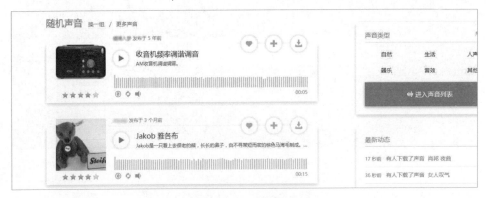

图 9-20　耳聆网首页

> **小贴士**
>
> 除了通过音乐素材网站获取音频素材外,还可以在抖音APP音乐库中选择合适的配乐,另外,也可以通过音乐播放软件获取背景音乐,只不过在使用这些音乐素材时要注意用途,部分素材需要授权后才能用于短视频中。

9.4.4　把握成为爆款视频的关键

内容是做抖音平台营销推广的核心,对运营者来说,要打造一个高曝光度的短视频,需要把握住爆款视频的内核,具体包括以下三点。

(一)抓住"美"的特征

从抖音的定位可以看出,"美"是抖音视频的一大特征。因此,在抖音创作视频,可以从"美"的角度出发。在抖音中,"美"的视频总能收获大量

第 9 章　直播视频平台营销，打造爆款仪式感

的点赞，因此将视频拍得有美感就是爆款视频的关键要素之一，高颜值"小哥哥""小姐姐"、优美的景色、精致的美食都可能在抖音成为爆款视频，如图 9-21 所示。

图 9-21　抖音"颜值"类短视频

（二）抓住"萌"的特征

除了美，在抖音还有一类短视频也很受欢迎，那就是"萌"。萌会给人以可爱、温柔、治愈的感觉，因此这类视频在抖音有很高的热度，常常成为爆款视频，萌娃、萌宠都可以成为抖音短视频的创作要素。

以萌宠类视频为例，在抖音中，萌宠视频常常能上抖音热门榜单，其话题的参与量与播放量也很高。很多萌宠类视频创作者也在抖音收获了大量的忠实粉丝，如图 9-22 所示。

图 9-22　抖音热点和萌宠话题

255

(三)抓住"新奇"的特征

随着同质化现象日益凸显,短视频要赢得广大受众的喜爱,还要从创意入手。逆向思维、结局反转的短视频会让观众感到新鲜、有趣,自然会获得点赞转发,助力视频上热门。另外,创作者还可以将视频制作成短片连续剧,通过在视频中提出问题或留下悬疑来吸引观众持续关注,如图 9-23 所示。

图 9-23　剧情反转类短视频

9.4.5　积极参与创意挑战赛

挑战赛是抖音提供的一种营销产品,对企业来说,可以通过发起挑战赛来实现大促销、新品推广以及品牌造势等营销目标。对抖音内容创作者来说,可以通过参与挑战赛来为账号引流。

抖音挑战赛分为超级挑战赛和品牌挑战赛两种,超级挑战赛配置的资源全面丰富,包括常规推广资源、话题引流、创意 H5 营销等,品牌挑战赛配置的资源相对较少,企业可根据营销需求来选择合适的调整模式。一般来说,初次发起挑战赛的企业可以选择品牌挑战赛。

挑战赛的流量入口有很多,包括抖音开屏、话题页、站内私信、信息流页面等。挑战赛话题即是挑战赛的名称,话题是否有吸引力、是否符合营销主题,

第 9 章　直播视频平台营销，打造爆款仪式感

是挑战赛能否获得用户广泛参与的要素，实现营销目标的重要保障，如图 9-24 所示为抖音挑战赛流量入口。

图 9-24　抖音挑战赛流量入口

内容创作者在参与挑战赛时，要注意挑战赛的参与规则，以确保创作的视频符合挑战话题。进入挑战赛话题页面后，点击"◉"按钮可进入详情页，点击"参与"按钮即可参与挑战，如图 9-25 所示。

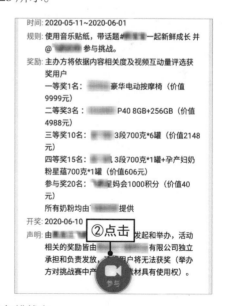

图 9-25　参与挑战赛

> **小贴士**
>
> 发起挑战赛的企业或商家在设计挑战赛话题时，可从产品名、品牌名、流行语和节日节点出发来为挑战赛话题命名。其中，节日节点、流行语类的挑战话题对用户的整体吸引力会更高，如#抖出你的新年味、#快来一起学猪叫等挑战赛，都吸引大量用户的参与和讨论。

9.5 快手平台营销

快手最初是一款 GIF 图片制作和分享应用，之后转型为短视频社区。快手定位于记录和分享生活的短视频平台，在短视频市场中，快手位于第一梯队，拥有用户及流量优势。

9.5.1 快手短视频的产品特点

与抖音不同的是，快手短视频首页是以视频封面合集双列布局的方式进行呈现的，用户可根据喜好来选择想要观看的视频。快手的视频播放页简洁美观，没有标题、评论等入口影响用户观看视频，关注及点赞按钮都位于视频界面的顶部。

在快手 APP 中，不能通过上下滑动观看视频，用户要观看其他视频需要进入视频集合页。在视频播放页面向下滑动可进行视频评论并查看评论内容，向右滑动可进入创作者个人简介页，进行关注或查看该创作者的其他作品。

从快手的界面功能特点来看，快手更注重社交功能，其鼓励用户去评论互动，而抖音更注重内容观看效果。

快手的这种界面呈现方式也有一定优势，一是，双列布局可以呈现更多视频，给了用户选择视频的机会；二是，互动反馈更好，视频的完播率也更高，如图 9-26 所示。

第 9 章 直播视频平台营销，打造爆款仪式感

图 9-26 快手短视频内容呈现方式

对于不喜欢上述呈现方式的用户来说，也可以开启快手提供的"大屏模式"来观看视频。在大屏模式下，可通过上下滑动切换视频。

从营销模式上来看，快手良好的社交生态为其开展社交营销提供了有利条件，快手电商就是其中的代表。在快手 APP 中，快手电商可开通快手小店展示商品，通过短视频、直播来实现带货。从带货能力上来看，快手电商也拥有很强的带货能力。

9.5.2 开通快手小店推广商品

快手小店是快手提供给商家及达人的电商交易工具，创作者或商家可进入快手 APP，在首页点击"设置"按钮，在打开的左侧侧边栏点击"更多"按钮，如图 9-27 所示。

 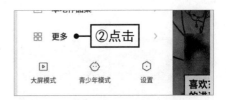

图 9-27　进入快手 APP

在打开的页面中点击"小店订单"按钮,进入"快手小店"页面,点击"我要开店"按钮申请开通小店,如图 9-28 所示。

图 9-28　申请开通快手小店

成功开通快手小店后,可在快手小店(卖家端)页面单击"添加商品"按钮,在打开的页面中填写商品类别、标题、商品详情并提供图片,点击"提交审核"按钮即可,如图 9-29 所示。

 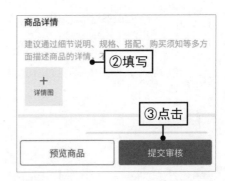

图 9-29　添加商品

快手小店可售卖快手自家店铺商品,也可以销售第三方平台上的产品,如淘宝、拼多多、京东、有赞和魔筷等。成功添加商品后,创作者可在个人主页展示小店入口,也可以在短视频中关联相关商品。

要在个人主页展示小店入口,可在快手小店(卖家版)页面点击"个人页店铺"按钮,在打开的页面中点击"立即展示"按钮即可,如图9-30所示。

图9-30　在个人主页展示小店入口

要将短视频关联商品,可在上传视频时点击"关联我的商品"超链接,在打开的页面中选中要关联的商品单选按钮,点击"关联到作品"按钮,如9-31所示。

 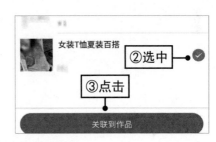

图9-31　在短视频中关联商品

9.5.3　视频数据分析和推广

在运营快手账号的过程中,数据分析是很重要的一个环节。通过数据分析可以了解哪些视频更受粉丝喜欢,哪些视频具有爆款潜质,以及哪些视频带货能力更强,然后有针对性地推广视频,增加视频曝光,为账号吸引更多潜在粉丝。

快手为创作者提供了服务平台,在创作者服务平台,运营者可进行视频数据分析并对发布的视频进行管理,下面来看看如何查看视频数据。

进入快手创作者服务平台(https://cp.kuaishou.com/),单击"立即登录"按钮,在打开的页面中输入手机号和验证码,单击"登录"按钮,如图9-32所示。

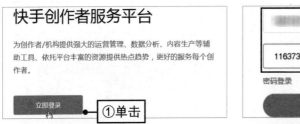
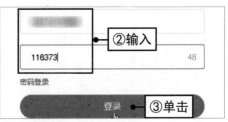

图 9-32　登录快手创作者平台

进入创作者服务平台，单击"统计/作品分析"按钮，在打开的页面中可查看到近 7 日作品数据、作品数据趋势、作品数据明细，如图 9-33 所示。

图 9-33　查看视频数据

对于潜力视频，可使用快手提供的"作品推广服务"工具进行推广。在快手 APP 侧边栏点击"头像"按钮，在打开的页面中选择已发布的视频，如图 9-34 所示。

图 9-34　选择作品

在"分享"下拉列表中点击"作品推广"按钮，进入作品推广页面，设置投放人群、投放时长等，点击"去支付"按钮，如图 9-35 所示。

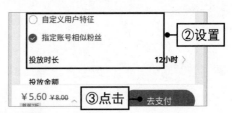

图 9-35　进行作品推广

音频与垂直APP营销，直接促进话题传播

第10章

在新媒体营销时代，内容营销的表现形式具有多样化，除图文、视频外，音频营销的价值也不断显现，各大音频平台积累的海量用户资源也为音频营销打下了良好基础。在精准营销方面，垂直类APP独具优势，其面对的人群特征显著，意向明确，使得营销推广具有很强的针对性。

▶ 了解音频营销
▶ 各类音频平台的介绍
▶ 音频内容中植入广告
▶ 搭建音频自媒体
▶ 什么是垂直类APP
▶ 常见垂直行业APP简介
▶ 垂直行业APP营销的注意事项

10.1 互联网音频平台的营销方式

在新媒体环境下,网络音频平台并没有丧失活力,相反,网络音频平台逐渐探索出了适合自身的发展路径,一些新型营销模式也在音频平台发展起来,如场景化广告投放、音频直播等。

10.1.1 了解音频营销

这里指音频营销是以声音为媒介,在网络音频平台所开展的营销活动。不同于传统的广播营销,音频营销具有场景化、互动性、闭屏化等特征。伴随性、代入感强是移动音频营销的优势,听众可在健身、做饭、徒步等行为状态下收听音频,而不会占用人们的视线,如图10-1所示为2019蜻蜓FM核心用户收听场景和时段分布数据。

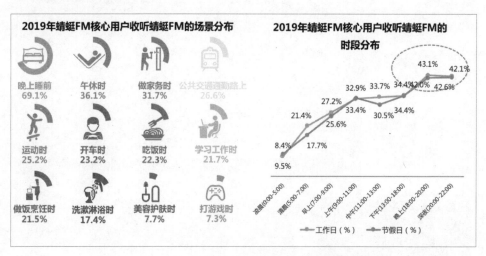

图10-1 2019蜻蜓FM核心用户收听场景和时段分布数据

从上图可以看出,用户收听音频的场景具有多样性,时间上具有广泛性,这为音频实现全场景营销提供了有利条件。在移动音频平台,大多数听众都有长期收听音频的习惯,这使得音频可以潜移默化地向听众传递营销信息,让用户逐渐认同品牌并产生共鸣。

第 10 章　音频与垂直 APP 营销，直接促进话题传播

从营销方式上来看，音频常用的营销方式有内容植入式营销、建立品牌音频自媒体、主播推广、音频直播推广等，如图 10-2 所示。

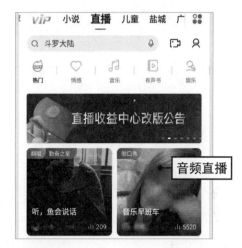

图 10-2　音频平台营销方式

在各类新媒体平台，人们每天都会接受海量的讯息，在观看开屏广告时，观众会有意忽略广告内容。在讯息刷屏的今天，有着闭屏优势的音频营销反而可以让品牌信息更深入地触达用户。

10.1.2　各类音频平台的介绍

目前，市场上的网络音频平台种类繁多，选择用户数量较大，有流量优势的平台更利于收获忠实听众，并进行营销推广。根据艾媒数据移动 APP 指数 2020 年 3 月的数据显示，有声音频平台独立设备数、月度总使用次数占比排在前面的平台有喜马拉雅 FM、蜻蜓 FM、荔枝以及企鹅 FM。

因此，企业或主播在选择音频平台时，可首选这几个平台，如图 10-3 所示为 2020 年 3 月有声音频平台 APP 指数数据。

排名	对比	应用	已通过全流量验证	类别	独立设备(万台)	环比增幅(%)
1	☐	喜马拉雅FM	✓	音乐音频 - 有声音频	16948↑	+1.8
2	☐	荔枝	✓	音乐音频 - 有声音频	5479↓	-4.2
3	☐	蜻蜓FM		音乐音频 - 有声音频	4224↑	+7.9
4	☐	企鹅FM		音乐音频 - 有声音频	297↑	+1.4

排名	对比	应用	已通过全流量验证	类别	总使用次数占比(%)
1	☐	喜马拉雅FM	✓	音乐音频 - 有声音频	0.57
2	☐	蜻蜓FM		音乐音频 - 有声音频	0.13
3	☐	荔枝	✓	音乐音频 - 有声音频	0.08
4	☐	企鹅FM		音乐音频 - 有声音频	0.01

图 10-3　音频平台 APP 指数数据

下面以喜马拉雅 FM、蜻蜓 FM 以及荔枝音频平台为例，来看看这三个平台的特点。

（一）喜马拉雅 FM

喜马拉雅 FM 是专业的综合类音频平台，其提供的音频内容丰富，汇集了小说、历史、情感生活、商业财经等多个类别。作为专业的音频平台，喜马拉雅提供了很多特色功能，如音频倍数播放、定时播放、在线录音等，如图 10-4 所示。

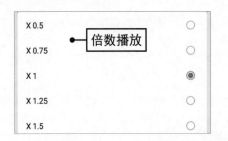
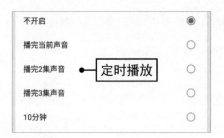

图 10-4　喜马拉雅功能特色

针对内容创作者，喜马拉雅提供了种类丰富的创作活动，以激励主播快速成长并赚取收益。目前，喜马拉雅已吸引了大量的自媒体人、品牌企业入驻。

（二）蜻蜓 FM

蜻蜓 FM 是较具特色的网络音频平台。在内容上，蜻蜓 FM 主打 PGC（专业生产内容）模式，这保证了高品质内容的持续产出。因此，内容实用、有深度也成为了蜻蜓 FM 区别于其他音频平台的重要优势。当然，蜻蜓 FM 也有一部分 UGC（用户生成内容）内容，这部分内容的创作者为平台注入了强大活力。

蜻蜓 FM 操作界面直观友好，内容分类清晰，其支持下载收听节目、闹钟提醒、定时关闭等功能。在品牌营销方面，蜻蜓 FM 所具有的 PUGC 优势为企业实现广告自然流露，树立品牌形象提供了有利条件。

（三）荔枝

荔枝是专业的音频分享平台，与蜻蜓 FM 不同的是，荔枝走的是 UGC 模式，海量的活跃主播和用户是荔枝音频平台的优势。"人人都是主播"是荔枝的理念，在荔枝 APP 中，用户可以很快捷地进行声音录制、剪辑、美化及存储，如图 10-5 所示。

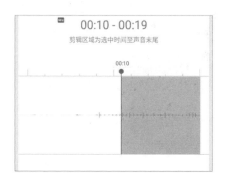

图 10-5　荔枝声音录制、剪辑功能

音频直播、社交功能（如语音交友、速配）是荔枝的特色，听众不仅可以与主播进行互动，还可以与其他听众连线交流，这使得荔枝具有社交属性优势，构建起了独具特色的音频互动方式，如图 10-6 所示为荔枝的直播和社交功能。

图 10-6　荔枝的直播和社交功能

10.1.3　音频内容中植入广告

内容植入式营销是音频营销的主要方式之一。在营销过程中，主播会以口播的方式将营销内容穿插在音频节目中。做音频内容植入式营销要分三步走，具体内容如下。

（一）策划音频内容

策划音频内容是做音频内容植入式营销的第一步。在选择内容时，可根据目标人群、营销目的以及音频平台的频道分类来策划，如营销内容是母婴类产品，那么就可以选择育儿、早教启蒙等与母婴有关联的内容，如图 10-7 所示为不同的移动音频平台的频道分类。

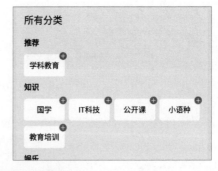

图 10-7　移动音频平台频道分类

第 10 章 音频与垂直 APP 营销，直接促进话题传播

营销信息一般可植入在音频内容的开头、中间或结尾，比较常见的是口播微信公众号、微博等用户名，将粉丝引流到微信、微博等平台。对品牌企业来说，还可以与平台合作来实现营销，针对有营销需求的企业，喜马拉雅提供了声播、密声、品牌电台等营销解决方案。

如喜马拉雅音频中的《未来科技体验馆》音频节目，就是以主播＋节目＋产品的方式来实现品牌宣传，主播会在内容的开头传递浦发银行的品牌信息，如图 10-8 所示。

图 10-8　音频内容植入式营销

（二）录制音频内容

策划好内容后，需要录制音频，可以使用专业的录制软件进行录制，如 audition、迅捷录音软件等，也可以用手机自带的录音设备进行录制。为了保证录制的声音清晰，在录制音频的过程中，要选择相对安静的环境。

（三）音频后期处理

录制音频难免会存在出错的情况，因此需要利用后期软件对音频进行剪辑。另外，还可以利用后期软件来消除杂音，添加片头片尾音频营销内容等，常见的音频后期软件有 Cakewalk、WaveCN、GoldWave、Audition、Cubase Elements 等，创作者可根据需要做出选择。

10.1.4 搭建音频自媒体

在网络音频平台,还可以通过自建音频自媒体账号来营销引流。注册了网络音频平台账号后,最好先进行实名认证。实名认证可以获得身份标识,提高账号的信任度,同时还可以获得平台提供的更多权限。

以喜马拉雅为例,实名认证的主播可获得优先审核特权,在达到相应等级后可解锁对应的主播权益,如达到 V1 可进行直播活动、达到 V4 可开通主播电商等。在喜马拉雅 APP 账号中心,点击"创作中心"按钮,在打开的页面中点击"主播认证通道"超链接可进入认证页面,如图 10-9 所示。

 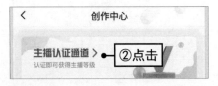

图 10-9 申请主播认证

在喜马拉雅中,除了可以申请实名认证外,还可以申请名人大咖认证,名人大咖认证适合有知名度的社会名人、网络平台红人,如知名博主、作家等。通过名人大咖认证后,可获得身份特权、专属工具、官方推荐、变现获利等权益。

对企业或机构来说,可申请机构认证、MCN 机构认证或品牌企业认证,申请机构或企业认证,需提供营业执照、授权书等认证材料。

做音频自媒体,持续发布优质内容是提高账号影响力和等级的关键。主播可选择音频 APP 提供的录音工具在线录音并发布,也可以上传已有的音频。在上传音频专辑时,要注意以下六个核心点,以让发布的专辑能够在第一时间吸引粉丝收听。

(一)专辑标题

专辑标题的字数不能太多,最好控制在 10 个字以内。标题可体现音频的核心内容或主题,如晚安妈妈睡前故事、聆听民间故事。除此之外,标题中也可以突出专辑特色,以及主播对专辑的解说,如"新基建解读 | 一听全明白

了"""打算养猫？这些事你必须知道""用数据解析故事背后的逻辑"等。

（二）专辑简介

专辑简介可包含作品详情、要点、主播介绍、专辑更新周期、音频目录等内容。简介一般会展示在专辑标题的下方，在填写时要认真对待，以提高专辑的关注度，如图10-10所示。

图10-10　音频专辑简介

（三）专辑封面

封面相当于专辑的"门面"，它会影响专辑的打开率。如果不是知名主播，一般不建议使用个人照片作为专辑封面，另外，也不要使用纯风景照的封面图。专辑封面可采用"图片+文字"或"人物+图片+文字"的展示方式，要选择与专辑主题风格相匹配的图片，文字用于体现专辑的主要内容，如图10-11所示。

图10-11　专辑封面

(四)专辑分类与标签

在音频平台，系统会根据专辑所属的分类，填写标签来个性化推荐内容。因此，为保证专辑的曝光和转化效果，分类和标签一定要填写准确。如情感生活类的音频专辑，可选治愈、安静、情感、故事等标签；商业财经类的音频专辑，可选商界、财经、理财等标签。如图 10-12 所示为喜马拉雅 APP 分类和标签选择页面。

图 10-12　喜马拉雅 APP 分类和标签选择页面

(五)单条音频标题

单条音频会在专辑中以列表的形式进行展示，对于一些连贯性的音频内容来说，如历史、有声书等，可以第 × 章、第 × 期、第 × 集、上 / 下等方式对音频进行命名，以使音频内容一目了然。独立的单条音频则要简单明了，体现内容核心亮点，如图 10-13 所示。

图 10-13　单条音频命名

另外，音频内容的上传顺序应具有连续性，这样才能保证用户连贯地收听内容。

（六）单条音频时长

单条音频的时长不要太长，一般可控制在半小时以内，若内容占时太长会导致听众没有耐心一次性听完。

做音频自媒体要学会自我包装，在个人简介及音频简介中介绍自己时，可以包含职业、获得的荣誉、专业特长以及认证标识等，如知名配音演员、畅销书《××》作者、被新浪获评为"××"、×× 平台特约讲师、心理咨询师等。

10.2 垂直行业 APP 营销

与综合类、平台类 APP 不同，垂直行业 APP 大多走的是小而精的路线，它们并不追求大而全，虽然用户群体不够大众化，但用户特征明显，忠诚度、精准度颇高。

10.2.1 什么是垂直行业 APP

垂直行业 APP 指为某一细分领域提供产品或服务的移动应用，这类型的 APP 具有以下特点。

（一）定位明确

垂直行业 APP 通常定位明确，其主要专注于某一特定领域，如旅游领域下专注于垂直票务，为用户提供酒店、门票预订等服务；如健康领域下，定位于女性健康医疗；母婴领域下，专注于为用户提供孕产、育儿、早教等学习交流；美食领域下，定位于菜谱分享社区。

明确的定位使得垂直行业 APP 在服务和内容上能够做到精耕细作。如图 10-14 所示为某美食领域某垂直类 APP 内容"推荐"和"发现"界面，可以看出其提供的内容主要为美食菜谱。

图 10-14　某美食领域垂直类 APP 页面

（二）核心功能明确

从功能上来看，垂直类 APP 提供给用户的核心功能明确，能够深度满足用户需求。以健康医疗领域为例，不同的垂直类 APP 提供给用户的核心功能会有所不同，常见的有以下五类。

◆ **问诊类**：主要提供在线寻医问诊、预约挂号功能。

◆ **健康服务类**：主要提供在线医疗健康自查及咨询服务。

◆ **知识学习类**：主要提供健康医疗资讯及养生知识学习。

◆ **健康管理工具类**：主要提供与运动、身材管理等有关的功能，如运动计步、身体质量指数查询、标准体重计算、卡路里计算等。

◆ **专业细分类**：主要针对某类人群或某类疾病提供健康管理、健康咨询、知识科普、疾病诊断等服务。

第 10 章 音频与垂直 APP 营销，直接促进话题传播

如图 10-15 所示为某健康管理工具类 APP 功能界面，可以看出其提供的功能有运动数据、健康数据、运动记录等。

图 10-15 某健康管理类 APP 功能

（三）用户黏性较大

与综合类、平台类 APP 相比，垂直类 APP 用户的使用频率相对较低，可能为一周或一月使用 1~3 次，也可能是偶尔使用。但用户黏性较大，用户在安装以后，一般不会轻易卸载。

10.2.2 常见垂直行业 APP 简介

随着移动应用的发展，APP 市场也呈现出向垂直细分领域发展的趋势。下面以常见领域为例，来看看主要的垂直行业 APP。

（一）电商领域

在电商领域中，常见的垂直类 APP 有闲鱼、华为商城、阿里巴巴、蘑菇街、识货等，具体内容如下。

- **闲鱼**：闲鱼是二手闲置交易平台，在闲鱼APP中，用户无须开店就能转卖自己的闲置商品。
- **华为商城**：华为商城是华为公司旗下的自营电商平台，主要提供华为品牌商品，包括手机、平板、笔记本等。
- **阿里巴巴**：阿里巴巴是在线采购批发交易市场，是实体商家及电商卖家进行货源采购的重要平台。
- **蘑菇街**：蘑菇街是针对女性的一站式消费平台。在蘑菇街中，有很多精通购物和穿搭的达人，他们会通过试穿、解说向用户推荐性价比高、有品质保证的商品，帮助用户更省心地选购商品。
- **识货**：识货定位于运动潮流购物平台，因此，其提供的商品也主要与运动有关，如跑鞋、T恤、篮球配件等，其面对的用户主要是有海淘或运动装备需求的人群。

（二）母婴领域

在母婴领域中，垂直类APP可分为社区类、电商导购类、早教类以及工具类等类型，常见的应用有辣妈帮、宝宝树孕育、孕期伴侣、小伴龙和贝贝等。

- **辣妈帮**：辣妈帮定位于妈妈的社交圈子，妈妈们可在APP中交流育儿、婚姻情感、美容时尚等话题和经验，同时也可以学习孕期、产后恢复等知识。
- **宝宝树孕育**：宝宝树孕育定位于大型育儿网站社区，其主要为准备怀孕、怀孕期以及0~6岁的婴幼儿父母提供备孕、孕期、新生儿及育儿等知识，在交流圈子中，准妈妈及新手妈妈可以共同交流讨论孕育及育儿话题。
- **孕期伴侣**：孕期伴侣是一款兼具实用与专业的孕期工具，其主要功能有妈妈体重监测、胎儿估重、健康分析、孕期任务提醒等。除了实用的孕期工具外，孕期伴侣还提供孕育知识、营养食谱等内容。
- **小伴龙**：小伴龙是儿童早教类移动应用，其针对0~8岁的儿童提供了大量的互动早教内容，如背唐诗、学英语和唱儿歌等。
- **贝贝**：贝贝是母婴特卖平台，其主要为0~12岁的婴童以及准妈妈、新手妈妈提供母婴类产品，如童装、玩具、居家百货和女装鞋包等。

（三）生活服务领域

根据提供的生活服务内容的不同，生活服务领域的垂直类APP可分为家政类、就餐外卖类、房屋服务等多种类型，常见的有货拉拉、饿了么、安居客等。
- **货拉拉**：货拉拉是互联网物流服务平台，其主要提供同城/跨城拉货、搬家、运输等服务。
- **饿了么**：饿了么是在线外卖交易平台，其主要提供快餐、鲜花蛋糕、水果生鲜等外卖送达服务。
- **安居客**：安居客是一款房产应用，其主要为用户提供新房、二手房房源信息及出租、出售服务。

10.2.3 垂直行业APP营销的注意事项

用户精准营销具有针对性是垂直类APP的优势，在垂直类APP中进行营销推广时，运营者要注意以下三点。

（一）确保用户画像匹配

不同类型的垂直类APP，其用户画像会有很大的差异。在选择要进行营销推广的垂直类APP时，应了解该应用的用户画像，如是女性用户多还是男性用户多、用户多位于哪个年龄阶段、消费能力怎样，以确保选择的垂直类APP与我们的目标群体相匹配。

运营者可通过垂直类APP官方网站、各类数据网站、APP分析报告、行业研究报告了解垂直类APP的用户画像特征。如在《2020年中国美颜拍摄类APP用户营销价值洞察报告》中，就可以查看到无他相机的用户画像。报告指出，无他相机的用户以女性为主，且多为未婚人士，年龄集中在16~35岁，喜欢看电影、听音乐及读书。如果我们面对的用户群体是年轻、追求品质生活的女性，那么无他相机就是比较合适的移动应用,如图10-16所示为无他相机的用户画像。

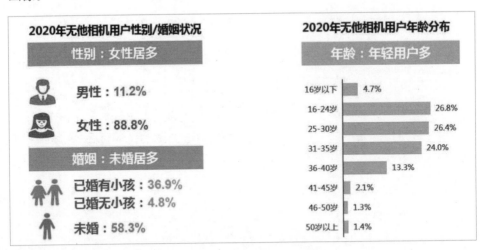

图10-16 无他相机的用户画像

(二)选择合适的营销策略

在垂直类APP中开展营销推广前,运营者应对APP提供的营销策略有充分的了解,然后根据营销目标及广告预算来选择合适的营销策略。常见的营销策略有首页焦点图硬广推广、社区互动问答营销、发布专业软文内容等,具体可根据应用功能特色及提供的营销方案来进行选择。

(三)熟悉平台规则变化

随着垂直类APP的不断发展,其会对平台规则、业务功能等作出优化,有的还可能会转型、改变定位等。作为运营者,要熟悉平台的规则变化,以及时对营销策略作出调整。

以小红书为例,小红书最初定位为海外购物分享社区,后升级为年轻人的生活方式平台。随着小红书运营方向发生变化,其规则也在变化,如达人推文数量由无限制转变为对每月推文作出篇数限制。同时,笔记配图由过去的相对宽松转变为需是达人实拍原创图。对自媒体达人来说,如果无法适应这些变化,将会大大影响营销推广效果。

强化口碑，快速进行粉丝升级

第11章

在新媒体平台中，常常用粉丝基数及粉丝质量来衡量企业及自媒体人的影响力，而一场营销活动要想取得好的效果，往往也要依靠粉丝的力量，由此可见粉丝的重要性。那么，企业或自媒体人要如何留住粉丝，并让粉丝创造价值呢？这就需要通过粉丝运营来维护和促活粉丝。

- ▶ 粉丝在新媒体时代的表现
- ▶ 将粉丝转化成经济
- ▶ 把控质量收获好评
- ▶ 把握内容差异化和精准化
- ▶ 有针对性地解决用户问题
- ▶ "签到+积分+任务模式"机制
- ▶ 用内容形成品牌增强黏性
- ▶ 及时沟通处理中差评留言
- ▶ 策划活动提高积极性
- ▶ 及时展开互动

11.1 新媒体营销的粉丝经济

人人都可以成为自媒体，都可以拥有自己的粉丝，这是新媒体的特征。自媒体的兴起让粉丝经济成为一种新型经济形态，而粉丝所带来的集群效应也使"新媒体平台"创造了很多销售奇迹。

11.1.1 粉丝在新媒体时代的表现

在传统营销时代，粉丝经济的主要表现是追星文化，企业通过明星代言来进行品牌宣传，粉丝则会因为偶像的代言而购买该企业的产品，明星代言广告的主要传播媒介为电视、杂志等。在新媒体时代，粉丝经济的表现也发生着变化，具体有以下三点。

（一）粉丝拥有话语权

在新媒体时代，粉丝的话语权在提升。粉丝不仅可以通过新媒体平台发出自己的声音，甚至还可以利用集体的力量来影响网络言论。

粉丝话语权的升级所带来的影响有利有弊，如果粉丝的行为是正面且积极的，那么给自身及偶像带来将会是良好的口碑效应。反之，如果粉丝的行为是负面消极的，那么也会给自己及追捧的偶像带来负面影响。

粉丝话语权的提升，还体现在粉丝的反馈及建议会成为企业生产产品或自媒体创作者生产内容时的参考，粉丝可以成为产品或内容设计的参与者。

（二）偶像不再局限于明星

在新媒体平台中，粉丝追捧的对象不再局限于明星，他们更青睐内容有质量、个性特征明显的自媒体创作者，如网红、达人、行业专家等。另外，虚拟人物也可能成为用户喜欢的偶像，如漫画、动画及游戏中的人物。如在短视频平台中，可以看到很多二次元虚拟人物拥有海量的粉丝，如图11-1所示为二次元抖音号粉丝数据。

第 11 章 强化口碑，快速进行粉丝升级

#	抖音号	新增作品数	转发数	评论数	点赞数	新增粉丝数	累计粉丝数
1		1	15196	5458	91579	15913	4264万+
2		1	1706	3054			1273万+
3		1	22481	86967	116万+	18万+	431万+
4		1	2724	3163	41万+	17万+	212万+
5		1	856	10995	56万+	81712	525万+
6		1	5120	28636	37万+	94995	130万+

二次元虚拟人物也可以拥有海量粉丝

图 11-1 二次元抖音号粉丝数据

（三）粉丝经济模式更加多样化

从营销方式来看，粉丝经济模式变得更加多样化，除了明星代言广告外，短视频带货、直播带货、打赏付费逐渐成为重要的粉丝经济模式，"偶像电商"逐渐兴起。

11.1.2 将粉丝转化成经济

从粉丝经济带来的消费力来看，粉丝会购买偶像推荐的产品、周边商品、充付费会员以及线下支持自己的偶像，那么运营者要如何将粉丝转化为经济呢？具体要做到以下三点。

（一）建立情感信任关系

在新媒体环境中，粉丝之所以愿意消费，在很大程度上源于粉丝与偶像之间的情感信任关系。情感价值是粉丝经济的重要特征，运营者可以从消费者的情感出发，借助偶像的成长故事、人设或者发布优质内容来吸引粉丝，并通过有效互动来建立与粉丝之间的情感联系。

从新媒体平台中的粉丝运营案例来看，自媒体达人与用户之间的关系并不仅仅是内容与读者的关系，还包括意见领袖与强信任感粉丝的关系，这种信任感会促使粉丝产生购买力。

（二）通过运营实现粉丝转化

要让粉丝转化为忠实粉丝，并持续发挥出经济效应，离不开粉丝的持续运营。粉丝运营总体可分为三个阶段：吸粉→养粉→固粉。其中，吸引用户成为粉丝只是第一步，通过养粉、固粉增加粉丝黏性，并实现转化才是关键。不同类型的主体，粉丝的运营策略会有所不同。

◆ 对品牌来说，粉丝的转化周期会比较长，企业可通过人格化新媒体账号形象，增强粉丝的参与感来实现粉丝转化，如建立社群、邀请参与内测、根据粉丝喜好有针对性地开展营销活动等。

◆ 对自媒体来说，粉丝关注的重点往往是内容本身，因此用内容来圈粉、固粉是关键，可通过保持优质内容产出来加深粉丝的认同感，同时进行粉丝社群化运营，以引导粉丝产生转化行为。

小贴士

当前，大部分新媒体平台都具有社交属性，因此，将粉丝转化为经济也要有社交思维。品牌或自媒体应强化与粉丝之间的互动，以朋友的身份与粉丝交流，以提升粉丝黏性，粉丝社群、线下见面会、"宠粉"送福利就是常见的与粉丝互动的方式。

（三）数据分析，打造"粉丝级"产品

不了解粉丝的需求及喜好，无法抓住粉丝营销的关键点。粉丝体验度差，是企业及自媒体难以沉淀和转化粉丝的重要原因。

在新媒体平台，企业及自媒体都可以获取到自己的粉丝数据，运营者要充分利用这些数据，建立自己的"粉丝画像"，依靠数据的力量来帮助其洞察粉丝，从而打造出粉丝喜欢的产品和服务。

另外，通过粉丝画像，企业及自媒体还可以有针对性地投放营销广告，从而提升广告投放的效果。如利用抖音提供的"DOU+"内容营销工具进行短视频推广。在清楚粉丝画像的情况下，就可以更精准地定位潜在兴趣用户，如图11-2所示。

第 11 章 强化口碑，快速进行粉丝升级

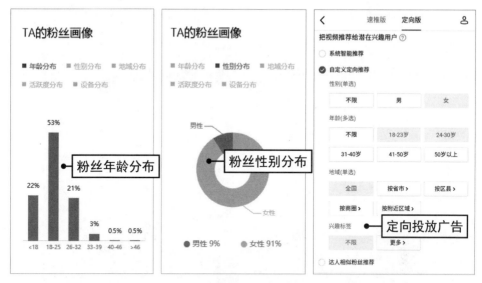

图 11-2 根据粉丝画像投放广告

11.2 用心赢得粉丝口碑

在社会化媒体中，每一个用户都可以成为传播媒介，当用户成为粉丝后，他们会自发地为自己的偶像（指品牌、产品、自媒体或明星）造势宣传，从而制造口碑效应。

11.2.1 把控质量收获好评

不管是做产品，还是做内容，把握质量才能得到粉丝的认可，从而获得良好的口碑效应。以社群、直播营销为例，如果产品质量过关，那么粉丝会自发地在社群、直播间进行反馈，有助于企业树立良好的品牌形象。反之，如果产品存在质量问题，那么粉丝也会在社群、直播间反映产品问题，这不仅会导致老粉丝流失，还可能使新粉丝对店铺或主播留下不好的印象，如图 11-3 所示。

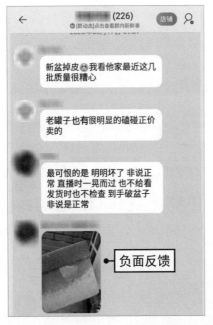

图 11-3　社群、直播粉丝反馈

对于以内容为产品的自媒体来说，优质的内容才能引发粉丝主动分享转发，质量差的文章会逐渐消耗粉丝的耐心，使得粉丝取关账号。以微信营销为例，只有高质量的文章才能留住粉丝，并自愿成为传播者，如图 11-4 所示为公众号推文粉丝反馈。

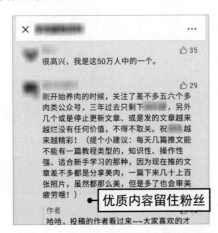
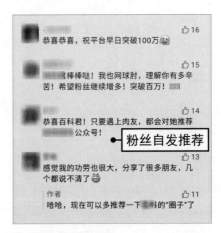

图 11-4　创作优质内容为公众号营造良好口碑

11.2.2 把握内容差异化和精准化

内容泛滥、同质化严重是当前很多新媒体平台存在的问题，创作者要想牢牢把握住粉丝，就要让内容走出同质化的怪圈，使自己的内容与其他创作者的内容形成差异，根据粉丝喜好，为其提供精准化内容。那么如何打造差异化的内容呢？有以下三种方法。

（一）深挖垂直细分题材

千篇一律的内容很容易导致粉丝的审美疲劳，随着人们观念的改变，受众的内容偏好也在变化，一些小体量、深度垂直细分的内容被越来越多的年轻受众所喜爱。自媒体创作者想要让自己的内容有特色，不妨从垂直细分题材出发，不盲目跟风创作热门内容，而是深挖细分领域下的新兴题材。

比如在专业知识这一大的题材下，创作者可从财经、科技、理财等细分领域来寻找内容，让创作的内容专业性更强，有明显的特色。以"混知"公众号为例，该公众号以"浅显易懂的语言+诙谐幽默的漫画"来解读知识，并将知识内容进行了细分，包括历史、汽车、百科等，这种有趣味、有特点的内容让"混知"公众号脱颖而出，收获了大批忠实粉丝，如图11-5所示。

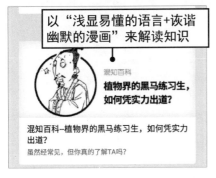
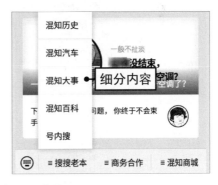

图11-5 "混知"公众号

（二）寻找不同的切入点

在新媒体平台，热点话题的关注度通常不会太低，因此，自媒体创作者常常会围绕热门话题来创作内容。每当出现热门话题后，追热点的自媒体创作者必然会蜂拥而至，如何让热点走出差异化，则是创作者需要思考的。

让热点内容呈现差异化，比较简单的做法就是寻找不同的切入点，以让内容不落俗套。以"520"这一话题为例，大多数自媒体创作者都是围绕"表达爱"这一角度来撰写文章，而有的创作者则从"秀恩爱翻车现场"的角度来创作文章，这样会让人感到内容很新颖、有吸引力。

（三）从粉丝思维来匹配内容

在创作新媒体内容时，创作者还要学会从粉丝的角度来策划内容，思考什么样的内容是粉丝感兴趣并关注的。在信息爆炸的时代，粉丝的注意力往往是分散的，那么什么样的内容才能引起粉丝的关注呢？答案是与粉丝强关联的。

对于"与我有关"的内容，粉丝总会格外关心。因此，创作者可以在选题和内容上围绕目标粉丝群体进行创作，让粉丝明确"这个内容是写给我看的"，如"山东人过年回家指南""女，90后，奔三了，年底最大的愿望是……"等文章就明确指出了目标人群。

除了自行思考选题创作内容外，运营者也可以在新媒体平台建立互动话题版块，让粉丝去帮助自己策划选题，让粉丝来决定内容，如图11-6所示。

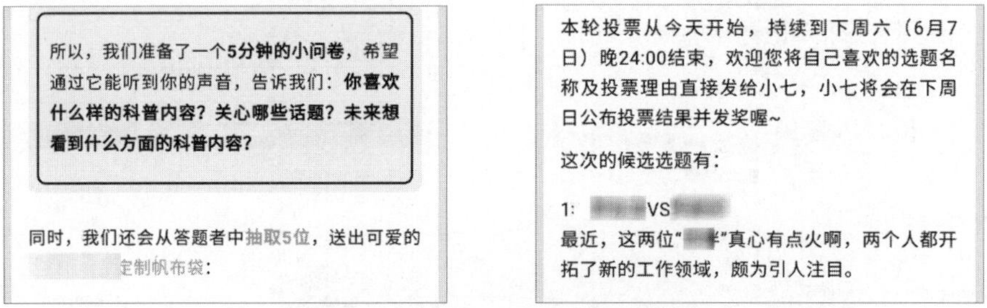

图 11-6　让粉丝参与选题策划

11.2.3　有针对性地解决用户问题

能否帮助用户解决问题，是我们提供的产品/服务或内容是否有价值的体现。从产品/服务的角度来看,用户之所以愿意买单,是因为这个产品/服务能够帮助他解决某个痛点或难点。以新媒体社群为例,用户之所以愿意成为社群中的一员并付费,原因在于社群能够满足他的某种需求,如学习进步、获取资讯、收获人脉等。

从内容的角度来看,技能类的内容能够帮助用户学到某一实用方法;情感类的内容能够给予用户心理慰藉;行业资讯类内容则能帮助用户拓展视野,因为有需求用户才愿意阅读我们创作的内容,进而转发传播。因此,有针对性地帮助用户解决问题是留住粉丝并赢得口碑的关键。

在新媒体运营过程中,运营者要从帮助用户解决问题的角度出发,来提供产品、服务或内容。以微信营销为例,在设计公众号菜单栏时,可以针对用户的需求来提供菜单服务,通过提供给用户友好的菜单栏来营造良好的用户体验,如在线查询、业务办理、历史文章阅读等,如图11-7所示。

图11-7 菜单功能实用

在微博营销中,运营者也可以通过帮助粉丝解决问题来赢得良好口碑。以海尔官方微博为例,海尔官微并不仅仅是海尔进行品牌宣传的平台,在粉丝眼中,海尔官微更像是能帮助其解决问题的朋友、闺密。

海尔官微会在微博上帮粉丝找对象、帮粉丝给偶像表白、建群为学生党提供论文交流场所、提供有问必答入口帮粉丝解决问题等,这些行为使得海尔真正打动了粉丝,让粉丝觉得海尔官微并不是冰冷的品牌账号,而是有温度的

"人"。在微博中，海尔也因此树立了"总教头"的口碑形象，如图11-8所示。

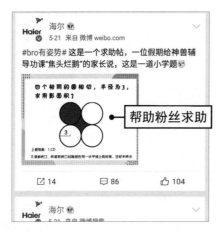

图 11-8　海尔官方微博

11.2.4 "签到+积分+任务"模式

随着新媒体账号的持续运营，一部分粉丝的活跃度会逐渐走低，最终成为"死粉"。为避免粉丝"沉睡"，运营者可采用"签到+积分+任务"模式来激活粉丝，提高粉丝的活跃度。

"签到+积分+任务"模式是指在新媒体平台中利用签到的方式让用户赚取积分，积分除了可以通过签到的方式获取外，还可以通过完成每日任务来抽取，签到获取的积分可根据运营需求来设计用途，如兑换优惠券、领取实物礼品等。

在实践中，"签到+积分+任务"模式的用途很广泛，它既可以作为营销工具促进粉丝转化，又可以促活粉丝，还可以引导粉丝分享传播。比如在微商城中，企业可搭建打卡签到领积分体系，让粉丝通过签到的方式获取无门槛优惠券。这样就可以吸引粉丝每天都到店铺签到，同时，也能促进粉丝到微商城消费，如图11-9所示。

第 11 章　强化口碑，快速进行粉丝升级

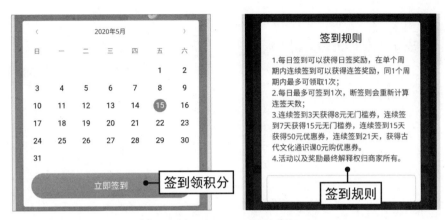

图 11-9　促进粉丝消费的积分体系

以促活粉丝所设计的签到积分体系，可以将领积分方式设计为某种任务，如阅读文章、后台回复关键词等，如图 11-10 所示。

图 11-10　促活粉丝的积分体系

以引导粉丝分享传播为目的而设计的签到积分体系，积分获取方式可以为粉丝完成分享或拉新任务，如图 11-11 所示。

图 11-11　引导粉丝分享传播的积分体系

11.2.5　用内容形成品牌增强黏性

在新媒体平台中，内容也可以作为一种标识，打造出属于自身的品牌。将内容品牌化需要持续的内容运营来实现，通过持续发布高质量的内容来增强粉丝黏性，让粉丝对内容产生共鸣，最终使我们的内容形成独有的特色，自带话题。

以短视频博主李子柒为例，其发布的短视频内容主题是传统美食和文化。在视频内容表现形式上，主要以"古风 + 田园"为主，这种具有乡村生活气息和美感的视频，既让观众感受到了烟火气息，也让观众体会到了传统文化的魅力。

凭借着优质且不可复制的短视频内容，李子柒圈粉了国内外的众多网友，其创作的内容也成为文化输出的一种符号。网络上一些模仿其视频的创作者，也被网友称为"东施效颦"，可见其内容的独特性。

随着李子柒短视频内容的持续输出，且本身的影响力也在逐步增长，当下，"李子柒"本身也成为一种商标，成为一个品牌的代名词，这个 IP 已自带流量。

在新媒体平台中，与李子柒有关的话题也频上热搜，其推出的个人品牌及联名商品也体现出了内容品牌 IP 化的商业价值，如图 11-12 所示为李子柒热门话题及个人品牌商品。

图 11-12　李子柒热门话题及个人品牌商品

对于自媒体创作者来说，要如何将内容品牌化呢？具体有以下两点思路。

- **账号人格化**：为新媒体账号设定一个吸睛的角色形象，如职场人士、宝妈、美食家、热血青年等。确定了账号"人设"之后，不要轻易改变，通过发布与该人设有关的内容来让用户对"人设"产生情感共鸣。

- **让账号有人格温度**：利用新媒体平台的互动功能，与粉丝进行互动，如私信、评论回复等，让粉丝对账号的人格特征有更多的认识，同时也让账号显得有人格温度，如图 11-13 所示。

 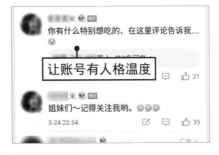

图 11-13　互动让账号有人格温度

◆ **设置昵称**：为账号设置一个便于记忆的昵称，并在内容中高频使用。通过设置昵称可以方便创作者与粉丝进行交流，同时可以拉近与粉丝之间的距离，提高内容及账号形象的辨识度，如图11-14所示。

图11-14 在内容中使用账号昵称

◆ **内容产品化**：内容产品化是指以打造产品的方式去打造内容，从内容的题材、logo以及语言风格等方面去包装内容，并让内容具有连续性，比如以连续短剧的方式来讲述一个故事、人物，不断沉淀粉丝，最终让内容成为一种品牌资产。

11.2.6 及时沟通处理中差评留言

在进行新媒体营销过程中，可能会收到粉丝对内容或产品的中差评留言，面对粉丝的中差评留言，要及时处理，以避免粉丝流失或造成更大的负面影响，具体可按以下流程处理。

（一）找出粉丝中差评的原因

首先，向粉丝了解中差评的原因，常见的原因有产品质量问题、快递收货问题、服务问题、买家自身问题等。可以通过电话联系粉丝、私信粉丝等方式向粉丝了解中差评的原因。在与粉丝联系时，要先向粉丝表明身份，然后心平气和、态度诚恳地向粉丝询问给出中差评的原因。

（二）作出解释，解决问题

了解了粉丝给出中差评的原因后，要针对粉丝的问题作出解释。如果是产品本身存在问题，则要进行退换货、给予补偿等处理；如果是服务问题，则诚恳地向粉丝道歉；如果是快递物流问题，则向粉丝耐心地解释并作出说明；如果是粉丝无理取闹，可以先与粉丝沟通，在沟通无果的情况下，可以向平台申诉处理，或者在该用户的评论下进行回复，以避免其他粉丝被该评论影响，如图11-15所示。

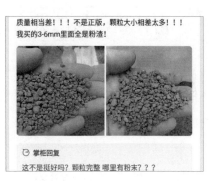

图 11-15　对恶意评论作出回复

对于自媒体达人来说，如果推荐的产品存在质量问题，而且遭到了大量粉丝的中差评，那么一定要引起重视并及时解决。必要时可以在新媒体平台致歉并说明缘由，以避免对自身形象带来较大的负面影响，如图11-16所示。

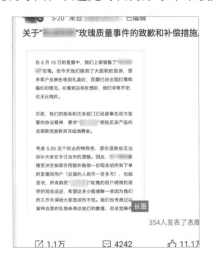

图 11-16　在新媒体平台致歉

> **小贴士**
>
> 在直播营销过程中,可能会遇到粉丝到直播间反馈产品存在瑕疵、质量等问题的情况,这时,主播可以让粉丝联系后台客服处理,避免粉丝的负面评论影响直播间氛围。一般来说,如果售后客服解决了粉丝的问题,粉丝会对直播间产生二次信任。

11.3 留住粉丝的常见方法

很多新媒体运营者都有这样的困惑,为什么能够吸引用户关注,却留不住粉丝。能否留住粉丝决定了账号的流量池是否稳固,要想留住粉丝,还得想办法不断提升粉丝黏性。

11.3.1 策划活动提高积极性

在新媒体平台,除了要依靠优质的内容来提高粉丝黏性外,活动也是黏住粉丝的有效手段。只做内容推送,会让粉丝感觉不到参与感和归属感,而通过让粉丝亲身参与我们策划的活动,能让其产生归属感,从而提高粉丝的忠诚度。新媒体活动的形式有多种,运营者可按以下流程进行活动策划。

- ◆ **粉丝分析**:通过分析了解粉丝的需求,从而选择合适的活动形式。
- ◆ **玩法策划**:确定活动的具体玩法。
- ◆ **营销方案**:根据活动形式确定营销推广方案,如图片推广、视频推广。
- ◆ **活动预热**:活动开始前进行预热,如活动正式上线前发表推文。
- ◆ **数据监控**:通过数据监控了解活动的参与情况以及用户体验度,以便随时对活动进行调整,并为后期的活动优化提供依据。

在策划活动时,有几个关键点需要活动运营者注意,具体包括以下三点。

第 11 章 强化口碑，快速进行粉丝升级

（一）活动参与门槛

在新媒体平台中开展的活动，其门槛不应太高，否则会导致部分粉丝放弃参与活动。活动的参与门槛越低，覆盖的目标粉丝就会越多，如图 11-17 所示为赠书福利活动和创意 H5 活动，这些活动参与门槛都比较低。

 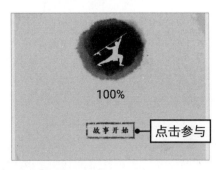

图 11-17　赠书福利活动和创意 H5 活动

（二）活动话题性

活动要有一定的话题性，这样才能在新媒体平台上进行传播。运营者可结合节日、热点、目标人群特性来确定活动话题。如某博主曾发起过"4 小时后逃离北上广"活动。从该活动的主题来看，"逃离北上广"本身就是一个大热的社会话题，这使得该活动具有很强的覆盖性和话题性，活动上线后就在微信、微博等新媒体平台被引爆，如图 11-18 所示为该活动微博话题热度及公众号文章阅读量和评论数据。

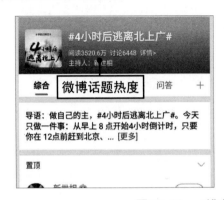 

图 11-18　"逃离北上广"话题热度

与"逃离北上广"这样的话题相比,如果将活动话题设置为"免费送机票""参与赢福利"对用户的吸引力就会大打折扣。

(三)明确活动规则

在活动文案中,要写明活动的具体规则,包括参与方式、截止时间、开奖时间等,这样可以增加活动的真实性和可信度,如图 11-19 所示。

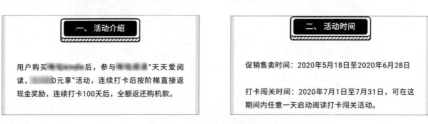

图 11-19　详细的活动规则

11.3.2　及时展开互动

与粉丝互动交流,可以增进与粉丝之间的情感联系,提高粉丝的留存率。在新媒体平台上与粉丝互动,常用的方法有以下 5 种。

(一)内容中添加互动版块

在发布的内容中可以添加互动版块,让粉丝参与互动。互动版块的内容有多种形式,包括话题互动、测试题互动、投票互动、有奖竞猜等。互动的主题要与发布的内容有关,这样能提高粉丝互动的积极性,如图 11-20 所示。

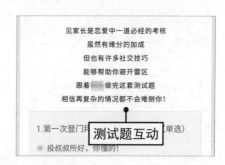

图 11-20　图文内容中的互动版块

第 11 章　强化口碑，快速进行粉丝升级

（二）设计互动栏目

在策划新媒体内容时，可以单独设计专区互动栏目，通过打造与粉丝强互动的固定栏目来提升粉丝黏性。在设计互动栏目时，要注意互动参与的难度，应以简单易操作为原则来设计，如后台回复参与互动、点击链接互动、评论留言互动、邮件互动等，如图 11-21 所示为某公众号策划的有问必答互动栏目。

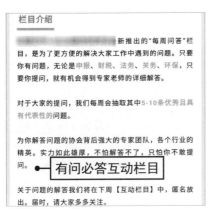

图 11-21　有问必答互动栏目

（三）聊天弹幕互动

对于直播来说，积极回答粉丝的问题就是一种很好的互动方式。在回答问题时，可以提该粉丝的昵称，以拉近与粉丝之间的距离，让粉丝感受到存在感。另外，还可以制造互动话题来提高互动率，让粉丝通过发送弹幕的方式参与互动。除此之外，抽奖、连麦、秒杀也是直播常用的互动方式，如图 11-22 所示。

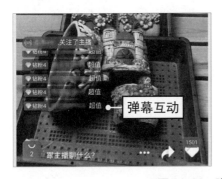

图 11-22　弹幕、抽奖互动

（四）主动"翻牌"与粉丝互动

对于微信、微博等社交属性较强的新媒体平台，可以通过"翻牌"的方式与粉丝互动，如主动转发粉丝微博、在微博中@粉丝、评论回复粉丝、在公众号文章中提到粉丝、朋友圈使用"提醒谁看"功能，然后选择相关联的粉丝等，这可以维护与粉丝之间的关系，增加粉丝对我们的好感度，如图11-23所示。

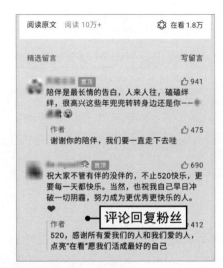

图 11-23　主动"翻牌"与粉丝互动

（五）私信回复互动

当粉丝通过新媒体平台主动发送私信给我们时，要用心地回复互动，这是与粉丝进行情感沟通的绝好机会，通过私信回复互动，可以与粉丝建立更好的朋友关系增强粉丝黏性。

吸粉引流，快速解决用户转化难题

第12章

从吸引平台用户成为粉丝，再到将粉丝转化为付费用户，用户转化率低是很多运营者最头痛的问题。面对这一问题，运营者要明确用户转化的动机，然后引导用户触发转化行为。

- ▶ 结尾放置介绍法
- ▶ 图文内容求关注引流法
- ▶ 互推引流合作法
- ▶ 策划免费福利赠送活动
- ▶ 通过朋友圈积攒人气
- ▶ 设置被关注自动回复
- ▶ 设置关键词自动回复
- ▶ 公众号绑定微信圈子引流
- ▶ 做极致产品让粉丝尖叫
- ▶ 提高用户转化率的方法

12.1 营销必备的引流方法

引流涨粉是新媒体运营的重要组成部分，不管选择怎样的新媒体平台，都要通过引流来为账号积攒人气。新媒体引流的方法有多种，下面就来看看如何利用这些方法为账号引流。

12.1.1 结尾放置介绍法

结尾介绍法是比较常用的新媒体引流方法，这种方法适合微信、今日头条、微博等以图文为主的新媒体平台，只需在内容的结尾放上账号介绍信息即可，如图 12-1 所示。

图 12-1 结尾介绍引流

在文章结尾介绍自己时，最好简单说明账号的用途，以及所提供的内容，以便让用户对账号有一个简单的认识。

12.1.2 图文内容求关注引流法

图文内容求关注引流法是指在图文内容中加入引导关注的文字、图片等，吸引阅读文章的用户关注。引导关注的话术可以放在图文内容的开头，也可以放在中间或结尾。

第 12 章　吸粉引流，快速解决用户转化难题

在开头引导关注时，最好用带有指向性的箭头、符号来提示用户，如点击上方蓝字关注、扫码关注等，这样可以在一定程度上提高用户关注率，如图 12-2 所示。

图 12-2　在图文内容开头引导关注

在图文内容中间或结尾引导关注时，最好放上二维码或链接，并说明关注的方法，以便用户可以快速作出行动，如图 12-3 所示。

图 12-3　说明抖音号关注的具体方法

12.1.3 互推引流合作法

互推是一种效果较好的引流方法。通过合作互推，运营者可以与其他新媒体账号实现资源置换。合作互推的内容表现形式有多种，包括荐号全文互推、文末互推、文章交换式互推、阅读原文互推、账号@互推等，如图12-4所示为荐号全文互推内容表现形式。

图12-4　荐号全文互推内容表现形式

互推引流首先要选择可以合作的新媒体账号，一般可根据合作账号的活跃粉丝数、阅读量、账号类型来进行选择。如果对方的活跃粉丝数、阅读量与我们相差不大，那么实现互推合作的可能性会较大。

如果双方的粉丝体量相差较大，那么可按比例来决定推广次数，如对方的活跃粉丝数为10万，我们的活跃粉丝数为30万，那么可要求对方推广3次，而我们只需推广一次。另外，选择账号类型、粉丝群体相近的账号实现互推，引流效果会更好。

在具体选择互推合作对象时，可通过内容服务数据平台了解对方账号的运营情况。下面以新榜为例，来看看如何查看微信公众号互推对象的粉丝量和阅读数据。

进入新榜（https://www.newrank.cn/）首页并登录，在搜索框中输入要合作的新媒体账号名，单击"搜索"按钮，如图12-5所示。

图 12-5　搜索公众号

在打开的页面中单击账号名称超链接，在账号详情页面，可以查看账号所属分类、预估活跃粉丝数，如图12-6所示。

图 12-6　查看账号详情

进入榜单数据页面，可以查看该账号的阅读数据，包括阅读数、头条阅读数、在看数等，如图12-7所示。

图 12-7　查看榜单数据

选择好合适的互推合作对象后，可通过公众号后台留言、私信等方式与对方的负责人取得联系，协调沟通互推合作事宜。除此之外，部分公众号还会在菜单栏提供互推合作入口，运营者可通过此入口了解互推合作方式，如图12-8所示。

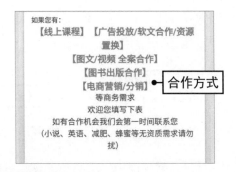

图12-8　菜单栏互推合作入口

小贴士

互推的文案会直接影响互推的引流效果，在介绍自身账号的推荐理由时，可采用"简介+价值+诱饵"的方式来撰写。简介主要告诉用户我们是谁；价值是指对用户来说我们能提供什么，如精品课程、高质量的内容等；诱饵是指能够诱发用户行动的"好处"，如稀缺的资源、福利等。

12.1.4　策划免费福利赠送活动

为有效引流涨粉，运营者可以通过策划免费福利赠送活动来提高关注度。如果我们提供的福利对用户来说是实用的，那么他们就会因此而关注我们。福利可以是资料包、工具包，也可以是小礼物。

福利活动可以穿插在图文内容中，也可以在互推文案中呈现。在文案中，需要说明福利的领取方式，如后台回复关键词、转发并关注参与、留言参与等。另外，还可以在文中展示福利物品，以提高福利对用户的吸引力，如图12-9所示。

第 12 章 吸粉引流，快速解决用户转化难题

 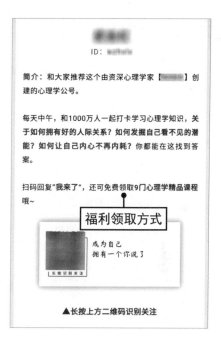

图 12-9　关注福利活动

对于直播营销来说，可以将关注送福利的信息以贴图或公告的形式展示在直播间。贴图一般可呈现在画面左右两侧，以不遮挡主体物品的呈现为宜，如图 12-10 所示。

 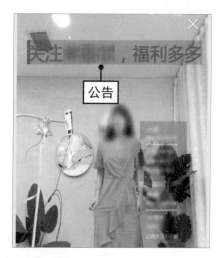

图 12-10　直播间关注福利活动

12.1.5 通过朋友圈积攒人气

朋友圈也是引流的重要渠道，在朋友圈引流，首先要对自己的账号形象进行包装，包括头像、昵称和签名。账号头像可用真人头像或与要营销推广的内容相匹配的形象，昵称可采用"公司＋名称""功能＋名称""身份＋名称"的方式，签名要体现个人身份特征，如图12-11所示。

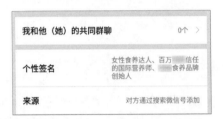

图12-11　朋友圈账号形象包装

通过朋友圈引流，还要从内容入手。内容要符合粉丝的口味，同时还要看起来真实可靠，如果经常发布对粉丝来说无价值或者粗俗的内容，会导致用户无法被吸引，无法对我们产生信任感，甚至屏蔽我们的朋友圈。

在朋友圈发布内容，应以轻内容为主，通过"颜值高"的图片、有阅读性的内容来吸引用户。具体可以分享个人生活、积极向上的名句、图文链接、要营销推广的品牌及产品信息等。在发布产品营销信息时，要从自身真实感受出发，向用户展示个人使用产品的感受，或者通过过往客户的评价、实拍视频展示来获取用户的信任，如图12-12所示。

图12-12　提高用户信任度的朋友圈文案

第 12 章　吸粉引流，快速解决用户转化难题

在发布营销引流图文内容时，最好附上链接、二维码、淘口令或小程序码等，这样以便于用户直达对应的页面，如图 12-13 所示。

图 12-13　在引流图文内容中加入链接和二维码

要提高朋友圈的引流涨粉效果，还要运用一些裂变玩法。朋友圈的主要裂变玩法：用户在朋友圈看到裂变海报／文案→用户扫码加入社群／公众号或点击链接进入图文内容页→用户按要求分享／转发裂变推广信息。常用的裂变玩法有集赞福利裂变、朋友圈转发裂变和分享社群裂变等。

- **集赞福利裂变**：是指让用户按要求转发"海报／链接＋固定"的话术到个人朋友圈，并按要求集赞，完成集赞转发任务后可获得相应等级的奖品福利，如图 12-14 所示。

图 12-14　集赞福利裂变

- **朋友圈转发裂变**：是指让用户转发裂变"海报／链接＋文案"到朋友圈，

完成转发任务后获取相应的福利。

◆ **分享社群裂变**：是指让用户转发裂变海报/链接到自己已加入的社群中，完成社群分享任务后获取相应的福利。

> **小贴士**
>
> 朋友圈裂变海报流量汇集的落地页可以是商品的购买页、社群入口、公众号入口、APP下载页面及个人微信号添加入口等，运营者可根据营销需要来选择落地页。

12.2 通过新媒体营销平台引流

通过新媒体平台互相引流是每一个运营者都要掌握的一种引流方法。通过互相引流，可以搭建起属于自己的新媒体矩阵，如横向的"公众号+微博+自媒体平台+短视频平台+自建APP+小程序"，纵向的"订阅号+服务号+个人号+社群"，以此来实现协同联动营销，吸引更多粉丝的同时进一步留住粉丝。

12.2.1 设置被关注自动回复

大多数新媒体平台都支持设置被关注自动回复，通过被关注自动回复功能，可以将新用户引流到其他新媒体平台。以微博为例，可以在微博中设置被关注自动回复，将新用户引流到微信和APP中，如图12-15所示。

图12-15　将微博用户引流到微信平台中

被关注自动回复是让粉丝认识我们的一次机会，因此，在设置被关注自动回复时，还可以简单地介绍自己。根据营销引流的需要，在设置被关注自动回复时，可以添加不同的入口，如小程序、商城、活动入口等。

前面介绍了如何在微信公众号中设置被关注自动回复，营销者在设置时需要注意，如果要在公众号被关注自动回复中添加文字超链接、图文链接引流，那么需要使用代码或高级关注回复工具来实现，下面以使用代码添加链接为例，来看看具体的操作。

登录微信公众平台，在被关注自动回复中输入文字内容，然后粘贴超链接代码：<a href = "（这里放超链接）">（这里放超链接文字）</a>，单击"保存"按钮，如图 12-16 所示。

图 12-16　设置被关注自动回复

完成以上步骤，就可以得到如图 12-17 所示的被关注自动回复内容，可以看到"领福利"为超链接文字，点击可以跳转至对应的页面。

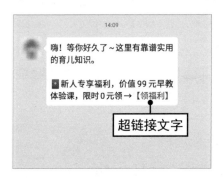

图 12-17　被关注自动回复超链接

如果要在被关注自动回复中实现推送多篇带链接的图文，可使用高级关注回复工具来实现，如图 12-18 所示。

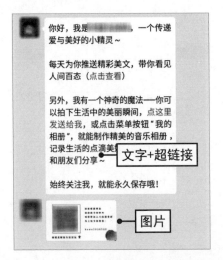

图 12-18　被关注自动回复多条带链接的图文

市场上的高级关注回复工具多种多样，如运营指南（www.yunyingzhinan.com）、壹伴助手（https://yiban.io/）等，这里以壹伴助手为例，进入壹伴助手下载页面，选择浏览器，单击"直接下载安装"按钮安装插件，如图 12-19 所示。

图 12-19　下载并安装插件

安装成功后，登录微信公众平台，进入"自动回复"页面，单击"高级关注回复"超链接，在打开的页面中单击"立即使用"按钮，按提示进行设置即可，如图 12-20 所示。

第 12 章　吸粉引流，快速解决用户转化难题

图 12-20　使用高级关注回复插件

12.2.2 设置关键词自动回复

关键词自动回复也可以作为新媒体平台互相引流的工具，运营者可以设置不同的关键词回复规则，让用户通过回复关键词来获取设计好的引流内容，如图 12-21 所示。

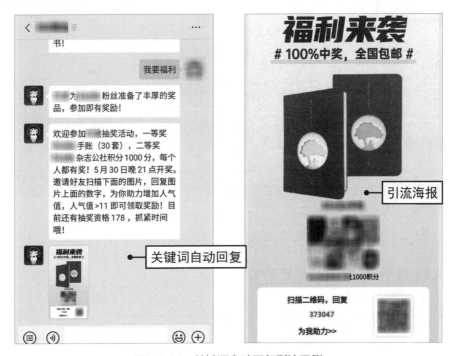

图 12-21　关键词自动回复引流示例

在微信公众号中要实现关键词自动回复多条内容，需要在一个规则中设置多个回复内容（最多5个回复），并选中"回复全部"单选按钮，如图12-22所示。

图12-22　设置公众号关键词回复规则

微博、今日头条等新媒体平台也提供了关键词自动回复功能，运营者可登录账号后台进行设置。以微博为例，进入微博个人账号主页后单击"管理中心"超链接，在打开的页面中单击"自动回复"超链接，如图12-23所示。

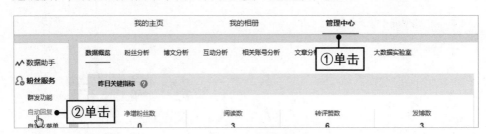

图12-23　进入管理中心

进入自动回复设置页面，单击"添加规则"按钮，输入回复规则，单击"保存"按钮，如图12-24所示。

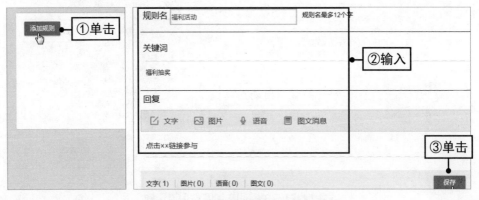

图12-24　设置关键词自动回复规则

12.2.3 公众号绑定微信圈子引流

微信圈子是微信平台提供的社群工具，目前，微信圈子已支持绑定微信公众号、将小程序物品推荐到圈子等功能。因此，运营者可以利用微信圈子为公众号及小程序引流。对用户来说，可通过"搜一搜"、微信圈子小程序进入圈子页面，如图 12-25 所示。

图 12-25　微信圈子入口

微信圈子中聚集了有相同兴趣、爱好的人群，这使得微信圈子更像独立的垂直领域，每个圈子都可以吸引精准的用户圈层，如图 12-26 所示为微信圈子首页及简介页。

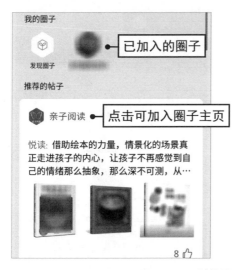 

图 12-26　微信圈子首页及简介页

运营者可在微信圈子首页点击"个人头像"按钮，进入个人中心后，点击"去创建"超链接创建圈子，如图12-27所示。

图12-27 创建圈子

并不是所有用户都可以创建圈子，运营者可进入"个人中心"查看自己是否满足创建圈子的条件。创建圈子后，运营者可登录公众号绑定圈子，具体操作如下。

在微信公众平台单击"微信搜一搜"超链接，在打开的页面中单击"微信圈子"超链接，如图12-28所示。

图12-28 进入"微信搜一搜"页面

在打开的页面中单击"绑定"按钮，在打开的对话框中输入圈子名称，单击"搜索"按钮，再单击"确定"按钮，如图12-29所示。

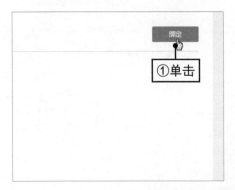 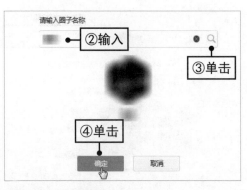

图12-29 微信公众号绑定微信圈子

第 12 章　吸粉引流，快速解决用户转化难题

> **小贴士**
>
> 所有微信用户都可以加入圈子，圈子的圈主及管理员具有添加公告、创建话题、删除帖子、解散圈子等权限，运营者可将圈子、帖子生成海报依次推广，也可以在公众号、社群中推广圈子，为圈子引流。

12.3 将粉丝变成忠实用户

通过营销引流让用户成为粉丝后，运营者还需要把这些粉丝培养成忠实的付费用户，以实现用户转化。要实现粉丝转化，除了通过高质量内容输入提高账号在粉丝心中的形象外，还需要从产品本身及营销文案入手。

12.3.1 做极致产品让粉丝尖叫

在互联网时代，常常可以看到被新媒体平台引爆，成为"爆品"的产品。这些产品之所以能够受到用户的喜爱，是因为产品本身具有能让用户尖叫的"爆点"，简单来讲就是能够满足用户需求，抓住了用户的痛点。

对用户来说，一款极致产品必定是能够满足其自身需求的。因此，企业在进行产品设计及营销的过程中，要从用户的角度出发，让产品本身能够打动用户。当产品能够解决用户痛点后，再围绕产品的核心卖点进行新媒体营销，这样才能更好地实现粉丝转化。总的来看，企业可从以下三个方面来把握用户痛点。

（一）基本价值

基本价值指产品的使用价值，而使用价值是产品必备的一项功能，其作用是能满足用户最基本的需求。如果产品不能满足用户基本的使用需求，那么产品也很难吸引用户。如烤箱的烘烤功能、保湿面霜的保湿功能、冰箱的保鲜冷冻功能就是其所具备的基本价值。

（二）期望价值

期望价值是指能满足用户期望性需求的价值，并不是产品必须要有的属性，但期望价值能提高用户对产品的满意度，企业把产品的期望价值做得越好，用户就会越满意。

以电风扇产品为例，能吹风降温是该产品的基本属性，在这一基本功能的基础上，如果这款电风扇还具有吹风舒服、轻巧、省电、美观等用户期望的价值，那么用户选择这款产品的可能性就会更大。

（三）兴奋型价值

兴奋型价值是指能够让用户意想不到的产品属性，兴奋型价值往往超出用户的预期，其能提高产品价值的差异性。

如除螨仪产品，其主要功能是除螨，除此之外，该产品还具有热风烘干的功能。在使用该产品前，用户可能会觉得自己并不需要热风烘干功能，但在使用后发现该功能具有杀菌、除湿气的效果，可以让被子睡着更舒适。这种超出用户预期的价值就是兴奋型价值，兴奋型价值能大大提高用户的满意度，同时让用户忠诚于品牌。

12.3.2 提高用户转化率的方法

在新媒体营销过程中，用户转化率的高低往往与文案有直接关联，文案如果无法抓住用户的痛点，那么就很难让产品获得粉丝的青睐。那么创作者要如何提高产品文案的转化率呢？具体要避免以下三点误区。

（一）自嗨式产品文案

自嗨式文案是指从自身主观愿望出发而创作的产品文案，没有考虑到用户的情绪。比如一款耳机，用户购买其的主要目的是听音乐、隔音降噪，但在文案中却反复强调耳机的插头耐用，这对用户来说并不是核心痛点，因此很难引导用户转化。

第 12 章　吸粉引流，快速解决用户转化难题

为避免以上误区，在书写产品营销文案时，创作者要从帮助用户解决问题的角度出发，让用户能够从文案感知到产品的价值，以及产品能够解决他的什么问题。如图 12-30 所示为耳机产品文案示例，从中可以看出文案体现了用户需求。

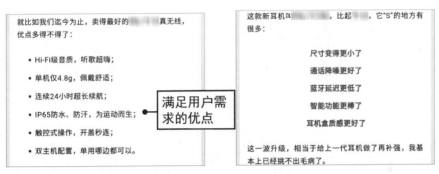

图 12-30　耳机产品文案示例

（二）忽视场景化

文案也应场景化，没有场景化的文案难以让读者产生代入感，相反，如果在书写产品文案时将产品与场景结合，就可以引发粉丝的购买欲望。最简单的场景化表达方式就是"配图＋场景演练＋文字描述"，即将产品置于使用场景中，让粉丝能明确产品的使用场景。

如可以在图文营销文案中，搭配能够体现产品使用场景的动图或图片，以引起受众共鸣，如图 12-31 所示。

 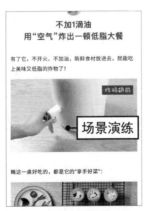 

图 12-31　让文案场景化

在短视频和直播营销中，则可以选择与产品相搭配的场景来实操演示，通过"模特展示＋主播介绍""操作演示＋字幕讲解"的方式来营造画面感，如图12-32所示。

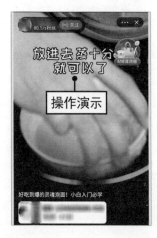

图12-32　短视频中营造画面感

（三）没有信任背书

产品文案中如果没有能让粉丝产生信任的要素，也会影响转化率。那么创作者要如何在文案中与粉丝建立信任关系呢？比较好的方法就是拿出证据，如销量证据、权威证书、用户证言、对比实验等，如图12-33所示。

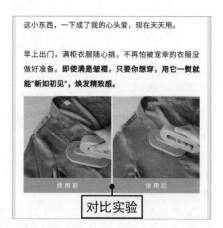

图12-33　提供让用户信任的背书

维护粉丝，提升营销活跃度

第13章

随着进入新媒体平台的企业及自媒体越来越多，营销引流的竞争力也在增强。因此，留住现有粉丝，让他们保持活跃度，持续实现转化就显得格外重要。要做好粉丝维护也需要掌握一定的方法，本章就来看看如何开展粉丝运营维护。

- ▶ 关注粉丝动态
- ▶ 与粉丝维持朋友关系
- ▶ 好服务造就好口碑
- ▶ 通过售前客服提高成交率
- ▶ 让客户满意的售后处理
- ▶ 为客服设置不同的权限

13.1 提高对粉丝的关注度

在现实生活中，如果朋友之间沟通交流很少，久而久之双方的关系就会越来越冷淡，最后便不再联系。粉丝运营维护也是同样的道理，如果与粉丝之间长期缺乏必要的交流互动，粉丝也会"离开"。

13.1.1 关注粉丝动态

我们与粉丝之间的关系，不应是陌生人的关系，新媒体运营者也可以时常关注自家粉丝的动态，主动去点赞或评论，让粉丝知道你在关注他们，这可以很好地维护与粉丝之间的"朋友"关系。在不同的新媒体平台，关注粉丝动态的操作方式会有所不同，下面以主要的新媒体平台为例，来看具体的操作方法。

（一）微博平台

在微博中，单击"粉丝"超链接即可查看到哪些粉丝关注了自己，运营者可选择与我们微博互动频繁的粉丝进行互关，还可以单击粉丝微博名称超链接，进入其微博页面点赞、评论或转发粉丝已发布的微博，如图13-1所示。

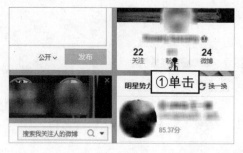

图13-1 与粉丝互相关注

选择要转发的微博时，可选择粉丝发布的与自己有关的微博，如买家秀、带品牌话题/超话的微博，具体可参考第11章提到的案例（主动"翻牌"与粉丝互动）。

第 13 章 维护粉丝，提升营销活跃度

（二）微信平台

在微信中，可以主动添加粉丝为微信好友，或者通过公众号文章、菜单栏、被关注自动回复、评论等引导粉丝添加个人微信，通过与粉丝成为好友来进行动态维护，如图 13-2 所示。

图 13-2 引导粉丝主动添加微信好友

（三）抖音平台

在抖音中，可以登录创作者服务平台（https://creator.douyin.com/），单击"互动管理"超链接，在打开的页面单击"评论管理"超链接，如图 13-3 所示。

图 13-3 登录创作者服务平台

在评论管理页面，可以查看粉丝的评论内容。单击"回复"超链接，输入评论内容，单击"发送"按钮与粉丝进行评论互动，如图 13-4 所示。

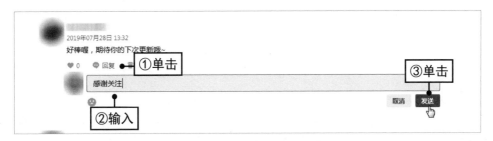

图 13-4 与粉丝进行评论互动

从零开始学新媒体营销与维护

在"互动管理"页面单击"粉丝管理"超链接,在打开的页面中可查看到粉丝数据,单击"关注"按钮即可与粉丝进行互关。

13.1.2 与粉丝维持朋友关系

通过评论互动的方式并不能照顾到所有的粉丝,当与粉丝建立好友关系后,还可以通过私信的方式维护与粉丝之间的关系。如在第一次添加粉丝为好友时,可以告诉粉丝后期有什么问题都可以私信进行交流。

当粉丝主动通过私信的方式与我们打招呼时,要积极地回复。另外,也可以主动发送活动信息、优惠信息、美文或早安问候语等给粉丝,在唤醒沉睡粉丝的同时,也加强了与粉丝之间的联系。长此以往,我们与粉丝之间的朋友关系就会更加牢固,如图13-5所示。

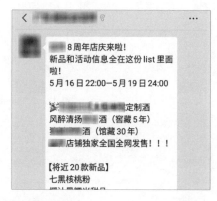

图13-5 主动与粉丝私信交流

主动联系粉丝要注意频率,如果频繁打扰也会让粉丝感到厌烦。一般1～3个月可主动联系粉丝一两次。对于不同类型的粉丝,可进行分组管理,如可将粉丝分为付费粉丝、意向粉丝、高活跃度粉丝、新粉丝等,分组的好处在于可以有针对性地对粉丝进行精准营销,便于粉丝管理。

如在微信中发布朋友圈内容时,可以按分组来选择可见粉丝。在公众号中

第 13 章　维护粉丝，提升营销活跃度

推送即时消息时，也可以按分组来选择群发对象。下面以微信公众号为例，来看看如何对粉丝进行分组设置。

登录微信公众平台，单击"用户管理"超链接，在打开的页面中单击"新建标签"按钮，在打开的对话框中输入标签名称，单击"确定"按钮，如图 13-6 所示。

 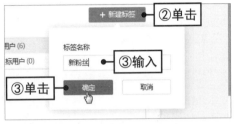

图 13-6　新建标签

完成标签新建后，单击"无标签"下拉按钮，在打开的下拉列表中选中"新粉丝"复选框，单击"确定"按钮。对粉丝设置分组后，在推送图文消息时，可按标签来选择群发对象，如图 13-7 所示。

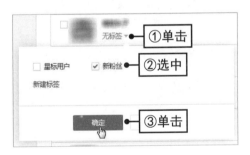 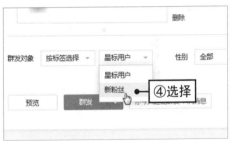

图 13-7　按分组标签群发图文内容

13.2　通过客服人员提升满意度

在新媒体营销过程中，也需要客服来为用户提供售前、售中及售后服务。良好的客户服务不仅能为企业留下新客户、带来回头客、提高店铺成交率，还

能提升用户满意度，为企业塑造良好的外部形象。

13.2.1 好服务造就好口碑

好的产品能为企业带来好口碑，好的服务同样能造就好口碑。在新媒体平台销售产品，在线客服是与消费者接触最多的岗位，客服如果为消费者带来了优质的服务体验，这种服务就会让客户对店铺、产品更加认可，从而为企业在新媒体平台中赢得良好的口碑。

以网店为例，很多用户在下单前都会针对自己不清楚的问题询问客服，若客服能及时解答消费者的疑问，让消费者消除顾虑，就可以促成成交。当买家在客服提供的优质服务下完成交易后，不仅能对店铺留下良好的印象，还能给予店铺优质的评价，为店铺带来好口碑，如图13-8所示。

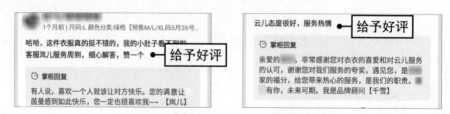

图13-8　良好的客户服务为店铺带来好评

在售后服务中，良好的客户服务不仅可以增加与消费者之间的信赖关系，还能帮助产品实现二次销售。相反，若售后服务不佳，那么会为店铺造成不好的影响，如客户流失、负面评价等。

在新媒体时代，正面和负面评价的传播速度都是很快速的，口碑的传播效应将为店铺带来连锁效应，正面的口碑经过新媒体平台的发酵，将进一步提高店铺形象，为店铺赢得大批潜在消费者。负面的口碑经过口口相传，会导致店铺陷入品牌危机，甚至因此而溃败。

与正面口碑相比，负面口碑带来的消极损失往往要大很多，因此，通过客服为企业塑造良好的网络口碑尤为重要，如图13-9所示为客户服务带来的正面口碑和负面口碑案例。

第 13 章 维护粉丝，提升营销活跃度

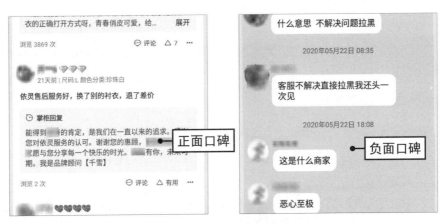

图 13-9 正面口碑和负面口碑案例

13.2.2 通过售前客服提高成交率

售前客服扮演着促进成交、提高客单价的重要角色，那么售前客服要如何让客户快速成交并提高客单价呢？具体要做到以下四点。

（一）熟悉产品特点和功能

售前客服首先要对自家产品的特点及功能有专业全面的了解，这样才能快速地解决消费者的疑虑并向其推荐合适的产品，如图 13-10 所示为根据客户问题推荐产品。

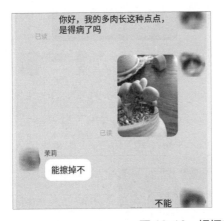
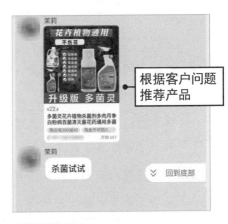

图 13-10 根据客户问题推荐产品

325

（二）快速响应并回复

当消费者给客服留言后，若客服长时间不回复，消费者就可能因为没有耐心等待转而在其他店铺下单。因此，为了留住潜在客户，客服需要做到快速响应并回复客户的留言。

在购物高峰期，很可能会出现回复不及时的情况。针对这种情况，可以设置自动回复，以应对询单客户过多导致无法及时回复消息的情况，常见的自动回复话术如下。

1. 亲，全店满××包邮，偏远地区除外。有喜欢的可以直接拍下，如有疑问可留言，客服小姐姐看见会马上回复的。

2. 目前咨询的顾客较多，非常抱歉不能及时回复您，请您耐心等待！

3. 您好，亲。请问有什么问题可以帮您呢？宝贝问题可以看宝贝描述，如不能解答，我稍后会回复您。

（三）注意回复用语

在回复客户的提问时，要避免使用"哦""嗯""在"之类的词语，这类的词语会让客户觉得不太礼貌。针对客户的询单，在回复时也要掌握一定的方法，常见的问题和回复方式如下。

- ◆ **发货问题**：发货问题是客户询问得比较多的，针对发货问题，只需明确告诉用户发货的快递是哪家，以及几天内发货即可，若客户要求指定快递则根据具体情况来考虑是否支持指定。

- ◆ **价格问题**：针对价格问题，客户通常都会询问是否能少价，面对这种情况。客服可以告诉买家店铺不议价，然后从产品质量、工艺、设计等方面让买家明白产品值这个价。另外，客服也可以采用赠送小礼品，引导买家使用优惠券、满减券来享受折扣优惠，从而提高客单价。

- ◆ **产品问题**：网购商品因为看不到实物，所以买家也常常会针对产品的材质、质量、做工等问题作出询问。面对买家对于产品问题的询问，客服只需如实回答即可，如棉麻材质、缝纫包边、正品保证等。

（四）向买家推荐产品

向客户推荐产品时要符合买家的喜好及需求，在推荐过程中，可以简单说明产品的卖点。在客户下单后，客服可以向买家推荐与订单有关联的产品，或者店铺的热销、促销商品，通过关联销售、优惠诱惑来促进买家下单，如图 13-11 所示。

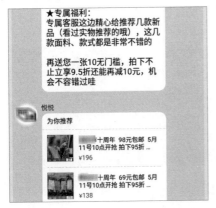
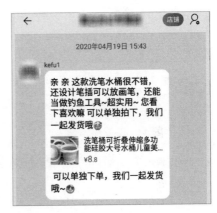

图 13-11　向买家推荐产品

13.2.3　让客户满意的售后处理

在商品销售过程中，会遇到各种各样的售后问题，面对这些售后问题，客服要学会妥善处理，良好的售后服务能为店铺提供再销售的机会；糟糕的售后服务则会激化买家与店铺之间的矛盾，导致用户流失。针对产品售后问题，客服可按照以下方式进行处理。

（一）积极处理

当买家因售后问题向客服留言时，客服应及时向买家询问原因，积极地帮助买家解决问题。在解决售后问题的过程中，要与买家充分沟通，以充分了解问题的具体情况，下面来看看常见售后问题的处理方法。

- ◆ **色差问题**：当买家反映实物与图片有色差时，客服可以向买家解释，商品图片都是实物拍摄的，但由于灯光、显示器等原因会导致视觉感官上存在一定的色差，希望买家理解。为了避免色差导致售后问题，可以在商品详情页事先向买家阐述色差产生的原因，如图13-12所示。

 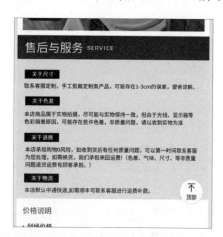

图13-12　在商品详情页阐述色差产生的原因

- **产品瑕疵**：针对产品瑕疵问题，客服应向买家了解瑕疵所在的位置，明确瑕疵是否影响产品使用，若不影响使用且瑕疵的产生是无法避免的，如手工类产品难免会存在小瑕疵，可以向买家作出解释，告诉买家自行处理的方法，并寻求买家的理解。若瑕疵是在生产过程中造成的，且影响了产品的正常使用，则向买家表示抱歉，并做补偿、退换货或退款处理。

- **对产品不满意**：若产品本身没有问题，是买家主观原因导致对产品不满意。客服应向买家询问不满意的原因，是尺码原因，还是材质不喜欢，然后针对买家的问题作出解释。若解释后买家仍表示要退换货，则根据店铺退换货处理流程来进行处理。

（二）缓解客户情绪

在处理售后问题的过程中，客服可能会遇到情绪激动的买家，针对此类买家，客服可先对买家进行安抚，并诚恳地向顾客致歉，以消除买家的不良情绪。在沟通时，客服要做到心平气和，尽量避免与买家发生语言冲突。一般情况下，若客服态度良好，买家也不会不依不饶。

若遇到无理取闹的买家，则态度可强硬一些，但不能和买家发生争吵，必要时可以投诉买家，或向平台申诉。

（三）提出解决方案

买家向客服申请售后无非是想要合理的解决方案，因此，针对买家的问题及时协商出解决方案才是首要的。对于质量问题，可要求买家提供图片、视频等证明产品确实存在质量问题的凭证，客服在核实无误后，可做赠品补偿、现金补偿、退换货、退款等处理。

非质量问题则要查看商品是否支持7天无理由退货，若支持7天无理由退货，则由买家承担退换货运费，不支持7天无理由退货的商品，则明确告知买家不能退换货的原因。

（四）补发或退换货

在收到买家退回的商品后，应检查商品问题是否与买家描述的一致，若一致则进行补发、换货或退款处理。若不一致则要向买家沟通确认，待了解了原因后再进行处理。

13.2.4 为客服设置不同的权限

为提高客户服务的效率，保证客服人员各司其职，运营者可以为客服人员设置不同的管理权限，如售前客服可提供修改/删除邮费、查看订单详情、关闭交易、修改价格、延长发货等权限；售后客服可提供评价管理、查看退款、查看聊天记录、投诉管理等权限。

在新媒体平台上搭建店铺后，通常都会提供客服功能，运营者可登录店铺后台进行客服设置。这里以淘宝店铺为例，来看看如何设置客服管理权限。进入淘宝网首页（https://www.taobao.com/）并登录卖家账号，单击"千牛卖家中心"超链接。在"店铺"下拉列表中单击"子账号管理"超链接，如图13-13所示。

图 13-13　登录淘宝卖家账号

进入"子账号管理"页面，单击"新建员工"按钮，如图 13-14 所示。

图 13-14　进入"子账号管理"页面

进入员工基本信息设置页面，设置基本信息，单击"确认新建"按钮，如图 13-15 所示。

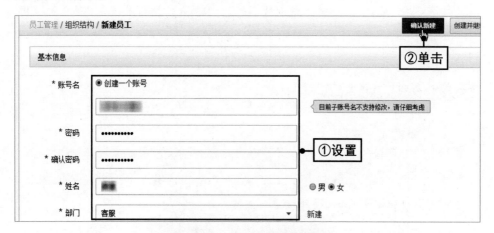

图 13-15　员工基本信息设置

完成员工基本信息新建后，单击"修改权限"超链接，在打开的页面中设置"选择岗位"，单击"保存"按钮，如图 13-16 所示。

第 13 章　维护粉丝，提升营销活跃度

图 13-16　设置员工岗位

在打开的"提示"对话框中单击"确认"按钮，在打开的页面中单击"修改权限"超链接，如图 13-17 所示。

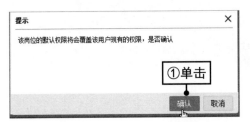

图 13-17　确认岗位设置

在打开的页面中选中所需权限对应的复选框，单击"保存"按钮，如图 13-18 所示。

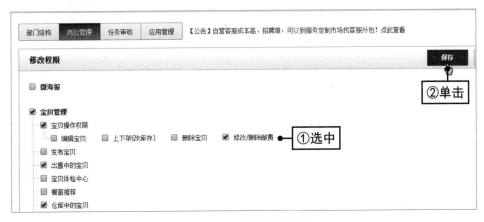

图 13-18　设置管理权限